내게 그리스도를 보여주고
나를 믿음 안에서 길러 주며
나를 위해 꾸준히 기도해 주고
나의 사역을 격려해 주며
내게 교회의 사랑을 가르쳐 준
평범한 그리스도인들에게 감사하며

DEVOTED TO GOD'S CHURCH
by Sinclair B. Ferguson

ⓒ Sinclair B. Ferguson 2020
Originally published in English under the title
Devoted to God's Church by Sinclair B. Ferguson
by THE BANNER OF TRUTH TRUST, 3 Murrayfield Road, Edinburgh EH12 6EL, UK.
P. O. Box 621, Carlistle, PA17103, USA.
All rights reserved.

Translated and used by permission of the The Banner of Truth Trust
through arrangement of rMaeng2, Seoul, Republic of Korea.

This Korean Edition Copyright ⓒ 2021 by Word of Life Press, Seoul, Republic of Korea.

이 한국어판의 저작권은 알맹2를 통하여
The Banner of Truth Trust사와 독점 계약한 생명의말씀사에 있습니다.
신저작권법에 의하여 한국 내에서 보호받는 저작물이므로 무단 전재와 무단 복제를 금합니다.

싱클레어 퍼거슨의
우리가 교회다

ⓒ 생명의말씀사 2021

2021년 9월 15일 1판 1쇄 발행
2021년 12월 7일   2쇄 발행

펴낸이 | 김창영
펴낸곳 | 생명의말씀사

등록 | 1962. 1. 10. No.300-1962-1
주소 | 서울시 종로구 경희궁1길 6 (03176)
전화 | 02)738-6555(본사) · 02)3159-7979(영업)
팩스 | 02)739-3824(본사) · 080-022-8585(영업)

기획편집 | 태현주, 임선희, 최은용
디자인 | 조현진, 김혜진
인쇄 | 예원프린팅
제본 | 보경문화사

ISBN 978-89-04-16775-3 (03230)

저작권자의 허락없이 이 책의 일부 또는 전체를
무단 복제, 전재, 발췌하면 저작권법에 의해 처벌을 받습니다.

싱클레어 퍼거슨의
우리가 교회다

누가 교회의 참된 교인인가?

저자 서문

교회에 관한 훌륭한 책은 이미 많이 있다. 최근 수십 년 동안 이 주제를 제목으로 한 책들이 급격하게 증가해 왔다.

여기에는 두 가지 이유가 있다. 첫째는 서구에서 교회가 쇠퇴하면서 "우리는 무엇을 해야 하는가?"라는 질문이 제기되었기 때문이다. 둘째는 역설적이게도 특정한 교회들(보통 초대형 교회라고 할 만한 교회들)이 성장했기 때문이다. 따라서 '성공한' 사역자와 목사, 교회의 리더들은 자신의 비결을 다른 이들과 공유한다. 우리는 다 성공에 마음이 끌린다.

아마 이런 책들 대부분은 교회를 이끌며 교회의 삶에 영향을 미치는 사람들, 또는 교회를 변화시키는 리더가 되고 싶은 사람들이 특히 관심을 보일 만하다. 그런 책들은 교회가 마땅히 어떠해야 하는지를 설명하며, 때로는 저자의 교회가 어떻게 성장하여 현재의 모습이 되었는지, 그리고 적어도 암시적으로 당신의 교회가 어떻게 그 선례를 따를 수 있는지를 기술한다.

그러나 이 책은 그런 책이 아니다. 이 책은 특정 모델을 따라가기만 하면 반드시 성공한다고 약속하지 않는다.

의심할 여지 없이, 이 책은 내가 섬겼던 교회들의 영향을 받았다. 그러나 이 책은 더 광범위한 독자층을 위한 것이다. 이 책은 교회의 회원이 된다는 것이 그리스도인에게 무엇을 의미하는지에 초점을 맞추고 있다. 결국 우리가 교회다.

따라서 이 책은 당신의 교회가 어떻게 변화되어야 한다거나, 성장하고 성공하기 위해서는 무엇을 해야 한다는 식의 아이디어로 가득 찬 책이 아니다. 오히려 각 교회가 특유한 장소에 자리하며 특유한 구성원을 지닌다는 점을 고려해서, 우리 자신이 각자의 교회에 어떻게 적응할 것인가를 다룬다. 이 책은 모든 그리스도인과 성도들에게 적용할 수 있는 몇 가지 기본 원리를 설명하려고 노력한다. 이것은 하나님의 가족에 속한 그리스도인인 우리의 핵심 가치에 관한 책이다.

나는 또한 이 책이 교회 주변에 있는 사람들, 즉 어느 교회에 속한다는 것이 무엇을 의미하는지 궁금해하는 사람들, 나아가 어느 교회의 일원이 되는 것을 고려하고 있는 사람들에게 도움이 되기를 바란다. 실제로 이 책은 "우리 교회에 등록하는 문제를 생각하는 사람에게 어떤 책을 추천할 것인가?" 하는 질문에서 태어났다.

사실 각 교회는 너무 독특해서 각자 자신의 책을 써야 할 정도다. 그러나 동시에 모든 곳 어디에서나 적용될 수 있는 특징들이 있으며, 그러기에 모든 교회가 가져야만 하는 교회 생활의 특징들이 있다.

신약성경에는 어느 곳, 어느 때, 어떤 규모의 교회에나 해당되는 핵심 가치들이 나타나 있다. 교회 정치와 세례, 성찬 시행의 정확한 방식에 대한 각각의 견해와 상관없이, 성경의 핵심이 되는 교훈은 우리 모두에게 동일하다. 그리고 나는, 우리의 정치 형태나 교단 관련성 등으로 구분되는 어떤 요소가 아닌, 이 핵심 가치가 대부분의 그리스도인에게 매일, 매주 참으로 중요하다고 확신한다.

그러므로 이 책은 한 종류의 교회를 모델로 제시하지 않으며, 모든 형태와 모든 규모의 교회에 도움을 주려는 목표를 갖고 있다. 그리스도께서 교회를 사랑하시고 그 교회를 위하여 자신을 주심(엡 5:25)은 결국 우리 교회뿐만 아니라 모든 교회에 적용된다는 것을 기억해야 한다. 이런 까닭에 우리는 예수님의 모범을 따라야 한다. 우리는 "내가 이 교회가 아니라 저 교회 교인이었다면 훨씬 더 훌륭하고 신실한 교인이 됐을 텐데⋯."라는 미신에서 벗어날 필요가 있다.

이런 이유로, 나는 이 책을 쓰게 한 질문, 즉 "우리 교회에 등록하는 문제를 생각하는 사람에게 어떤 책을 추천할 것인가?" 하는 질문에 다음과 같이 답할 수 있기를 바란다. "아, 교회 생활의 기초 대부분을 다루고 있는 이 책부터 읽어 보시면 어떨까요? 그런 다음 원하시면 이 모든 것이 지금 우리 교회에 어떻게 적용되는지 나중에 이야기를 나누실 수 있습니다." 이 책은 적절한 도구가 될 수 있다. 하지만 나는 이 책이 그리스도에 대한 당신의 헌신과 당신이 속한 특정한 교회 가족에 대한 사랑을 새롭게 하는 효과를 낳기를 기도한다.

2020년 1월
싱클레어 퍼거슨

CONTENTS

저자 서문　4

01　교회란 무엇인가?　11
그리스도의 몸 된 교회의 참된 구성원으로 속하라

02　그리스도인은 누구인가?　39
당신은 어떻게 그리스도를 믿게 되었는가?

03　예수 그리스도의 제자　65
그리스도의 십자가를 지고 가는 제자가 되라

04　교회 회원은 어떤 사람인가?　87
영광스러운 교회 사랑 중독에 빠지라

05　예배　107
영과 진리로 예배하라

06 성경   135
기록된 하나님의 말씀을 읽고 공부하라

07 세례   163
세례의 은혜와 약속을 숙고하라

08 기도   187
기도는 그리스도인의 생명의 호흡,
기도로 하나님의 임재 가운데 있으라

09 섬김   217
그리스도의 본을 따라 섬기라

10 주님의 만찬   243
주님의 식탁에 합당하게 나아가라

11 그리스도인의 증언과 세계 선교   267
땅 끝까지 복음을 전하라

Devoted to God's Church
Core Values for Christian Fellowship

01

교회란 무엇인가?

그리스도의 몸 된 교회의
참된 구성원으로 속하라

하나님의 가족은 신약성경에서 교회를 묘사하는 가장 기본적인 그림이다. 하나님의 가족은 성령님의 사역으로 새 생명을 얻고, 예수 그리스도에 대한 믿음으로 함께 모인 사람들로 구성된다. 어떤 사람이 기독교를 얼마나 잘 이해하는지 판단하고 싶으면, 그 사람이 하나님의 자녀가 되어 하나님을 자기 아버지로 모신다는 생각을 얼마나 많이 하는지 알아보라. 만일 그 생각이 그 사람의 예배와 기도, 인생관 전체를 주관하는 것이 아니라면, 이는 그가 기독교를 아주 잘 이해한 것은 아니라는 의미다.

그리스도인이 되는 것은 '믿는 것'을 포함한다. "네가 만일 네 입으로 예수를 주로 시인하며 또 하나님께서 그를 죽은 자 가운데서 살리신 것을 네 마음에 믿으면 구원을 받으리라"(롬 10:9). 그러나 그리스도인이 되는 것은 개인적이거나 고립적인 행위가 아니다. 믿는 것은 또한 '소속하는 것'을 포함한다. 목자가 자기 양을 부르면, 양들은 필연적으로 서로에게 가까이 다가가게 되어 있다. 당신이 그리스도에게 나아오면, 그와 동시에 당신은 이미 그리스도에게 나아온 다른 사람들과 가까워진다. 그리스도인이 되는 것은 당연히 교회에 소속하는 것을 포함한다. 그리고 그것은 결과적으로 특정한 교회에 소속하는 것을 의미한다.

사람들은 교회에 소속하는 것의 의미와 중요성에 대해 매우 다른 생각을 하고 있다. 그러나 신약성경에는 두 가지 강조점이 분명하게 나타난다. 첫째, 교회에 소속하는 것은 그리스도인으로서 누리는 특권 가운데 하나다. 둘째, 그것은 또한 우리의 중요한 책임 가운데 하나다. 교회의 가족으로 소속하는 것은 추가적인 선택 사항이 아니다.

사람들은 흔히 교회에 소속하는 것과 관련해서 매우 분명하면서도 때로는 매우 다른 기대를 한다.

예를 들어보자. 누군가가 어떤 교회의 '회원'이 되려면 일반적으로 어떤 과정을 거친다.

그런데 그 과정이 피상적일 수 있다. 어느 부동산 중개업자에게서 이런 말을 들은 기억이 난다. 그 중개업자가 사는 도시의 중개업자들이 집을 찾는 고객들에게 단순하게 어느 교회에 가입하기를 원하느냐고 물은 다음, 그 고객들의 명단을 해당 교회에 전달했다는 것이다. "집과 우리를 함께 사세요. 교회 회원권 포함입니다!"라고 하는 광고까지 상상할 수 있을 지경이다.

그 상황의 실상이 겉보기와는 달랐기를 바란다. 그리고 다행히도 교회 회원이 되는 길은 일반적으로 그보다 더 뚜렷하게 기독교적이다. 하지만 그런데도 잠재적인 교회 회원들은 교회의 회원이 되기 위해 무엇이 필요한지에 대해 매우 다양한 견해를 가지고 나아온다. 그리고 그런 견해를 드러내는 다음과 같은 질문들을 던질 수도 있으며, 실제로 던진다.

- "제 은행 계좌 번호를 알려 드릴까요?"
- "지금 여자 친구와 같이 살고 있는데 괜찮나요?"
- "예배에 가끔 참석할 예정인데요. 아마 괜찮겠지요?"

당신은 이런 질문을 하는 사람 가운데 한 사람이라도 신약의 제자도에 대한 분명한 이해를 가지고 그리스도인의 삶을 사는 데 진보를 보일 것이라고 생각하는가?

국제 로터리(Rotary International)의 회원 자격을 확인해 본 적이 있는가?

대개의 도시나 지역에 로터리 클럽이 있고, 여러 지부를 가진 도시들도 많다. 그런데 로터리 클럽 정관은 '출석'이라는 제목에만 한 페이지를 할애한다.[1)]

하지만 국제 로터리의 회원 자격에 따른 모든 특권과 책임은 그리스도인, 즉 그리스도의 몸의 지체가 되는 데 따르는 더 큰 특권과 비교하면 의심할 바 없이 미약하다. 그러므로 이에 상응하여 교회 회원의 책임도 더 클 것으로 생각하면 안 되는가? 그러나 이상하게도 이런 책임을 이야기하면 종종 '율법주의'라는 비난을 받거나 그와 비슷한 경멸의 말, 국제 로터리에 대해서는 거의 하지 않는 비난을 듣곤 한다. 우리는 왜 예수 그리스도의 교회의 회원 자격을 로터리 클럽 회원 자격보다 낮게 생각하는가?

자, 그러면 처음부터 시작해 보자.

누구의 교회인가?

일반적으로 사람들은 신약성경의 전반부(마태복음, 마가복음, 누가복음, 요한복음)에서 '교회'라는 말이 사용된 곳이 단 두 구절뿐이라는 것을 알게 되면 매우 놀란다. 그럼에도 교회가 그렇게 중요한 것이 될 수 있을까?

두 경우 모두 '교회'라는 말은 예수님의 입에서 나온다. 첫 번째는 마태복음 16장 18절에 나타난다.

---

1) 때로 우리가 교회에 소속하는 문제에 얼마나 무관심한지를 생각할 때, 국제 로터리가 회원 자격을 얼마나 진지하게 생각하는지는 알 만한 가치가 있다. 이 장의 끝에 있는 부록을 참조하라.

"또 내가 네게 이르노니 너는 베드로라 내가 이 반석 위에 내 교회를 세우리니 음부의 권세가 이기지 못하리라."

두 번째는 마태복음 18장 15-17절에 나타난다.

"네 형제가 죄를 범하거든 가서 너와 그 사람과만 상대하여 권고하라 만일 들으면 네가 네 형제를 얻은 것이요 만일 듣지 않거든 한두 사람을 데리고 가서 두세 증인의 입으로 말마다 확증하게 하라 만일 그들의 말도 듣지 않거든 교회에 말하고 교회의 말도 듣지 않거든 이방인과 세리와 같이 여기라."

이 외에는 복음서에서 누구도 이 용어를 사용하지 않는다.

그러나 교회는 절대적으로 예수님의 비전 가운데 중심이었다. 마태복음 16장 18절을 보면 예수님이 대단히 의미심장한 진술을 하고 계셨음을 알 수 있다. 예수님은 자신의 사명을 약술하시고, 성취하실 일을 설명하신다. 예수님은 자신의 교회를 세우기 위해 오셨으며 이미 그 일을 시작하셨고, 하고 계시며, 언젠가 그 일을 완료하실 것이다.

어떤 아이디어의 중요성을 판단할 때, 그 아이디어를 설명하기 위해 사용하는 특정한 표현의 횟수에 근거해야 한다고 생각하는 초보적인 실수를 저지르지 말아야 한다. 예수님이 여기서 하시는 말씀은 표제(標題) 같은 울림을 지닌다. 예수님은 자신의 선언문을 발표하고 계신다. "…내가 네게 이르노니…내가…내 교회를 세우리니…."

후에 바울은 예수님이 교회의 안녕을 위해 온 우주를 다스리신다는 깜짝 놀랄 만한 주장을 하면서, 교회가 예수님에게 얼마나 중요한지 강조했다(엡 1:22). 교회에 대해 많은 것을 말하는 같은 편지 뒷부분에서 바울은 남편이 아내를 어떤 식으로 사랑해야 하는지 설명하면서 "…그리스도께서 교회를 사랑하시고 그 교회를 위하여 자신을 주심같이…"(엡 5:25) 해야 한다고 말한다.

교회는 구주에게 그렇게 중요하다. 주님은 교회를 사랑하셨으며 교회를 위해 죽으셨다.

따라서 복음서에 '교회'라는 단어가 드물게 나타나기는 하지만 교회 자체의 중추적인 중요성은 의심의 여지가 없다. 그리스도는 교회를 위해 세상을 다스리신다. 그리스도가 교회를 위해 기꺼이 죽으셨을 정도로 교회는 그리스도에게 매우 중요하다. 교회는 그분이 이루고자 하는 목적의 중심이고 사랑과 애정의 대상이다.

> 교회의 참된 터는 우리 주 예수라.
> 그 귀한 말씀 위에 이 교회 세웠네.
> 주 예수 강림하사 피 흘려 샀으니
> 땅 위의 모든 교회 주님의 신부라.[2]

이것이 사실이라면, 예수님의 제자로서 나도 당연히 교회를 사랑해야 한다. 교회 사랑이 내 삶의 중심이 되어야 한다. 내 삶이 교회 중심이 되지 않는 한, 하나님 중심과 그리스도 중심의 삶, 그리고 성령님의

---

[2] 새뮤얼 존 스톤(Samuel John Stone, 1839-1900)의 찬송가 '교회의 참된 터는'(The Church's One Foundation, 찬송가 600장) 중에서.

인도를 받는 삶은 절대로 불가능하다. 내가 로빈슨 크루소처럼 무인도에 고립되지 않는 한은 말이다. 또 설령 그런 일이 있더라도, 나는 나를 위해 기도하는 고국의 교회를 의지할 것이다.

무엇이든지 주 예수 그리스도께 중요한 것은 또한 그리스도인에게도 중심적인 것이 되어야 한다.

그러므로 우리 자신의 핵심 가치에 대해 생각할 때 다음과 같은 점을 고려하고 자문하는 일은 값어치가 있다. 나는 어느 정도로 교회 중심의 그리스도인인가? 나는 교회를 '내 것'으로 생각하는가, '그리스도의 것'으로 생각하는가?

중심을 차지하는 교회

우리 각 사람은 일련의 동심원적인 영역에 살고 있다. 우리 대부분은 가족생활에 뿌리를 두고 있다. 일반적으로 매주 여러 시간 동안 집과 가정을 벗어나게 하는 직업도 갖고 있다. 또 시민으로서 사회에서 주변 사람들과 관련된 특정한 권리나 책임을 갖고 있다. 그리고 만약 그리스도인이라면 교회가 있다. 질서 있는 그리스도인의 삶에서 이러한 삶의 영역들은 서로 어떻게 관련되어 있는가?

이것은 중요한 토론 주제다. 그러나 우리가 이미 언급한 본문들은 그리스도인에게 교회가 중심이라는 것을 시사한다. 교회는 '행복하고 복된 삶'이라는 케이크에 덧입히는 장식처럼 추가되는 여분의 것이 아니다. 오히려 우리의 교회 생활이 우리의 사회생활에 기운을 불어넣는다.

즉 교회 생활은 우리가 직장 생활에서 빛과 소금이 되도록 우리에게 활력을 불어넣는다. 또한, 교회 생활은 우리의 가족생활에서 선택적이거나 부가적이지 않고 근본적이다. 실제로 어떤 면에서는 다른 영역들 가운데 가장 근본적인 가족생활보다 더 근본적일 정도로, 교회는 신약성경의 시각에서 그리스도인의 삶의 중심을 차지한다.

이 점을 우리는 주의 깊게 생각해야 하는데, 어쩌면 그 의미를 더디 깨달을 수도 있다. 그러나 예수님의 어려운 말씀들 가운데 적어도 세 마디가 그런 논리적인 함의를 담고 있다.

"아버지나 어머니를 나보다 더 사랑하는 자는 내게 합당하지 아니하고 아들이나 딸을 나보다 더 사랑하는 자도 내게 합당하지 아니하며"(마 10:37).

여기서 예수님은 우리의 궁극적인 우선순위를 정하신다. 예수님이 첫 번째다. 만약 그렇다면, 예수님의 가족은 내 가족보다 어떤 면에서 우선순위를 갖는다. 물론 하나님의 은혜로 나의 가족생활은 예수님의 목적과 아주 잘 '부합하게' 되어 있다. 하지만 우선순위는 타협할 수 없다. 만일 상황이 위급해진다면, 그리스도와 그분의 백성이 최우선이다.

예수님은 다시 이렇게 말씀하셨다.

"부활 때에는 장가도 아니 가고 시집도 아니 가고 하늘에 있는 천사들과 같으니라"(마 22:30).

이 말씀은 깜짝 놀랄 만한 의미를 함축한다. 결혼 및 가족 관계는 분명히 일시적이다. 가족생활의 경이로움, 잠재적인 기쁨과 축복에도 불구하고 그러한 가족 구조가 영원히 지속하도록 계획된 것은 결코 아니었다. 언젠가 우리의 가족 관계는 하나님의 가족으로 완전히 바뀔 것이다. 그러므로 우리는 지금 여기에서부터 그 과정에 참여해야만 한다.

우리 주님은 친히 이 원리에 따라 사셨다. 주님의 가족은 핵가족이었다. 공적인 사역을 시작하실 때 주님께는 모친 마리아와 상당히 많은 형제자매가 있었다. 그러나 주님께는 '교회'가 최우선이었다. 그래서 예수님의 가족이 주님의 가르침과 설교가 미치는 영향을 염려하고 그 모든 일이 낳을 수 있는 결과를 두려워하여 주님을 만나러 왔을 때, 주님은 다음과 같은 강력한 말씀으로 응답하셨다.

"손을 내밀어 제자들을 가리켜 이르시되 나의 어머니와 나의 동생들을 보라 누구든지 하늘에 계신 내 아버지의 뜻대로 하는 자가 내 형제요 자매요 어머니이니라 하시더라"(마 12:49–50).

예수님은 (어머니가 없는) 하나님의 아들이시며 예외이셨다고 말함으로써 예수님의 진술의 온전한 의미를 회피하지 않으려면, 마리아가 실제로 예수님의 어머니이셨다는 점을 기억해야 한다(물론 요셉은 예수님의 생부가 아니라 양부였다).

따라서 흔히 '제자들의 복음서'라고 특별하게 묘사되는 이 복음서(마태복음)에 나오는 세 가지 진술에서, 우리는 교회가 참으로 비할 데 없이 중요하다는 사실을 배운다.

이런 관점은 우리에게 생소하거나, 받아들이기 어렵거나, 기대했던 것보다 급진적일 수 있다. 교회가 우선이라고? 교회가 가족보다 더 영속성이 있다고? 우리가 생각한 기독교는 이런 것이 아니다!

그러나 이는 예수님의 가르침에서 매우 중요한 강조점을 놓치는 것이다. 우리가 그리스도보다 다른 어떤 것에 절대적인 우선순위를 두는 한, 우리는 결코 그리스도가 우리에게 의도하시는 대로 그것을 누릴 수 없다. 우리가 더 좋은 것보다 좋은 것을 택하면, 좋은 것을 훼손하게 된다. 그렇게 함으로 가장 좋은 것을 잃어버리기 때문이다. 이 원리는 우리의 가족에 대한 태도에도 적용된다. 우리 자신의 열망이 예수님의 열망과 일치할 때, 우리는 이전에 거의 알지 못했던 가족생활의 축복을 발견하게 될 것이다.

그러나 이것이 참인 또 다른 이유가 있다. 즉 내 가족의 성장과 건강을 위해서는 교회 가족이 필요하다. 어떤 가족이든 단독으로는 참되고 온전한 그리스도인의 가정이 되는 데 필요한 모든 자원을 다 갖고 있지 않다. 우리는 교회 가족의 지원과 우정, 모범, 지혜로운 조언 등 많은 것을 필요로 한다. 한 아이를 그리스도를 위해 양육하기에 그리스도인 부모 두 사람만으로는 절대 충분하지 않다. 주님의 의도는 그렇게 하는 것이 전혀 아니었다. 우리는, 그리고 특히 우리 아이들은 교회가 필요하며, 교회 환경 가운데서 기대 이상의 복을 누리게 될 것이다.

간단한 예를 들어 보자. 몇 년 전에 우리가 속해 있던 교회에서 있었던 일이다. 주말에 우리 아들이 찾아왔다. 저녁 예배를 드린 후에, 나는 아들이 예배당 뒤에 앉아 한 나이 많은 여성과 이야기하고 있는 것을 보았다. 그다음 주에 그녀가 내게 말을 걸어 왔다. 그녀는 학력이 낮고 가난한 사람이었다. 우리 아들은 젊지만 외과 의사였고 그녀는 사회에서 외과 의사 같은 사람들과 어울리지 않았기에 우리 아들이 자기를 알아보고 같이 시간을 보냈다는 데 대한 감사를 감추지 못했다.

나는 과거에 우리 아들이 작은 아이였을 때 저녁 예배가 끝나고 그녀가 우리 아들에게 말을 걸며 격려해 줬던 일을 떠올렸다. 이 일이 아버지인 나에게, 또한 그 여성의 목사이기도 한 나에게 얼마나 큰 기쁨을 주었을지 상상해 보라! 우리 아들은 자기에 대한 그녀의 관심과 격려를 잊어버리지 않았다. 아들이 그녀에게 말을 걸고 싶어 한 것은 자연스러운 일이었다. 그녀는 우리가 아들에게 줄 수 없었던 것을 주었다. 재산과 기회가 거의 없이 대부분의 삶을 살아온 나이 많은 그리스도인 여인이 우리 아들에게 사랑의 관심을 베풀었다.

살아 있는 교회에서는 "이래서 내가 우리 교회를 사랑한다니까!"라는 말이 나오게 만드는 이런 가족적인 상황이 발생한다. 이는 조금도 이상한 일이 아니다.

이런 복된 상황에서 우리는 "어떻게 해야 교회 생활을 내 계획(나 자신이나 내 가족)에 맞출 수 있을까?"가 아니라 "어떻게 하면 나의 삶을 교회 생활에 편입시킬 수 있을까?"라고 묻는 법을 배울 필요가 있다.

기본 원리를 이해하면 이 모든 것이 더 명확해진다. 교회는 그리스도의 나라가 그 가운데 드러나는 공동체다. 교회는 우리가 서열을 따지는 선출된 대표들이 운영하는 민주주의 사회가 아니다. 교회는 예수님의 나라다. 그러므로 가장 중요한 질문은 "주 예수님의 뜻이 무엇인가?"이다. 그 대답은 불가능할 정도로 어려운 것이 아니다. 그 대답은 신약성경이라고 부르는 비교적 짧은 책에 나타나는데, 신약성경의 상당히 많은 부분이 교회 생활에 관한 것이다. 우리가 이것을 보기만 해도 교회에 대한 우리의 태도 가운데 많은 부분이 단순해지고 변화될 것이다. 또 실제로 많은 교회가 변화될 것이다!

교회란 무엇인가?

한 신약학자는 교회에 대한 서로 다른 은유를 거의 백 가지나 열거했다.[3] 그의 목록을 대충 훑어보기만 해도 수를 최대한 늘려 놓았다는 것을 알 수 있지만, 그런데도 그것은 여전히 인상적인 모음이며 교회에 대한 신약성경의 그림이 얼마나 다차원적인지를 보여준다. 그러나 우리가 처음부터, 즉 우리 주님의 말씀에서부터 시작한다면, 두 가지 그림이 기본이라고 생각된다.

하나님의 도시

예수님은 교회의 건축자이시다. 이 점은 "…내가 이 반석 위에 내 교회를 세우리니 음부의 권세가 이기지 못하리라"(마 16:18)라는 예수님의 말씀에 암시되어 있다. 여기서 예수님이 사용하신 '음부' 또는 헬라어로 **하데스**(*Hades*)라는 말이 정확히 무엇을 의미하는가에 대해서는 많은 논란이 있었다. **하데스**는 죽은 자들의 영역을 가리킨다. 아마 예수님은 사도들이 직면하게 될 현실인 순교를 염두에 두셨을 것이다.

---

3) Paul S. Minear, *Images of the Church in the New Testament* (Cambridge: Lutterworth Press, 1960).

그러나 이 언급은 더 넓게 조직적인 어둠의 세력을 가리킨다. 왜냐하면 예수님이 구체적으로 '음부의 문들'(the gates of hell, 한글 개역개정 성경에는 '음부의 권세'로 번역되어 있다 – 편집자 주)에 대해 말씀하고 계시기 때문이다.

성경의 세계에서 도시는 흔히 성벽에 둘러싸여 있었고, 따라서 '문들'이 있었다. 이 문들은 출입구의 기능을 했을 뿐만 아니라 도시의 장로들이 정책을 결정하고 재판을 시행하는 장소의 역할을 했다. 그런 까닭에 잠언 31장 10–31절에 나오는 현숙한 여인의 남편은 그 땅의 장로들과 함께 성문에 앉으며 사람들의 인정을 받는다(잠 31:23). 더 이전의 이스라엘 역사인 룻기에서, 룻과 결혼하기를 원했던 보아스는 룻과의 결혼을 원할 수도 있는 더 가까운 친척이 있다는 것을 알았을 때, 시의회의 장로들 앞에서 '법적으로' 모든 문제를 결정하기 위해 베들레헴 성문으로 갔다(룻 4:1–12).

예수님은 '음부의 문들'이 교회를 이기지 못할 것이라고 약속하신다. 어둠의 도시에서 채택하는 정책과 계획들은 하나님의 도시를 이기지 못할 것이다! 예수님은 적의 점령 지역, 즉 사탄이 통치자인 세상에서 건축하고 계신다(요 12:31, 14:30; 고후 4:4; 엡 2:2; 요일 5:19). 예수님은 자기의 영광을 위해 그 영토를 탈환하실 것이다. 그러므로 예수님은 자신의 나라가 현존한다는 표시로 자신의 교회를 세우신다. 예수님의 뜻과 목적이 교회의 생명을 좌우한다. 그러므로 그리스도인은 세상의 시민권과 상관없이 가장 먼저 예수님이 짓고 계시는 도시에 소속된다. 그리스도인의 궁극적인 시민권은 하늘에 있다(빌 3:20).

빌립보에 있는 작은 교회의 첫 신자들에게 이 말씀은 특별한 의미가 있었다. 빌립보는 로마의 식민지였다. 이탈리아 바깥에 위치한 옛 로마 도시 발굴지에서 알 수 있듯이, 로마인들은 슈퍼마켓이나 소매 체인점, 패스트푸드 체인점을 세우는 방식으로 도시를 건설했다. 당신이 어느 가게나 패스트푸드 음식점에 들어가면 즉시 그 브랜드를 알아볼 수 있는데, 이는 모델이 되는 그 회사의 청사진이 있기 때문이다. 즉 브랜드의 스타일이 있는 것이다. 그런 식으로 로마 식민지에서는 거리와 극장, 목욕탕 등의 패턴이 모두 로마의 패턴에 따라 식별할 수 있도록 펼쳐졌다. 위치와 바깥 풍경이 아무리 다르고 가옥과 다른 건물들의 세부 형태가 아무리 다양해도, 기본 패턴은 즉시 분간할 수 있었다.

교회도 마찬가지다. 교회들은 지리적 위치와 민족 구성, 언어, 교육 기회, 사회적 지위 등이 다 다르다. 그러나 (교회 전체뿐만 아니라) 각 교회는 천국의 전초 기지다. 따라서 어느 교회든지 그 교회의 예배, 공동체의 기본 구조, 영적인 분위기는 우리에게 다른 모든 참된 교회를 상기시키는 것이 되어야 한다. 즉 우리는 땅 위의 모든 교회에서 천국을 맛볼 수 있어야 한다.

이는 우리를 중요한 질문으로 이끌어 간다. 만일 우리가 "그러면 무엇이 내게 이 교회의 회원이 될 '자격'을 주는가?"라고 묻는다면, 근본적인 대답은 "당신에게 천국에 들어갈 '자격'을 주는 것과 동일하다!"이다.

물론 이 자격은 우리가 획득하는 영성이나 삶의 특정한 기준이 아니다. 그 자격은 우리가 결코 하나님의 기준에 도달할 수 없으며 오직 그리스도에 대한 믿음을 통해서만 하나님이 우리를 받아주신다는 사실을 인정하는 것이다. 또한, 우리가 다른 사람의 마음이나 심지어 우리 자신의 마음조차 결코 완전하게 판단할 수 없다는 것도 사실이다. 그러나 땅 위에 있는 교회의 시민권이 천국의 시민권을 반영하므로, 그 가입 요건은 똑같을 수밖에 없다. 그것은 예수 그리스도를 구주와 주님으로 믿는 살아 있는 믿음의 고백이다. 만일 내가 그런 고백을 할 수 없다면, 반드시 교회에 출석해야 한다. 내가 듣는 가르침과 만나는 사람들을 통해 진정한 그리스도인이 어떤 사람인지 이해하기 위해, 교회 회원인 다른 사람들에게 주의를 기울여야 한다. 그러나 그리스도를 믿어야만 나는 땅 위의 교회에 소속할 수 있다.

이런 맥락에서 기독교회 안에서 일어나는 일을 숙고하는 것은 흥미로운 일이다. 어떤 사람에게는 이 장에서 이미 언급한 내용이 다소 엄격해 보일 수 있다. 우리는 거의 당연하게 교회는 회원이 필요하며, 따라서 교회들은 그저 나름의 조건에 따라 사람들을 회원으로 받아들이기를 기뻐해야 하거나 기뻐할 것으로 생각해 왔다. 그러나 만일 이 모든 것이 약간 과격해 보이거나 사람들이 편한 마음으로 받아들이는 것 이상으로 까다로워 보인다면, 현대 사회학자들이 인지한 사실을 주목하는 것이 좋을 것이다. 연구에 따르면, 일반적으로 회원 자격에 대해 무언가 다른 입장을 채택하고 그리스도인 제자도의 엄격한 성격을 희석하는 교회들은 성장하기보다 줄어든다.[4]

성장하는 교회들은 신약을 충실히 따르는 교회들이다. 이 교회들은 지속되는 도시들이다.

'도시'는 교회에 대한 은유다. 그러나 마태복음 16장 18절에 내재된 교회의 본질에 대한 두 번째 그림은 은유가 아니다. 현실 그 자체다.

---

[4] Roger Finke and Rodney Stark, *The Churching of America 1762–2005* (Brunswick, NJ: Rutgers University Press, rev. ed. 2005).

하나님의 가족

'교회'라는 단어는 헬라어 **에클레시아**(*ekklēsia*)를 번역한 것이다. 이 말은 '함께 불러냄을 받은 자들'이라는 의미의 합성명사다. 주후 1세기에 일반적으로 사용된 구약의 헬라어 역본에서, 이 단어는 '여호와의 회중'을 가리키는 히브리어 **카할**(*qahal*)의 번역어다. 이 표현은 하나님이 그분의 백성을 이집트에서 불러내어 그분의 가족으로서 함께 그분을 예배하고 섬기도록 명하신 출애굽 때에 두드러지게 나타났다. 후에 하나님은 그들에게 "내가 땅의 모든 '가족들'(families, 한글 개역개정 성경에는 '족속'으로 번역되어 있다-편집자 주) 가운데 너희만을 알았다."라고 하셨으며(암 3:2), 또한 "내 아들을 애굽에서 불러냈다."라고 하셨다(호 11:1).

하나님의 가족은 신약성경에서 교회를 묘사하는 가장 기본적인 그림이다. 하나님의 가족은 성령님의 사역으로 새 생명을 얻고 예수 그리스도에 대한 믿음으로 함께 모인 사람들로 구성된다. 앞에서 말한 것처럼, 사실 가족이라는 표현은 그림이나 비유 혹은 은유가 아니다. 가족은 교회의 본질이다.

예수님의 가르침에 대해 잠시 생각해 보면 왜 그런지 분명히 알게 된다. 예수님의 가르침에서 눈에 띄는 것, 예수님이 우리에게 주시는 복의 핵심을 차지하는 것은 하나님을 "하늘에 계신 우리 아버지"라고 부르는 특권이다. 제임스 패커(James I. Packer)는 다음과 같이 지혜롭게 지적했다.

> 만일 어떤 사람이 기독교를 얼마나 잘 이해하는지 판단하고 싶으면, 그 사람이 하나님의 자녀가 되어 하나님을 자기 아버지로 모신다는

생각을 얼마나 많이 하는지 알아보라. 만일 그 생각이 그 사람의 예배와 기도, 인생관 전체를 자극하고 주관하는 것이 아니라면, 이는 그가 기독교를 아주 잘 이해한 것은 아니라는 의미다.[5]

그리스도에 대한 믿음을 통해 우리는 하나님의 가족의 일원이 된다. 우리는 함께 "…하늘에 계신 우리 아버지여 이름이 거룩히 여김을 받으시오며"(마 6:9)라고 기도할 수 있다.

인간 가족에게서 우리는 종종 강력한 유사성, 즉 '가족의 닮은 점'을 보곤 한다. 예배가 끝나고, 특히 휴일 기간(미국의 성탄절, 부활절, 추수감사절)에 예배당 문밖에 서 있으면 교인들이 그들과 함께 보내려고 찾아온 가족들을 내게 소개하곤 한다. 그들은 부모나 형제자매, 둥지를 떠난 장성한 자녀, 혹은 손주들이다. 흘러가는 세대를 통해 재현되는 가족의 닮은 모습을 그렇게 자주 보는 것은 멋진 일이다. 보통 그런 닮은 점은 뚜렷하게 보인다. 그리고 우리가 그들을 눈여겨볼수록 닮은 점을 더 많이 발견한다.

하나님의 가족인 교회도 마찬가지다. 지역적으로만이 아니라 전 세계적으로도 그렇다. 각기 다른 대륙에 소재한 10여 개국에서 온 작은 그룹의 그리스도인들과 사흘 동안 함께 지냈던 일이 생각난다. 그들은 이전에 서로 만난 적이 없던 사람들이자 다양한 민족 배경을 가진 사람들(예수 그리스도의 한 가족에 속한 형제자매들)인데, 그 가운데 나타나는 동일한 영적 가족의 특성을 보는 것은 참으로 놀라운 경험이었다.

---

[5] James I. Packer, *Knowing God* (London: Hodder & Stoughton, 1973), p. 182.

이것이 바로 교회다. 모든 진정한 그리스도인은 이를 계속 되풀이해서 경험한다.

그러나 그리스도가 우리의 민족적 특징과 사회적 상황, 개인적 특성들을 동질화하시지 않고 우리에게 복을 주시듯이, 이 하나님 가족의 각 '가지', 즉 개교회의 회원들은 그들 특유의 가족 특성들을 발전시킨다. 바울이 '교회로 말미암아' 나타나는 하나님의 '각종' 지혜에 대해 말할 수 있었던 이유가 이 때문이다(엡 3:10).[6]

우리가 특정한 교회의 회원이 되는 것에 대해 생각할 때, 여기에서 두 가지 결론이 나온다.

결론

가장 먼저, 우리의 육적인 가족의 경우와 마찬가지로 지금 속한 지역 교회가 비록 완전함과는 거리가 멀더라도, 이외에는 달리 소속할 교회 가족이 없다고 느껴야 한다.

물론 더 큰 교회가 있을 수 있고, (당신이 작은 교회를 선호하더라도) 훨씬 더 작은 교회가 있을 수도 있다. 다른 교회의 설교자나 목회자가 더 뛰어날 수도 있다. 다른 교회는 더 적절한 모임 장소를 갖고 있을 수도 있고, 섬김이나 전도에 더 유리해 보이는 환경일 수도 있다.

---

6) '각종'이라고 번역된 헬라어 단어는 **폴뤼포이킬로스**(*polupoikilos*)인데, 70인역 창세기 37장 3절에서처럼 '여러 가지 색깔의'라는 의미를 가질 수 있다. 이런 이유로 몇몇 역본들은 야곱이 요셉에게 준 옷을 '채색' 옷이라고 부른다.

그러나 주님이 당신을 현재 속한 특정한 분가(分家)에 두셨다면, 당신은 "지금 내가 속하고 싶은 다른 교회는 이 세상에 없다!"라고 말할 수 있기를 바라야 한다.

내가 방문했던 어느 초대형 교회에서 새 가족 소개와 환영이 이루어지는 동안, 한 장로님과 함께 서 있었던 일이 생각난다. 방 건너편 멀리까지 많은 새 가족이 자리하고 있었다. 그 장로님이 내게 몸을 기대며 말했다. "우리 교회가 세상에서 최고라고 생각하지 않으세요?"

나는 그가 그렇게 생각하는 것이 기뻤다. 동시에 나는 이렇게 생각했다. '개인적으로 저는 지금 제가 속한 교회가 더 좋습니다. 하지만 장로님이 그렇게 생각하시니 큰 격려가 되는군요. 그래도 저한테는 지금이 좋습니다.' 우리 둘 다 옳았다고 생각하지 않는가?

만일 당신이 지금 어느 지역 교회에 소속하려고 생각하고 있는데 그렇게 말하고 싶지는 않다면, 등록을 삼가야 할지 모른다. 그리고 실제로 당신이 최고라고 생각하는 교회를 포함해서 어떤 교회에든 소속할 준비가 되어 있는지 그 여부를 진지하게 생각해 봐야 한다.

왜 그런가? 지역 교회에서 하나님이 당신 안에서 당신을 위해 하려고 하시는 일 가운데 하나가, 하나님 가족의 특정한 일가(一家)를 통해 당신의 삶 속에서 역사하시며 당신의 삶을 빚으시려는 것이기 때문이다.

우리를 둘러싼 교회 가족 구성원의 독특한 집합과 우리가 듣는 독특한 설교의 영향, 각 교회 가족이 놓여 있는 독특한 환경을 고려하면, 각 교회의 그리스도인들에게는 필연적으로 특유의 독특한 무언가가 있다. 하나님은 복제품을 만들어 내는 일을 하지 않으신다. 하나님은 유사성뿐만 아니라 다양성을 보는 것을 좋아하신다.

이전에 어떤 친구가 자기가 겪은 일을 말해 주었다. 유명한 변호사들의 국제 회합에서 연회장으로 들어가는 계단을 내려가고 있을 때였다. 어떤 사람이 다가오더니 이렇게 물었다. "혹시 ○○교회 교인이신가요?" 정말 그러했기에 내 친구는 깜짝 놀랐다. 그 낯선 사람이 내 친구의 교회를 정확히 맞춘 것이다. 어떻게 알았을까? 틀림없이 내 친구에게 있는 무언가가 하나님 가족의 특정한 일가와의 관련성을 그 사람의 마음에 떠오르게 했을 것이다.

그리스도의 가족인 교회에 속하는 일은 우리 삶에 그 정도로 깊은 영향을 미친다. 그러므로 진정한 그리스도인은 교회 사랑하기를 배운다. 교회는 그리스도의 연인이며 눈동자요, 그리스도가 마음에 품으신 열정이다.

예수 그리스도가 당신의 구주이시며, 그분이 교회를 사랑하셨고 교회를 위해 죽으셨다면(엡 5:25), 당신은 그리스도가 죽기까지 사랑하신 그 교회 안에서 그 교회를 위해 살 준비가 되어 있는가? 그것이 핵심 가치다. 그것은 한마디로 교회에 소속하는 것이다.

Devoted to God's Church
Core Values for Christian Fellowship

부록

다음에 있는 로터리 클럽 회원 규칙은 미국 뉴저지주 트렌턴 지부의 웹페이지에서 사실상 임의로 내려받을 수 있다.

1. 모임 출석을 그렇게 중시하는 이유는 무엇인가?

출석 규칙이 필요 이상으로 엄격해 보일 때가 가끔 있을 수 있지만, 모임 참석은 로터리 클럽에 가입할 때 회원이 받아들이는 기본 의무 가운데 하나다.

이 제정 규칙은 로터리 클럽이 정기적인 출석을 높이 평가하는 참여적인 조직이라는 것을 강조한다. 어떤 회원이 결석하면, 클럽 전체는 그 회원과의 개인적인 관계를 상실하고, 그 회원은 클럽의 활동을 접할 수 없게 된다. 출석은 클럽을 하나로 묶어 주고 봉사의 기본 틀을 제공하는 '접착제'다. 출석은 모든 로터리 클럽의 운영 및 성공의 중요한 부분이다.

2. 모임 출석에 대한 로터리 클럽의 기본 규칙은 무엇인가?

이사회가 특별히 출석 면제를 승인해 준 회원들을 제외한 모든 활동 회원은 다음 사항을 지켜야 한다.

- 반년마다 로터리 클럽 정기 모임에 적어도 50% 이상 출석하거나 출석을 보충해야 한다.
- 반년마다 자신이 소속된 로터리 클럽의 정기 모임에 적어도 25% 출석해야 한다.
- 만일 어떤 회원이 위의 두 항에서 요구한 대로 출석하지 않을 경우, 이사회가 그런 불참을 정당한 사유가 있다고 인정하지 않는 한 그 사람의 회원 자격은 종결된다.
- 이사회가 정당하고 충분한 이유로 면제해 주지 않는 한, 네 번 연속 정기 모임에 불참하거나 출석 미달인 회원에게는 그 회원의 결석이 이 클럽의 회원 탈퇴를 요청하는 것으로 간주할 수 있다는 것을 이사회에서 알려야 한다. 그런 다음 이사회는 다수결에 의해 그 사람의 회원 자격을 종결시킬 수 있다.

3. 주간 모임에 빠지면 어떻게 되는가?

앞에서 알 수 있듯이 로터리 클럽 규칙은 당신이 이 클럽에서 결석한 모임의 횟수를 다른 클럽의 주간 모임에 참석함으로써 보충할 것을 강력히 권장한다. 결석한 모임 전후 14일 이내에 다음과 같은 방법으로 출석을 보충하는 경우, 출석으로 인정된다.

- 모임 결석을 밝히고 다른 로터리 클럽의 정기 모임에 참석한다.
- 정기 모임을 대신해서 열린 트렌턴 로터리 클럽 행사에 참석한다.
- 로타랙트 클럽이나 인터랙트 클럽의 정기 모임에 참석하거나, 트렌턴 로터리 클럽 및 트렌턴 로터리 재단 이사회에 참석한다.
- 국제 로터리의 대회나 모임, 교제 활동 및 다른 특정한 국제 행사, 로터리 지구 협의회, 로터리 지구 모임, 로터리 지구 훈련/연수회, 지구 총재의 지시에 따라 열리는 지구 임원회에 참석한다.

4. 어디에서 출석을 보충할 수 있는가?

전 세계 어디서나 다른 로터리 클럽에서 출석을 보충할 수 있다. 모임을 찾을 수 있도록, 트렌턴 로터리 클럽은 국제 로터리의 지부 위치 목록을 제공한다(http://www.rotary.org/support/clubs/index.html). 또 이제는 e 모임에 참여함으로 온라인으로도 출석을 보충할 수 있다. 다른 클럽을 방문하는 경우에는, 등록할 때 출석 보충 카드를 받아 작성한 후 클럽 총무에게 제출하라.

다음 내용을 유의하라. 출석 보충은 자동으로 이루어지지 않는다. 어느 경우든 출석 보충을 받으려면, 참석한 클럽이나 행사, 날짜, 출석을 보충하기 원하는 날짜를 명시한 출석 보충 카드나 이메일 메시지, 서면 통지서를 클럽 총무에게 제출해서 알려야 한다.

5. 결석의 용인이나 출석 면제를 위한 규정이 있는가?

그렇다. 다음과 같은 경우에는 회원의 결석이 용인된다.

- 결석은 이사회가 승인한 조건과 상황에 따른다. 이사회는 적절하고 충분한 사유라고 인정되는 경우 회원의 결석을 용인할 수 있다.
- 회원은 이른바 '85년 규칙'에 따라 출석 면제를 받을 수 있다. 이를 적용하려면, 회원의 나이와 하나 이상의 로터리 클럽 회원 연수를 합한 것이 85년 이상이어야 하며, 회원이 서면 요청서를 이사회에 제출하고 이사회가 그 요청을 승인해야 한다.

6. 모임에서 일찍 떠나야 하는 경우 출석 인정을 받거나 출석 보충을 할 수 있는가?

그렇다. 회원이 모임의 최소 60%를 참석한 경우, 또는 출석 중에 예기치 않게 불려 나간 후 그런 행위가 합리적이었다는 증거를 이사회에 제시하는 경우, 출석으로 간주할 수 있다.

7. 아픈 경우에는 모임 불참이 용인되는가?

그렇다. 하지만 장기간의 질병일 경우만 그렇다. 모임에 불참한 후 두 주 이내에 출석 보충을 위해 다른 클럽의 모임에 참석해야 한다는 것을 기억하라. 따라서 질병 때문에 결석을 용인받으려면, 적어도 일주일이나 열흘은 아파야 한다. 더 오래 아픈 경우에는 이사회가 결석을 용인할 수 있다. 위 5번의 첫 번째 항을 보라.

8. 해외에 나가는 경우 적용되는 특별한 출석 규칙이 있는가?

아주 일반적이지는 않지만, 특정한 상황에서는 그렇다. 만일 당신이 장기간의 해외여행을 계획하고 있는데 출석 보충에 어려움이 있다고 생각되면, 적용할 수 있는 특별한 출석 규칙이 있는지 클럽 총무에게 물어볼 수 있다.

9. 만일 배심원 의무를 이행하고 있어서 정기 클럽 모임에 참석할 수 없는 경우에도 출석 보충을 해야 하는가?

그렇다. 배심원 의무 때문에 클럽 모임에 불참한 회원에게 출석 인정을 해주는 규정은 없다.

10. 출석 보충 모임의 비용은 누구에게 내야 하는가?

당신이 방문하는 클럽에 식사비를 지불하라.[7]

---

7) http://www.trentonrotary.org/attendance_rules.php, 12 September 2016.

Devoted to God's Church
Core Values for Christian Fellowship

02

그리스도인은 누구인가?

**당신은 어떻게
그리스도를 믿게 되었는가?**

그리스도인이 되는 것은 나 자신에게는 의로움이 없으며 그리스도가 필요하다는 것을 깨닫고, 하나님의 은혜로 그리스도를 믿으며, 내 삶을 지배하던 죄에서 돌아서서, 그리스도 위에 내 삶을 짓는 일이다. 자기가 행한 일에 근거해서는 거룩하신 하나님의 용납하심을 받을 수 없다. 신앙의 이력에 상관없이, 우리 자신이 확립하려고 노력하는 의는 부적절하다. 우리에게는 하나님이 주시는 의가 필요하다. 그리고 그 의는 오직 그리스도를 믿는 믿음을 통해서만 우리에게 주어진다.

살아 있는 교회는 외부인들이 대체로 상상하는 것과는 아주 다르다. 그것은 본질적으로 어떤 조직이 아니다(물론 비조직적이지는 않지만). 또한 건물에 불과한 것도 아니다(물론 건물을 여러 개 갖고 있을 수는 있지만). 살아 있는 교회는 가족이다.

'가족 같다.'는 말인가? 아니다. 교회가 하나님의 양 무리 같다는 것은 옳은 말이다. 그러나 교회는 단순히 가족 '같은' 것이 아니다. 교회는 가족 곧 하나님의 가족이다. 하나님은 우리 아버지이시며, 우리는 그분의 자녀이고, 우리는 형제자매가 되었다. 우리가 이미 보았듯이, 참으로 심오한 의미에서 교회는 우리의 자연적인 가족보다 더 근본적인 가족이다.

그러므로 우리 마음에 다음과 같은 질문이 당연히 떠오른다. 그러면 나는 어떻게 이 가족, 곧 교회의 일원이 되는가?

교회에는 사람들을 회원으로 맞아들이는 나름의 과정이 있다. 어떤 교회들은 예비 회원들에게 한두 사람의 리더와 면담하러 오라고 요청한다. 한동안 교회를 둘러보고 공식적으로 회원이 되는 다음 단계를 고려하는 사람들을 돕기 위해 새가족반이나 구도자반 같은 그룹 모임을 마련해 놓은 교회들도 있다. 이런 과정들은 기독교 신앙에 대해 거의 모르거나 혹은 전혀 모르는 사람들이 기독교의 복음에 대해 더 많은 것을 알게 하고, 교회 생활이 어떤 것인지 발견할 기회를 준다. 그런 다음 그들은 아마도 비교적 비공식적인 환경에서 두 사람의 교회 리더를 만나 이야기를 나누게 될 것이다. 그리고 교회 회원이 되면, 보통 그들은 예배 때 공적으로 환영을 받고, 헌신에 대한 짧은 질문에 답하라는 요청을 받을 것이다.

원한다면 그다음 장면을 상상해 보라. 교회의 리더 그룹이 세 쌍의 부부를 만나 그들이 교회 회원이 되는 일을 논의하고 있다. 그들을 '신실 부부', '당연 부부', '가입자 부부'라고 부를 수 있겠다.[1]

그들의 대화를 상상해 보자.

신실 부부

친근한 대화를 잠깐 나눈 다음 리더 가운데 한 사람이 이렇게 말한다. "저희는 신실 부부가 새가족반 과정을 밟아 오신 것을 기쁘게 생각합니다. 두 분이 그 과정을 즐기셨기를 바랍니다. 새가족반이 교회 회원이 되기 위한 준비에 도움이 되었다는 분들이 종종 계십니다. 그동안 교회를 충분히 둘러보셨으니 우리가 새 교우를 맞이할 때 환영 예배에서 늘 하는 질문이 있다는 걸 아실 겁니다. 오늘 이 모임에서는 그저 두

---

1) 존 번연(John Bunyan)의 『천로역정』(The Pilgrim's Progress)에 나오는 인물들과 이름이 다소 비슷한 것에 대해 양해를 구한다.

분에 대해 좀 더 알고 싶습니다. 두 분이 어떻게 그리스도를 믿게 되었는지 말씀해 주시면 좋겠네요."

"그럴게요." 신실 부부가 동시에 대답한다. "짐, 당신이 먼저 말해." 그리고 두 사람이 각각 자기 이야기를 들려준다.

신실 부부 남편은 비기독교 가정에서 자라나 대학에 갔을 때 몇몇 친구를 통해 그리스도인이 되었다. 신실 부부의 아내는 그리스도인 가정에서 자라났으며 믿음이 급성장하다가 약간의 위기를 겪기도 했다. 하지만 신앙을 갖게 된 구체적인 시기는 기억하지 못한다고 말한다. 그녀는 자신의 경험이 마치 씨앗이 자라나 꽃을 피우는 것과 같았다고 말한다.

신실 부부의 남편은 이렇게 이야기한다. "이렇게 우리는 서로 조금 다른 길을 걸어왔어요. 하지만 우리는 둘 다 예수님을 구주와 주님으로 믿는다는 걸 알고 있습니다."

당연 부부

옆방에는 당연 부부가 다른 두 리더와 함께 비슷한 의자에 앉아 있다. 아주 비슷하게 대화를 시작하지만, 그 자리에 있는 리더 한 사람이 다소 직설적으로 첫 번째 질문을 던진다.

"당연 부부께서는 자신이 이미 기독교 신자라고 생각하시나요?"

"그럼요." 당연 부부의 남편이 재빨리 이야기한다. "우리는 '당연히'(말장난을 용서하시길) 어디에 살든지 교회의 일원이었습니다. 우리가 실제로 교회 청년회에서 만나기도 했고요. 네, 저는 우리가 그리스도인이라고 말할 겁니다. 우리는 평생 그리스도인이었어요."

다른 장로가 부드럽게 웃으면서 말한다. "당연 부부 두 분은 정말로 '교인'이시군요! 그런데 주 예수님에 대한 두 분의 믿음에 대해 좀 더 말씀해 주시겠어요? 덧붙여, 두 분이 다른 교회에 등록할 때 그런 질문을 받으신 적이 있는지 알고 싶군요."

"아니요." 당연 부부의 아내가 말한다. "아무도 그런 질문을 저희에게 한 적이 없어요! 사람들은 우리가 평생토록 교인이었다는 걸 알고 있었어요. 우리가 그리스도인인지 물으시는 이유가 뭔가요? 지금까지 저에게 그런 질문은 한 사람은 아무도 없었어요!"

"아, 그렇군요." 그 장로가 아주 부드럽게 이야기한다. "흥미로운 일이네요. 두 분은 그리스도인이 된다는 것이 무엇을 의미한다고 생각하시나요?"

"음, 어떤 의미로 말씀하시는가에 따라 다르다고 생각해요." 당연 부부의 남편인 프레드가 대답한다. "그건 아주 개인적인 것 아닌가요? 저는 늘 그리스도인이 되려고 노력해 왔어요. 저는 최선을 다하고 있습니다. 그렇다고 생각하지만…. 완벽하다는 의미는 아니고요…. 하지만 적어도 제가 대체로 좋은 사람이라고 생각해요…."

프레드가 말을 더듬는 것을 보며, 아내가 불쑥 끼어든다. "프레드, 당연히 당신은 언제나 그리스도인이었어요. 당신은 누구나 알듯이 가장 친절한 사람 중의 하나예요!"

가입자 부부

가입자 부부와의 면담은 세 번째 방에서 비슷한 방식으로 시작한다. 가입자(Joiner)는 사실 목수(joiner)가 아니라 회계사라는 것이 밝혀진다. 같은 질문이 던져진다.

"남편분은 어떻게 그리스도인이 되셨나요?"

그런데 남편이 대답하기 전에 아내가 먼저 이야기한다. "저희는 이제 이 교회 교인이에요. 우리는 교적을 옮기기를 바랄 뿐이에요. 솔직히 말씀드리면, 저희는 이전에도 그렇게 한 적이 있어요. 두 달 동안이나 새가족반을 이수한 적은 없었지만요. 저희는 그저 교적을 옮기고 싶을 뿐이에요. 그게 다예요."

"그렇군요." 다른 장로가 참을성 있게 말한다(그가 가입자 부부의 아내를 만난 것은 이번이 처음이 아니다). "하지만 두 분도 아시듯이, 솔직히 말씀드려서 정말 중요한 문제는 그리스도에 대한 우리의 믿음과 그분을 위해 살고자 하는 우리의 갈망입니다. 그렇지 않나요?"

"그렇지만 우리는 이전에 교회에 가입할 때 그런 질문을 받아 본 적이 전혀 없어요." 가입자 부부의 아내인 메리가 말한다.

"흠, 부인, 그건 정말 흥미로운 일이군요. 그렇지 않나요?" 다른 장로가 아주 부드럽게 다시 대답한다. "어쩌면 오늘 아침에 주님이 우리에게 그 질문을 하게 하신 이유가 그 때문일 수도 있겠네요. 만일 (오늘 아침 여기에 있는 우리가 아니라) 어떤 사람이 당신에게 이렇게 말한다고 해보세요. '메리, 그리스도인이란 무엇인가요? 아시나요? 메리, 당신은 그리스도인인가요? 그렇다면, 당신 이야기를 좀 해주실래요? 무슨 이유인지 기독교에 대해 더 알고 싶다는 생각이 드네요.' 당신의 친구나 동료 가운데 한 사람이 이런 이야기를 한다면 어떻게 하시겠어요? 그 사람에게 당신의 이야기를 들려주실 건가요? 저희도 그 이야기를 듣고 싶군요."

이제 우리는 아직 답을 듣지 못한 그 질문들, "당신은 그리스도인입니까?", "제게 당신의 이야기를 들려주시겠습니까?"라는 질문들을 풀리지 않은 채로 가입자 부부에게 맡겨 두게 된다.

그리스도인이 된다는 것

그러면 그리스도인이란 무엇인가? 그리고 왜 그리스도인은 이야기를 가져야 하는가?

"당신의 이야기는 무엇인가요?"라는 질문은 교회에서(실제로는 어디에서나) 당신 옆에 앉는 낯선 이와 대화를 시작하는 좋은 방법이다. 사람들은 보통 당신이 자신에 대해 알고 싶어 한다는 사실을 고맙게 생각한다. 심지어 당신이 자기 이야기만 하는 그런 사람이 아니라는 데 안도할 수도 있다.

나는 내 이야기를 당신에게 들려줄 수도 있다. 하지만 수많은 사람이 그리스도인이 되도록 도와준 이야기를 가진, 사회 경제적, 도덕적, 윤리적 영역을 모두 망라하는 진짜 특급 증인을 부르는 것이 더 좋은 생각일 것이다.

내가 말하는 사람은 다소의 사울이다.

사울 또는 바울(우리는 그를 로마식 이름으로 알고 있는 편이다)[2]은 신약성경의 내러티브에서 여러 번 자기 이야기 가운데 일부를 들려준다. 사도행전에는 그의 이야기가 세 번 나온다. 또 그의 서신서에서는 여러 다른 시각에서 그 이야기를 기술한다. 그것들을 종합하면 흥미진진한 이야기가 된다.

사도행전에서는 '외부'의 시각에서 이야기를 들려준다. 본질적으로 "일어난 일은 다음과 같다."라고 말하는 것이다. 그러나 서신서에서는 '내부'의 시각에서 이야기한다. 그런 부분 가운데 아마 가장 흥미로운 본문은 빌립보서 3장일 것이다. 여기서 바울은 아마도 그가 가장 좋아하는 교회, "나의 기쁨이요 면류관"이라고 부르는 교회(빌 4:1)에 편지를 쓰면서 일어난 일을 이렇게 설명한다.

"끝으로 나의 형제들아 주 안에서 기뻐하라 너희에게 같은 말을 쓰는 것이 내게는 수고로움이 없고 너희에게는 안전하니라 개들을 삼가고 행악하는 자들을 삼가고 몸을 상해하는 일을 삼가라 하나님의 성령으로 봉사하며 그리스도 예수로 자랑하고 육체를 신뢰하지 아니하는 우리가 곧 할례파라 그러나 나도 육체를 신뢰할 만하며 만일 누구든지 다른 이가 육체를 신뢰할 것이 있는 줄로 생각하면 나는 더욱 그러하리니 나는 팔일 만에 할례를 받고 이스라엘 족속이요 베냐민 지파요 히브리인 중의 히브리인이요 율법으로는 바리새인이요 열심으

---

[2] 바울은 유대인이자 로마 시민이었다. 아마도 그는 유대 사회에서는 유대인 이름을 사용하고 로마 사회에서는 로마 이름을 사용했을 것이다. 즉, 가족과 동료들이 부르는 이름과 사업상 사용하는 이름이 따로 있는 친구들과 약간 비슷할 것이다(내 친구 중에도 적어도 두 사람이 있다).

는 교회를 박해하고 율법의 의로는 흠이 없는 자라 그러나 무엇이든지 내게 유익하던 것을 내가 그리스도를 위하여 다 해로 여길뿐더러 또한 모든 것을 해로 여김은 내 주 그리스도 예수를 아는 지식이 가장 고상하기 때문이라 내가 그를 위하여 모든 것을 잃어버리고 배설물로 여김은 그리스도를 얻고 그 안에서 발견되려 함이니 내가 가진 의는 율법에서 난 것이 아니요 오직 그리스도를 믿음으로 말미암은 것이니 곧 믿음으로 하나님께로부터 난 의라 내가 그리스도와 그 부활의 권능과 그 고난에 참여함을 알고자 하여 그의 죽으심을 본받아 어떻게 해서든지 죽은 자 가운데서 부활에 이르려 하노니"(빌 3:1-11).

물론 바울의 경험은 매우 극적이었다. 어쨌든 바울은 원조 '다메섹 도상 체험'(Damascus Road Experience, 흔히 삶의 전환점이 되는 경험을 의미하는 말로 쓰인다-역주)을 했다. 그러나 여기서 바울은 외면적인 드라마가 아니라 내면적인 이야기를 기술한다.

그리스도인들이 가진 외면적인 이야기는 저마다 다를 것이다. 그러나 내면적인 이야기는 중요한 특징들을 공유하는 경향이 있다.

바울의 이야기는 3막으로 전개된다.

제1막. 바울의 태생

초기에 바울은 로마 이름인 바울보다 유대 이름인 사울로 알려져 있었다. 그는 로마 제국의 국제도시인 다소에서 유대인으로 자랐기 때문에 어려서 두 이름을 모두 받았을 수 있다. 그의 삶에서는 처음부터 두 문화가 만났고, 어쩌면 충돌했을지도 모른다. 그는 로마 시민으로 태어난 동시에 정통 유대인으로 자라났다. 따라서 선교사(이방인의 사도)가 됐을 때 그가 이방인의 이름을 사용하고 이후 그 이름으로 알려진 것은 아주 자연스러운 일이었다.

사울은 정통 유대인이었다. 태생적인 유전으로나 개인적인 선택으로나, 사울의 자격은 흠잡을 것이 없었다.

"그러나 나도 육체를 신뢰할 만하며 만일 누구든지 다른 이가 육체를 신뢰할 것이 있는 줄로 생각하면 나는 더욱 그러하리니"(빌 3:4).

유전적으로
- 8일 만에 할례를 받은 자
- 이스라엘 족속
- 베냐민 지파
- 히브리인 중의 히브리인

개인적인 선택으로
- 율법으로는 바리새인
- 열심으로는 교회를 박해한 자
- 율법의 의로는 흠이 없는 자

바울은 자신의 태생적인 신분을 신뢰할 만한 온갖 이유가 있었다. 그의 가계는 족장들에게로, 그리고 특히 이스라엘의 첫 번째 왕을 배출한 지파로 거슬러 올라갈 수 있었다(그의 이름은 아마 이 왕에게서 따왔을 것이다). 바울의 부모는 히브리어를 사용했으며 바울을 두세 언어를 사용하는 아이로 키웠지만, 그의 모국어는 히브리어였다.

바울은 개인적으로 가장 엄격한 유대 종파인 바리새파에 속하는 쪽을 택했다. 그는 자신이 율법에 관한 한 흠이 없다고 여겼다. 바울이 완벽하지 않았을지 모르지만 아무도 그를 비난하는 손가락질을 할 수 없었다. 바울은 자기가 사람들보다 더 낫지는 않을지라도 그들만큼 훌륭했을 뿐만 아니라, 사실상 자신이 다른 사람보다 더 나았다고 강조한다. "내가 내 동족 중 여러 연갑자보다 유대교를 지나치게 믿어…"(갈 1:14)라는 그의 주장은 제1인자가 되려는 것이 자신의 야망이었음을 우아하게 이야기하는 것에 불과할 수 있다.

바울은 자신이 엄청난 특권의 수혜자였음을 전혀 부인하지 않는다. 나아가 로마서 9장 4절에서 자기가 누렸던 특권들, 즉 '양자 됨과 영광과 언약들과 율법을 세우신 것과 예배와 약속들'을 열거한다. 그러나 하나님은 바울이 사실 이 축복들의 온전한 요점을 놓쳤다는 것을 아주 힘든 길을 통해 깨닫게 하셔야 했다.

바울이 나중에 그 특권들을 경멸하게 된 것은 아니었다. 그런 특권들 자체에는 놀랄 만한 유익이 있었다. 그러나 그것들은 여정의 목적지가 아니라 도로의 이정표 역할을 하도록 의도된 것이었다. 그것들은 모두 예수님을 가리켜 보이기 위한 것이었다. 그런데 안타깝게도 사울은 그것들을 잘못 이해해서 실제로는 예수님을 대항하고 있었다. 나아가 사울은 예수님을 믿는 사람은 누구든지 박해하기 시작했다.

어떤 면에서 그의 이야기는 유례가 없는 이야기다. 교회를 가장 심하게 박해하던 자가 가장 위대한 신학자와 전도자가 되었다. 그의 이야기는 분명히 다른 어떤 사람의 이야기보다 더 극적이었다. 그러나 사울의 영적인 상태는 그의 동족 가운데서 아주 일반적으로 볼 수 있는 상태였다. 사울과 마찬가지로 그들도 이정표에는 친숙했지만, 그 이정표들이 가리키는 것을 보지 못했다. 마치 그들의 마음을 수건이 덮고 있는 것 같았다(고후 3:15).

비슷한 이야기가 기독교 시대에도 거듭 반복되고 있다. 즉 그리스도인 부모와 성경, 세례와 성찬이라는 징표(sign), 또는 엄격한 종교적 우선순위를 소유하는 것을 하나님과 바른 관계를 맺고 있다거나 대신할 수 있는 것으로 오해해 왔다. 사울은 자신에게 이것이 결여되었고 필요했으며, 하나님의 은혜로 나중에 그것을 받았다는 것을 마침내 깨달았다.

다른 많은 사람과 마찬가지로, 내 이야기는 동일한 현실에 대한 훨씬 덜 극적인 이야기다.

나는 교회에 다니는 가정에서 자라지는 않았지만, 아홉 살쯤에 성경을 읽기 시작했다. 나는 5년 동안 매일 체계적으로 성경을 읽었다. 누군가가 내게 "너는 그리스도인이니?"라고 물었다면, 나는 아마도 이렇게 말했을 것이다. "음, 그랬으면 좋겠네요. 저는 성경을 읽고, 기도도 하고, 남을 돕기 위해 제가 할 수 있는 일을 하거든요."

그런데 기억에 남는 어느 날, 요한복음을 읽고 있는데 예수님의 말씀이 지면에서 걸어 나와 곧바로 내 삶 속에 들어오는 것 같았다.

"너희가 성경에서 영생을 얻는 줄 생각하고 성경을 연구하거니와 이 성경이 곧 내게 대하여 증언하는 것이니라 그러나 너희가 영생을 얻기 위하여 내게 오기를 원하지 아니하는도다"(요 5:39-40).

더 정확히 말하면, 예수님이 친히 성경에서 걸어 나오셔서 내가 자신을 완전히 새로운 시각으로 볼 수 있게 해주신 것 같았다. 그때 나는 이미 성경의 내용에 대한 지식을 상당히 많이 갖고 있었다. 이런 섭리가 커다란 특권이었다는 것을 지금 깨닫고 있으며, 거기에 감사한다. 그러나 나는 성경 메시지의 온전한 요점을 놓치고 있었다. 근본적으로 성경이 내게 최선을 다하라고, 예수님의 모범을 따르기를 힘쓰라고 격려하고 있는 것처럼 읽은 것이다.

나는 성경의 내용이 예수님 자신을 가리키는 표지판이라는 사실을 몰랐다. 온갖 선한 일을 힘써 행하면서, 내게 구주가 필요하다는 사실을 깨닫지 못했다. 이제는 진실이 명백해졌다. 나도 역시 생명을 얻기 위해 예수님께 나아간 적이 전혀 없었다.

이런 이야기가 드문 이야기가 아닐 것이라는 생각이 든다.

제2막. 바울이 자신에 대한 진실을 발견하다

그러나 바울이 하는 가장 흥미로운 말(나는 꿈도 꾸지 않는 말)은 자기가 아는 한 자기는 율법의 의로는 흠이 없는 사람이었다는 것이다(빌 3:6). 바울은 뒤에서 이와 비슷하게 '율법에서 나는 내가 가진 의'에 대해서도 언급한다(빌 3:9). 많은 사람이 그런 신앙을 그리스도인이 되는 것과 혼동한다. 그렇지 않은가?

여러 해 동안 영국에서는, 프랭크 시나트라(Frank Sinatra)의 목소리로 각인된 노래 가사가 장례식을 마칠 때의 곡으로 인기가 있었다.

> 내가 그런 일을 다 해냈다고 생각하니
> 부끄러움 없이 말할 수 있을 거예요.
> 아니, 아니, 난 부끄럽지 않아요.
> 난 내 방식대로 살았어요.[3]

사람들은 여전히 "하늘은 스스로 돕는 자를 돕는다."라고 말하곤 한다. 똑같은 말의 신앙적인 유형이 있다. 예수님이 말씀하신 바리새인과 세리 비유가 좋은 실례다. 예수님은 바리새인의 기도를 다음과 같이 묘사하신다.

"…하나님이여 나는 다른 사람들 곧…이 세리와도 같지 아니함을 (나는) 감사하나이다 나는 이레에 두 번씩 금식하고 또 (나는 내) 소득의 십일조를 드리나이다…"(눅 18:11-12).

여기서 바리새인이 '하나님'은 단 한 번 언급하는 반면 '나'는 다섯 번이나 언급하는 것이 두드러져 보이지 않는가?

---

[3] '마이 웨이'(My Way)는 프랭크 시나트라(Frank Sinatra)가 1968년 12월 말에 녹음하여 1969년에 발표한 곡이다. 싱어송라이터인 폴 앵카(Paul Anka)가 쓴 이 곡의 원곡은 프랑스 샹송이다.

다소의 사울에게는 이 모든 것을 바꾸어 놓는 아주 심오한 일이 일어났다. 그는 여기서 그 일이 어떻게 일어났는지 상세하게 설명하지 않는다. 그러나 사울은 '내가 가진 의'에 대한 자신의 확신이 아주 많이 잘못됐다는 것을 깨닫게 되었다고 말한다.

어쨌든 하나님의 법이 사울의 마음에 와닿았고, 그는 자신이 전혀 의인이 아니며 구주를 필요로 하는 죄인이라는 것을 깨닫게 되었다. 그리고 예수 그리스도가 자신이 필요로 하는 구주라는 것을 인정하는 데까지 사울을 데려오기 위해, 주님은 사울의 삶 가운데서 늘 일하고 계셨다.

다메섹 도상에서 눈이 멀어, 행로를 멈추고 직가라는 곳으로 간 사울은 아나니아의 방문을 받고서 예수 그리스도를 믿는 새 신자로 세례를 받았다. 예수님을 만났을 뿐만 아니라 자신이 심하게 틀렸다는 것을 발견한 사울이, 자신의 의가 종이처럼 얄팍하다는 것을 깨닫게 된(자신이 죄인이라는 것을 알게 된) 일은 그에게 엄청난 충격이었을 것이다. 우리는 그 충격을 겨우 상상만 할 수 있을 뿐이다.

물론 우리 자신의 이야기는 또 다른 우여곡절이 있을 수 있다. 낙심이나 실패가 우리의 삶이 어디로 향하고 있는지 생각해 보게 하는 계기가 될 수 있다. 누군가의 죽음이 그런 계기가 될 수도 있고, 아기의 출생이 그럴 수도 있다. 아니면 친구나 동료에게서 무언가를 감지하지만, 그들이 그리스도인이라는 것 말고는 그것을 정확하게 콕 집어 설명하기 어려울 수도 있다. 그러면 우리는 '내가 이해하지 못하는 무언가가 그에게 있어.'라든가 '그녀는 내가 알지 못하는 무언가를 아는 것 같아. 내게 없는 무언가를 가진 것이 틀림없어.'라는 생각을 하게 된다.

그들의 삶이 우리의 삶을 말없이 정죄한다는 사실 때문에 짜증이 날 수도 있다. 최고 수준의 프로 골퍼 몇 사람이 빌리 그레이엄(Billy Graham) 박사와 함께 골프를 쳤을 때에 관한 인상 깊은 이야기를 들은 기억이 난다. 경기가 끝난 다음 라커룸에서 프로 골퍼 한 사람이 불평했다. "라운딩하는 내내 그레이엄 박사가 그리스도에 대해 끊임없이 이야기했어요." 그러자 다른 골퍼가 그 사람을 쳐다보며 이렇게 말했다. "그런데 빌리 그레이엄은 그리스도라는 이름을 언급도 하지 않았는데요!"

내가 그리스도인이 된 날 밤, 나는 젊은 회사원에 관한 이야기를 들었다. 그의 이야기는 대충 이런 내용이었다. 이 회사원은 직장에서 늘 '타이핑 부서'의 문을 지나다녔다. 이 표현 자체가 구식이라 아마 설명이 필요할 것이다. 타이핑 부서는 상사가 구술하는 편지나 문서를 비서들이 타자기로 타이핑하는 사무실이었다.

어느 날 그 젊은이가 타이핑 부서를 지나가면서 동료에게 이렇게 말했다. "저 문을 지나다닐 때마다 느끼는 건데, 저 타자수들 가운데 한 사람은 다른 사람들과 달리 늘 어떤 규칙에 따라 일을 하는 것 같아!" 그런 수수께끼 같은 생각이 그에게 살짝 떠오르기 시작했다. 그런데 그의 동료가 무심코 던진 대답이 오히려 더 수수께끼 같았다. "아, ○○일 거예요. 그녀는 그리스도인이에요."

이 반응은 그에게 타이핑과 기독교가 어떤 관계인지 의문을 품게 했다. 이 수수께끼는 낚싯바늘에 달린 미끼 같았다. 아무리 발버둥을 쳐도 벗어날 수가 없었다. 결국 그는 그리스도인이 되었다. 공교롭게도 이 이야기를 들은 나도 마찬가지였다. 아직은 아니지만 언젠가, 내가 타이핑 부서의 그 직원을 만나 감사를 표할 수 있게 될지 종종 궁금하다.

빌립보인들에게 편지를 쓸 때, 바울은 교회에 낭독되는 편지에 귀를 기울이고 앉아서 그가 신앙을 갖게 된 내면의 이야기를 듣는 사람들 가운데 잘 아는 세 사람이 있을 것을 알았다. 한 사람은 지진을 겪고서 그리스도인이 된 사람이었고, 또 한 사람은 비열한 목적으로 그녀를 길들인 악한 남자들의 노예가 되어 착취를 당했던 사람이었다. 그녀의 행동으로 인해 바울은 예수님의 이름으로 그녀에게서 악령들을 쫓아내고 자유롭게 해주었다. 이 두 사람에게는 극적인 회심 이야기가 있었다. 그러나 제일 먼저 믿음을 가진 세 번째 사람은 전혀 달랐다. 그녀의 이야기는 조금도 극적이지 않았다. 그녀는 기도하는 여인의 무리 가운데 조용히 앉아 바울이 예수님에 대해 하는 말을 듣고 있었는데, 그때 그녀의 마음이 열렸다.[4]

세 사람 모두 그리스도인이었지만, 그리스도에게 이끌려 온 길은 각각 달랐다.

이처럼 우리를 마침내 믿음에 이르게 하는 서로 다른 상황과 길들은 하나님이 선택하시고 만드시는 것이다. 그러나 모두 공통된 결과를 낳는다. 즉, 우리는 예수님을 우리의 구주로 믿고 우리의 주님으로 따르게 된다. 그런 결과를 얻을 수 있는 의로움이나 자원이 우리 자신에게 없다는 것을 서서히 또는 갑자기 발견하게 되면, 우리에게 그리스도가 필요하다는 것이 드러난다. 그리고 성령님이 부드럽게 만드신 마음에 복음의 메시지가 파고들며, 우리는 거기에 굴복한다. 이것이 다소의 사울에게 일어난 일이었다. 우리의 경우도 마찬가지다.

---

4) 이 이야기들은 사도행전 16장 11-34절을 참고하라.

제3막. 바울이 은혜로 발견한 것

물론 이 모든 것은 시작에 불과했다. 계속해서 바울은 자신이 그리스도인이 된 뒤에 그리스도에 대해 더 많은 것을 발견했다고 말한다. 바울은 율법에 근거해 하나님 앞에서 정당한 지위를 얻으려고 노력했다.

그런데 이제 바울은 예수님이 자기를 대신해 완전한 순종의 삶을 사셨다는 것을 깨달았다. 더욱이 예수님은 특별히 십자가에 죽으시기까지 순종하셨다. 즉, 예수님은 우리의 죄를 위해 하나님의 심판과 저주를 당하셨다(빌 2:8; 갈 3:13). 예수님은 자신의 죽음으로 바울의 부채를 청산하셨다. 또한 바울을 대신한 순종의 삶을 통해 예수님은 '하나님께로부터 난 의'를 만들어 내셨으며, 이제 바울은 '그리스도를 믿음으로 말미암은 그 의'를 얻었다. 이 의는 믿음으로 말미암아 하나님에게서 난 것이며 그리스도 안에서 주어진 것이었다(빌 3:9).

일평생 바울은 자기 의를 만들어 내려고 노력했다. 그런데 이제 바울은 예수님이 산상수훈에서 하신 말씀을 깨달았다. "…너희 의가 서기관과 바리새인보다 더 낫지 못하면 결코 천국에 들어가지 못하리라"(마 5:20). 바울이 마침내 깨달은 대로, 이 의는 하나님이 그리스도 안에서 그리스도를 믿는 자에게 주시는 의다. 결과는? 그리스도를 믿는다는 것이 무엇을 의미하는지 설명하기 위해 바울은 열세 편의 신약 서신을 썼다. 그것은 다음과 같은 일곱 가지 복을 포함한다.

- 예수 그리스도와의 연합 및 교제
- 죄의 용서

- 과거의 실패에 대한 죄책감 및 수치심의 해소
- 죄의 지배 및 어둠의 권세로부터의 구원
- 하나님의 가족에 속하며 하나님을 '아바 아버지'라 부를 수 있는 것
- 영생의 확실한 소망
- (비록 그것이 이 세상에서 고난받는 것을 의미한다고 해도) 예수님처럼 되기를 바라는 새로운 갈망

따라서 바울은 자신의 새로운 갈망에 대해 이렇게 썼다.

"내가 그리스도와 그 부활의 권능과 그 고난에 참여함을 알고자 하여 그의 죽으심을 본받아…푯대를 향하여 그리스도 예수 안에서 하나님이 위에서 부르신 부름의 상을 위하여 달려가노라…그(그리스도 예수)는 만물을 자기에게 복종하게 하실 수 있는 자의 역사로 우리의 낮은 몸을 자기 영광의 몸의 형체와 같이 변하게 하시리라"(빌 3:10, 14, 21).

만일 이것이 그리스도인의 운명이라면, 왜 아무도 그리스도인이 되기를 원하지 않을까?

어느 길로 갈 것인가?

그리스도인이 되는 일에 관한 한, '내 길'(내 방식)은 통하지 않는다. 세상에서 가장 슬픈 일 가운데 하나는 교회와 연결되어 있지만 예수

님과는 단절된 사람들을 보는 것이다. 온갖 표지판이 그들 주위에 배치되어 있지만, 그들은 그 표지판들이 가리키는 곳, 즉 예수님을 전혀 보지 못한다.

산상수훈이 가르치는 삶에 관해서는 이야기하지만, 산상수훈이 다음과 같은 예수님의 말씀으로 끝난다는 것을 망각한다.

"나더러 주여 주여 하는 자마다 다 천국에 들어갈 것이 아니요 다만 하늘에 계신 내 아버지의 뜻대로 행하는 자라야 들어가리라 그날에 많은 사람이 나더러 이르되 주여 주여 우리가 주의 이름으로 선지자 노릇 하며 주의 이름으로 귀신을 쫓아내며 주의 이름으로 많은 권능을 행하지 아니하였나이까 하리니 그때에 내가 그들에게 밝히 말하되 내가 너희를 도무지 알지 못하니 불법을 행하는 자들아 내게서 떠나가라 하리라"(마 7:21-23).

분명히 이런 일이 가능하다.

- 일을 해도 그리스도인이 아닐 수 있다.
- 많은 일을 해도 그리스도인이 아닐 수 있다.
- 많은 능력 있는 일을 해도 그리스도인이 아닐 수 있다.
- 많은 능력 있는 일을 예수님의 이름으로 해도 그리스도인이 아닐 수 있다.
- 예수님을 '주'라고 불러도 그리스도인이 아닐 수 있다.

어떻게 이런 일이 있을 수 있는가?

그리스도인이 되는 일은 우리가 행한 일의 결과가 아니라 주 예수님이 하신 일의 결과이기 때문이다.

우리는 일(공로)이 아니라 믿음으로 그리스도인이 된다. 만일 그렇지 않다면, 우리는 예수님의 말씀을 듣지만 그것을 행하는 데 실패하고, 우리의 영적인 집을 반석 위에 세우기보다 모래 위에 세우게 된다. 그리고 그 집은 결국 무너지고 만다. 예수님이 산상수훈을 결론 지으면서 강조하신 요점이 바로 이 점이다.

엄마가 교회 청소 봉사를 하는 날이면 엄마를 돕곤 했던 어린 소년 이야기를 들은 적이 있다. 신자들은 그 소년이 작은 걸레를 들고 건물 여기저기를 다니며 청소를 도우면서 자기가 좋아하는 찬양을 부른다는 것을 알고 있었다.

반석 위에 짓는 지혜로운 자
반석 위에 짓는 지혜로운 자
반석 위에 짓는 지혜로운 자
집을 반석 위에 짓네.

비가 오고 홍수가 나도
비가 오고 홍수가 나도
비가 오고 홍수가 나도
반석 위의 집 든든하네.

모래 위에 짓는 어리석은 자
모래 위에 짓는 어리석은 자
모래 위에 짓는 어리석은 자
집을 모래 위에 짓네.

비가 오고 홍수가 나면
비가 오고 홍수가 나면
비가 오고 홍수가 나면
모래 위의 집 무너지네.

얼마 후, 이 어린 소년이 중병에 걸려 죽고 말았다. 장례식이 끝날 무렵 소년의 관을 교회에서 옮길 때, 오르간 연주자가 친숙한 곡을 연주하기 시작했다.

반석 위에 짓는 지혜로운 자
반석 위에 짓는 지혜로운 자

나는 내가 전혀 몰랐던 그 작은 소년을 매우 자주 생각한다. 소년의 짧은 삶을 통해 주님은 소년을 알았던 모든 사람에게 아주 좋은 교훈을 주셨다.

복음을 이해하고 그리스도인이 되는 것은 나이나 지성의 문제가 아니다. 그리스도인이 되는 것은 나 자신에게는 의로움이 없으며 그리스도가 필요하다는 것을 깨닫고, 하나님의 은혜로 그리스도를 믿으며, 내 삶을 지배하던 죄에서 돌아서서, 그리스도 위에 내 삶을 짓는 일이다. 하지만 애석하게도 지성이 있는 많은 성인들이 전혀 그렇게 하지 않는다. 그들은 그리스도인이 되는 것을 마치 합격점을 얻으려고 노력하는 것처럼 생각한다. 그러나 그것은 확실한 실패의 길이다.

자기가 행한 일에 근거해서는 거룩하신 하나님의 용납하심을 받을 수 없다. 신앙의 이력에 상관없이, 다소의 사울처럼 우리 자신이 확립하려고 노력하는 의는 부적절하다. 우리에게는 하나님이 주시는 의가 필요하다. 그리고 그 의는 오직 그리스도를 믿는 믿음을 통해서만 우리에게 주어진다.

당신의 이야기는 무엇인가?

만일 어떤 사람이 "당신은 그리스도인입니까? 당신의 이야기를 듣고 싶은데요."라고 말한다면, 당신은 어떤 이야기를 들려주겠는가?

바울의 경우처럼 아주 극적인 이야기로 시작할 수도 있고, 내 경우처럼 비교적 극적이지 않을 수도 있다. 어떤 방식이든, 다음과 같은 내용이 중심을 차지할 것이다.

- 나는 내가 죄와 실패 가운데 있기 때문에 하나님 앞에 설 수 없다는 것을 알았습니다.
- 나는 예수 그리스도에게 나아가는 자는 누구든지 주님이 구원하실 수 있다는 것을 깨달았습니다.

- 나는 그리스도에게로 돌이켰고, 그리스도를 믿었습니다. 그리고 지금 나는 그리스도의 의를 옷 입고 있습니다.
- 지금 나는 그리스도를 더욱 알고 더 많이 사랑하며 섬기기를 원합니다.

따라서 우리는 처음 시작할 때 물었던 질문 곧 "당신은 그리스도인입니까?"라는 질문으로 이 장을 끝맺는다. 당신의 마음속에 '예! 예! 그렇습니다' 하는 응답이 있는가? 만일 그렇지 않다면, 이 책을 내려놓고 그 질문에 대해 생각해 보라. 당신에게 구주가 필요한 이유를 깨닫게 해달라고, 예수 그리스도가 당신이 필요로 하는 구주이신 이유를 깨닫게 도와 달라고 주님께 간청하라.

Devoted to God's Church
Core Values for Christian Fellowship

Devoted to God's Church
Core Values for Christian Fellowship

03

예수 그리스도의 제자

그리스도의 십자가를 지고 가는 제자가 되라

예수님의 명령, 즉 절대적인 제자도의 부르심을 온전하게 이해할 때에만 우리는 완전한 자유를 얻고 예수님과 교제를 누릴 수 있다. 예수님의 명령을 일편단심으로 따르며 저항하지 않고 예수님의 멍에를 메는 사람만이 예수님의 짐이 가볍다는 것을 발견하며, 그 멍에의 부드러운 압력 아래에서 바른길을 견지할 힘을 얻는다. 오직 은혜로 의롭다 함을 얻는다고 말할 권리가 있는 유일한 사람은 모든 것을 버리고 그리스도를 따르는 사람이다. 그런 사람은 제자도의 부르심이 은혜의 선물이며, 그 부르심이 은혜와 분리될 수 없다는 것을 안다.

주 예수 그리스도의 제자가 되지 않는 한, 당신은 그리스도인이 될 수 없다. 실제로 초대 교회에서는 예수님을 따르는 자들에 대해 '그리스도인'이라는 말보다 '제자'라는 용어를 더 자주 사용했다(행 11:26).[1]

영어의 '제자'(disciple)라는 단어는 '배우다.', '알다.', '익숙해지다.'를 의미하는 라틴어 동사 **디스케레**(*discere*)에서 파생된 **디스키풀루스**(*discipulus*)에서 유래한 것이다. 제자는 배우는 사람이지만, '책을 통해 배우기 위해 학교에 다니는 사람'이라는 의미가 아니다.

아마도 그 개념을 더 잘 담고 있는 표현은 '견습생'(apprentice)이라는 말일 것이다. 왜냐하면 제자는 배우고, 모방하고, 이해하기 위해 스승에게 소속되기 때문이다.

유럽의 위대한 미술가들을 생각해 보면 개념을 이해할 수 있을 것이다. 미술사가들은 어떤 (아마도 무명의) 작가가 그린 그림에 대해, 우리가 이름과 작품을 잘 아는 위대한 미술가의 '학파'에 속한다고 말한다. 그 무명의 미술가는 위대한 스승에게 속하여 그림 그리는 법을 배우고, 스

---

[1] 사도행전에서 '제자' 또는 '제자들'이라는 표현은 '그리스도인'이라는 말이 처음 나타나기 이전에 십여 번이나 등장한다.

승의 스타일을 사용하며, 스승의 작품을 모방한 것이다. 그는 그렇게 그 스승의 '제자'가 되었다.

교회의 회원이 될 때 우리는 이렇게 말한다. "저도 예수님의 제자입니다. 예수님은 저의 구주이실 뿐만 아니라 또한 저의 스승이십니다. 저는 예수님을 섬기고, 예수님께 배우며, 그분을 닮은 모습으로 자라기 위해 예수님을 모범으로 삼습니다."

실제로 신약에서 그리스도인이 되는 것은 근본적으로 예수님을 점점 더 닮아 가는 것과 관계가 있다. "하나님이 미리 아신 자들을 또한 그 아들의 형상을 본받게 하기 위하여 미리 정하셨으니 이는 그로 많은 형제 중에서 맏아들이 되게 하려 하심이니라"(롬 8:29).

이러한 제자 됨은 교회의 회원이 되기 위한 추가적인 선택 사항이 아니다. 제자 됨이 없다면 우리는 '서류상의 회원'에 불과하다. 다시 말해, 어느 교회에 소속되어 있을 수는 있지만 참으로 예수님께 속하지는 않은 것이다. 실제로는 교회의 회원이 전혀 아니다.

만일 이것이 사실이라면(사실이다), 어느 교회의 회원이 되는 일에 대해 우리 모두가 반드시 물어야 할 중요한 질문이 있다. 그 질문은 바로 이것이다. "교회 회원이 예수님의 제자라는 것은 알겠습니다. 그러면 이 교회는 그것을 어떻게 아나요? 이 교회에서 제자 됨은 어떤 생활 양식과 관계가 있나요?"

이 질문에 대한 대답은 각 교회가 스스로 마련하는 것이 아니다. 물론 교회마다 그 대답을 구체화할 공동의 생활 방식은 서로 다르다. 그러나 모든 교회는 이렇게 말할 수 있어야 한다. "우리의 스승이신 주님은 제자 됨의 의미를 우리에게 가르쳐 주셨습니다. 우리는 그분이 내리신 정의를 따릅니다. 그리고 우리는 그것을 이 교회에서 성도들과의 교제 가운데 삶에 적용합니다."

그러면 예수님이 내리신 정의는 무엇인가?

처음에 예수님을 따른 이들은 무엇보다도 그저 예수님과 함께 있고, 예수님을 지켜보며, 하나님 나라에 대한 예수님의 가르침을 들음으로써, 예수님의 제자가 된다는 것이 무엇을 의미하는지를 배웠다. 그러나 예수님의 사역이 계속되면서, 특히 그분이 행하시는 일을 보고 그분의 가르침을 듣기 위해 수많은 무리가 나아오는 것을 보고서, 예수님은 예수님을 따르는 것의 진정한 의미가 무엇인지를 말씀하셨다.

누가복음은 그런 사례 가운데 하나를 다음과 같이 생생하게 묘사한다.

"수많은 무리가 함께 갈새 예수께서 돌이키사 이르시되 무릇 내게 오는 자가 자기 부모와 처자와 형제와 자매와 더욱이 자기 목숨까지 미워하지 아니하면 능히 내 제자가 되지 못하고 누구든지 자기 십자가를 지고 나를 따르지 않는 자도 능히 내 제자가 되지 못하리라 너희 중의 누가 망대를 세우고자 할진대 자기의 가진 것이 준공하기까지에 족할는지 먼저 앉아 그 비용을 계산하지 아니하겠느냐 그렇게 아니하여 그 기초만 쌓고 능히 이루지 못하면 보는 자가 다 비웃어 이르되 이 사람이 공사를 시작하고 능히 이루지 못하였다 하리라 또 어떤 임금이 다른 임금과 싸우러 갈 때에 먼저 앉아 일만 명으로써 저 이만 명을 거느리고 오는 자를 대적할 수 있을까 헤아리지 아니하겠느냐 만일 못할 터이면 그가 아직 멀리 있을 때에 사신을 보내어 화친을 청할지니라 이와 같이 너희 중의 누구든지 자기의 모든 소유를 버리지 아니하면 능히 내 제자가 되지 못하리라 소금이 좋은 것이나 소금도 만일 그 맛을 잃으면 무엇으로 짜게 하리요 땅에도, 거름에도 쓸데없어 내버리느니라 들을 귀가 있는 자는 들을지어다 하시니라"(눅 14:25-35).

'능히 내 제자가 되지 못하리라.'라니, 예수님은 왜 그렇게 부정적인 표현을 사용하시는가? 군중에게 자기 입장을 명확히 하시기 위해, 어떤 의미에서는 범위를 제한하시기 위해서다. 군중이 당신의 영적인 안위에 위험이 될 수 있다는 것을 예수님은 아셨다. 당신은 열정에 사로잡힌 군중에 속해 있을 수 있고, 그런 의미에서는 예수님과 충분히 가까이 있을 수 있다. 그러나 사실 제자가 되는 것과 관련한 문제에 대해서는 생각하고 있지 않을 수 있다.

내 선생님 한 분은 지금은 거의 들을 수 없는 표현인 "여기에 대해서는 '모호함'(dubiety)이 있을 수 없다."라는 말을 사용하곤 하셨다. 그분의 말은 당연히 "거기에는 논란의 여지나 진실성에 대한 의심의 여지, 사실에 대한 의문의 여지가 있을 수 없다. 이것은 사실이다."라는 의미였다. 예수님도 여기서 그 점을 말씀하고 계신다. 제자가 되는 문제에 관한 한 모호함이 있을 수 없다.

제자임을 알려 주는 표시는 세 가지다.

- 제자는 부모, 아내, 자녀, 형제자매, 자기 목숨까지도 미워한다.
- 제자는 십자가를 지고 예수님을 따른다.
- 제자는 자기의 모든 소유를 포기한다.

이 세 가지가 당신의 삶의 특징인가?

그렇지 않다면, 당신은 예수님의 제자가 되지 못한다.

되지 못한다! 그리고 당신이 제자가 아니라면, 당신은 그리스도인이 아니다.

그러나 만일 당신이 그리스도인이라면, 당신은 또한 제자가 되어야 한다.

바로 이 시점에서 앞의 2장에서 만났던 '가입자 부부'는 아마 "저희가 원하는 것은 그저 교회에 가입하려는 것뿐이었는데요."라고 말할 것이다. 그런데 그 교회는 예수님의 교회다.

예수님의 말씀은 교회 리더들이 잠재적인 회원들에게 물어야 할 세 가지 근본적인 질문을 제시한다.

- 당신은 예수님의 제자가 되기 위해 부모와 형제자매, 자신의 목숨까지도 미워하는가?
- 당신은 십자가를 지고 예수님을 따르는가?
- 당신은 예수님을 위해 모든 소유를 포기했는가?

이것이 정말 사실일까? "…그런즉 누가 구원을 얻을 수 있나이까"(눅 18:26)라고 물었던 예수님의 청중들과 동일한 느낌을 이 말씀에서 느끼지 않는가?

예수님이 하신 이 말씀의 진정한 의미는 무엇일까?

성별(聖別), 확정된 우선순위

가족과 자신을 미워하지 않는 한, 나는 예수님의 제자가 될 수 없다. 어떻게 그럴 수 있는가?

예수님의 가르침이 하나님의 말씀이나 예수님 자신의 관례와 정면으로 상충되지 않았다고 가정하면, 예수님이 여기서 과장법을 사용하고 계신다는 것은 아주 명백하다. 즉, 강조를 위해 과장된 표현을 이용하는 수사법을 쓰시는 것이다. 예수님은 우리에게 충격을 주어 주의를 기울이게 하고 계신다.

이런 사실은 다섯 번째 계명이 우리의 부모를 공경하라고 하는 것에서 알 수 있다. 예수님이 우리의 원수까지도 사랑하라고 가르치시는 것에서 알 수 있다. 그렇다면 우리의 가족은 훨씬 더 사랑해야 하지 않겠는가? 예수님이 그렇게 어리숙하게 자신을 부정하셨으리라 생각하는 것은 어리석은 일이다.

그러면 예수님이 하신 말씀은 무슨 뜻인가?

종종 예수님의 말씀은 "예수님이 의미하신 것은 단지 우리가 가족과 자신을 사랑하는 것보다 더 예수님을 사랑해야 한다는 것이다."라고 이해되어 왔다.

그러나 여기에는 분명히 그 이상의 의미가 있다. 예수님의 말씀은 우리가 어느 누구를 사랑하는 것보다 훨씬 더 예수님을 사랑해야 한다는 의미다. (사랑이 행하는 일로) 만일 그렇게 훨씬 더 많이 예수님을 소중히 여기고 예수님께 우선순위를 두는 경우가 생긴다면, 우리는 자기 가족을 미워한다는 비난을 받게 될 수 있다.

예수님은 우리에게 자기를 본받으라고 말씀하신다. 즉, 예수님의 제자가 되라고 말씀하신다. 누가복음 앞부분에서 누가는 예수님의 모친과 형제들이 나타나 (아마도 일어나고 있는 일을 염려해서) 예수님과 대화하기를 바라는 장면을 묘사한다. 그들이 밖에 있다는 말을 들었을 때, 예수님은 어떤 반응을 보이셨는가? "…내 어머니와 내 동생들은 곧 하나님의 말씀을 듣고 행하는 이 사람들이라…"(눅 8:21).

예수님의 우선순위는 그들과 근본적으로 달랐다. 예수님은 타고난 관계를 아주 멀리 이차적인 자리에 두셨다. 그날 어떤 사람들은 서로 이렇게 투덜거렸을 것이다. "가족이 나타났을 때 예수님이 하신 말씀 이해했어요? 예수님은 가족을 미워하시나요?"

예수님은 왜 가족 관계에 초점을 맞추셨는가? 어째서 돈이나 재산에 대해 말씀하지 않으시는가?

사실 예수님은 적절한 때가 되면 그런 것들에 대해 말씀하신다. 다만 중요한 문제부터 먼저 다루실 뿐이다. 여기서 예수님의 관심사는 명백하다. 가족 관계는 우리가 누리는 최대의 복을 의미하는 것이다. 결혼은 하나님이 아담에게 주신 선물들의 정점이었다(창 1:27, 2:21-24). 애정이 있는 부모에게 자녀는 생명보다 소중하다.

그러나 바로 그런 이유로 이 관계들은 가장 큰 영적 시험의 근원이 될 수 있으며, 가장 강력한 영적 장애물이 될 수 있다. 주 예수님보다 그들을 우선시하기가 너무나 쉽기 때문이다.

남편은 아내가 주 예수님이 아니라 그를 우선시하기를 기대한다는 것을 태도로, 심지어 말로 분명히 나타내 보이기 쉽다. 아내는 남편의 삶에서 예수님이 첫 자리를 차지해야 한다는 데 관심을 기울이기보다 자신의 바람과 관심사를 앞세울 수 있다. 아이들이 생기면, 그리스도에 대한 사랑과 헌신이 우리 아이들이 최고가 되고 성공하기를 바라는 소원보다 하위에 놓일 수 있다. 그리스도가 우리에게 모든 것을 주셨으므로 그리스도에 대한 충성이 우리의 최우선 순위가 되어야 한다는 사실을 놓치게 되는 것이다.

10대 그리스도인이었을 때, 지역 신문 투고란에서 한 엄마의 고뇌에 찬 편지를 읽은 기억이 난다. 그녀의 딸은 고등학교와 대학교에서 훌륭한 교육을 받았는데, 당시에는 인구의 5%만이 그런 특권을 누릴 수 있었다. 세상이 딸의 발밑에 있었다. 그러나 딸은 자신의 삶에 대한 그리스도의 부르심을 깨닫고 선교사로 섬기기 위해 해외에 나가려 하고 있었다. 엄마는 절망에 빠져 있었다. 그녀의 편지는 절실한 마음의 외침이었다. 누군가 딸에게 정신을 차리도록 말을 해서 그녀가 삶을 허비하고 있다는 것을 알려 줄 수는 없을까?

그 엄마에게, 주 예수님께 완전히 성별하여 드린 삶은 결코 허비될 수 없다는 개념은 도무지 이해할 수 없는 것이었다. 왜 그녀의 딸은 자기 삶을 이런 식으로 내던졌을까? 엄마가 미웠을까? 그런 느낌이었다.

젊은 남녀가 서로에게 매력을 느낀다. 많은 사람이, 그들은 멋진 커플이 될 것이라고 말한다. 그런데 젊은 여성(젊은 여성이 자주 그러는 이유가 뭘까?)은 한 가지 부족한 점이 있다고 느낀다.

젊은 남성은 그녀가 그를 사랑하는 것보다 훨씬 더 그리스도를 사랑하기를 바란다는 것을 말로도 생활 방식으로도 분명히 밝히지 않는다. 자기가 그리스도와 큰 격차로 2위에 머무는 데 만족한다는 생각은 견딜 수가 없다. 그가 여자 친구보다 그리스도를 더 사랑하지 않을 때는 그럴 수밖에 없다. 그는 카이로의 템플 게어드너(Temple Gairdner, 20세기 초 이집트 카이로에서 사역했던 영국 선교사-역주)가 했던 것 같은 말을 결혼식 날 밤에 결코 할 수 없을 것이다.

> 내가 그녀에게 가까이 감이
> 나로 그녀보다 주님께 더 가까워지는 것이 되게 하소서.
> 내가 그녀를 앎이
> 나로 그녀보다 주님을 더 아는 것이 되게 하소서.
> 내가 온전한 마음, 온전한 사랑으로 그녀를 사랑함이
> 나로 그녀보다, 또 그 무엇보다
> 주님을 더 사랑하는 것이 되게 하소서.[2]

이처럼 예수님이 내 삶에서 절대적인 우선순위를 차지하시는가? 나와 가장 가깝고 내가 가장 사랑하는 사람들보다 더? 정말로, 특히 그런 사람들보다 더? 그렇다면 나는 예수님의 제자다.

십자가를 짐

"누구든지 자기 십자가를 지고 나를 따르지 않는 자도 능히 내 제자가 되지 못하리라"(눅 14:27).

---

2) Constance E. Padwick, *Temple Gairdner of Cairo* (London: SPCK, 1929), p. 92.

"우리는 다 자기 십자가를 져야 합니다. 그렇지 않나요?" 때때로 사람들은 이 은유의 출처를 숙고하지도 않은 채 이런 말을 사용한다. 그러나 예수님은 여기서 일반적인 '인생의 시련', 즉 '내가 져야 할 십자가'에 대해 말씀하고 계시는 것이 아니다. 예수님의 말씀을 듣고 있던 무리도 예수님이 그런 의미로 말씀하셨다고는 생각하지 않았을 것이다. 그들은 십자가를 지고 가는 사람들을 본 적이 있었다. 주님의 말씀은 그들이 본 것, 즉 나중에 예수님 자신이 그러셨던 것처럼, 자신의 처형 도구를 지고 감으로써 공적으로 수치를 당하면서 처형장으로 향하는 사람을 상기시키는 촉매 역할을 했음이 틀림없다.

만일 예수님이 "너희가 내 제자가 되려면 독극물 주사형을 당해야 할 것이다."라든지 "너희가 내 제자가 되려면 먼저 교수형을 당해야 한다."라고 말씀하셨다면, 우리는 예수님이 인생의 시련을 가리키셨다고는 상상도 못 했을 것이다.

여기서 생생한 시각적 이미지를 사용해서 예수님이 하시는 말씀은, 제자란 예수님을 따라가며 자신의 계획에 대해 '죽고' 하나님의 목적에 (그것이 어떤 것이든, 우리를 어디로 이끌든, 어떤 대가를 치르든) 순종할 준비가 되어 있는 사람이라는 것이다. 나중에 바울이 말한 것처럼, 그리스도가 죽으신 것은 다시는 그들 자신을 위하여 살지 않고 오직 그들을 대신하여 죽었다가 다시 살아나신 이를 위하여 살게 하려 함이다(고후 5:15). C. S. 루이스(C. S. Lewis)는 언젠가 이렇게 말했다. "당신 안에서 죽지 않은 것은 어떤 것도 죽음에서 살리심을 받지 못할 것이다."[3]

---

3) 『순전한 기독교』(Mere Christianity, 1952)의 마지막 단락에서 인용했다. C. S. Lewis, Mere Christianity, in The Complete C. S. Lewis Signature Classics (San Francisco: Harper, 2003), p. 118.

오늘날 이것을 가장 강력하게 표현한 사람은 제2차 세계 대전이 끝나갈 무렵 나치에게 처형당한 독일 신학자 디트리히 본회퍼(Dietrich Bonhoeffer)다.

나는 지금도 본회퍼의 가장 유명한 책인 『제자도의 대가』(*The Cost of Discipleship*)를 소중히 간직하고 있다. 거기에는 1965년 8월 9일자 카드가 들어 있다. 그 책은 내가 대학에 입학하기 위해 집을 떠날 때 학교 선생님이 주신 선물이었다. 오늘 그 책을 펴 보면서, 내가 오래전에 여러 구절에 표시해 놓았다는 것을 알았다.

예수님의 명령, 즉 절대적인 제자도의 부르심을 온전하게 이해할 때에만 우리는 완전한 자유를 얻고 예수님과 교제를 누릴 수 있다. 예수님의 명령을 일편단심으로 따르며 저항하지 않고 예수님의 멍에를 메는 사람만이 예수님의 짐이 가볍다는 것을 발견하며, 그 멍에의 부드러운 압력 아래에서 바른길을 견지할 힘을 얻는다. 예수님의 명령에 저항하려 하는 사람에게는 그 명령이 어렵다. 말할 수 없이 어렵다. 그러나 기꺼이 순종하는 이들에게는 그 멍에가 쉽고 그 짐이 가볍다.

오직 은혜로 의롭다 함을 얻는다고 말할 권리가 있는 유일한 사람은 모든 것을 버리고 그리스도를 따르는 사람이다. 그런 사람은 제자도의 부르심이 은혜의 선물이며, 그 부르심이 은혜와 분리될 수 없다는 것을 안다. 그러나 이 은혜를 그리스도를 따름에 대한 면제로 이용하려고 하는 이들은 자신을 속이고 있는 것일 뿐이다.

레위(마태)가 자기 자리에 머물러 있었다면, 예수님은 고난에 대한 현재의 도움은 되셨을지 몰라도 그의 온 삶의 주님은 되지 못하셨을 것이다. 다시 말해 레위는 결코 믿음을 배우지 못했을 것이다.

오직 순종하는 사람만이 믿는다.

당신의 삶 가운데 예수님의 명령에 복종하기를 거부하고 있는 부분, 혹시 죄의 정욕이나 적개심, 바람, 당신의 야망이나 동기가 있는가? 만일 그렇다면 당신이 성령님을 받지 못했다는 것에 놀라지 말아야 한다. 십자가는 모든 그리스도인에게 놓여 있다. 모든 사람이 반드시 겪어야 할 첫 번째 그리스도의 고난은 이 세상에 대한 애착을 버리라는 부르심이다. …십자가는 하나님을 경외하는 행복한 삶의 끔찍한 결말이 아니다. 오히려 우리는 그리스도와 우리의 교제의 시작에서 십자가를 만난다. 사람을 부르실 때, 그리스도는 그 사람에게 와서 죽으라고 명령하신다.[4]

무슨 말이 더 필요한가? 이런 이유로 바울은 다음과 같이 말한다.

"그러나 내게는 우리 주 예수 그리스도의 십자가 외에 결코 자랑할 것이 없으니 그리스도로 말미암아 세상이 나를 대하여 십자가에 못 박히고 내가 또한 세상을 대하여 그러하니라"(갈 6:14).

---

4) Dietrich Bonhoeffer, *The Cost of Discipleship*, trans. R. H. Fuller (London: SCM Press, 1959), pp. 31, 43, 53, 55, 57, 79.

C. S. 루이스는 그의 책 『천국과 지옥의 이혼』(The Great Divorce)에서 이것이 내포하는 바에 대한 생생한 예화를 제공한다.

그는 천국을 방문하기 위해 지옥에서 온 여행객들의 버스 여행을 상상한다. 이들은 창백하고 생기 없는 인물들이다. 루이스의 생각에 따르면, 이 사람들은 그들의 존재에 언제나 영광의 무게가 없었던(텅 빈, 가벼운) 예전 모습의 결과였다.

이 이야기에서 루이스의 안내자이자 해석자는 루이스의 상상력에 커다란 영향을 미친 스코틀랜드 작가 조지 맥도널드(George MacDonald)이다.

이야기의 어느 지점에서, 여행객들은 어깨에 작고 붉은 도마뱀이 붙어 있는 비현실적이고 유령 같은 인물을 본다. 붉은 도마뱀은 끊임없이 말을 하며 유령의 삶을 지배한다. 이때 천사가 나타나서 도마뱀을 죽이고 구해 주겠다고 유령에게 제안한다.

천사가 다가가자, 유령은 "멈추세요. 나에게 고통을 주고 있잖아요."라고 외친다.

그러자 천사는 이렇게 대답한다. "고통이 없을 거라고 말하지는 않았어요. 그걸 죽이겠다고 말했지요."

유령은 당연히 깊은 두려움, 즉 도마뱀을 죽이는 과정에서 천사가 자기를 죽일 거라는 두려움을 품고 있었다.

많은 논쟁 후에 마침내 천사가 도마뱀을 죽인다. 유령은 갑자기 실체('실재'라고 말할 수도 있다)가 되고, 도마뱀은 커다란 종마가 된다. 유령에게서 태어난 이 새 사람은 종마에 올라타더니 영광스럽게 떠난다.

뒤에 남겨진 루이스는 깜짝 놀라서 안내자에게 묻는다. "제 생각에는 도마뱀이 말로 변했는데, 맞나요?" 이 말에 맥도널드가 굵은 스코틀랜드 억양으로 대답한다. "그래, 하지만 그 전에 죽임을 당했지. 이야기의 그 부분을 잊어버리지는 않겠지…."[5]

당신도 그 점을 잊어버리지 않을 것이다, 그렇지 않은가? 교회 회원은 제자, 즉 그리스도의 부르심에 응답하여 십자가를 진 사람이라는 사실을 기억해야 한다. 그럴 때 비로소 우리의 우선순위가 확정되고, 우리가 어깨 위에 십자가를 지고 있어도 우리는 참으로 자유롭게 그리스도를 위해 살 수 있다.

대가

예수님의 가르침에는 확고한 논리와 인간의 마음에 대한 심오한 지식을 결합하는 무언가가 있다. 그런 이유로 예수님은 제자도에 대한 가르침을 사실상 "자, 먼저 앉아서 거기에 대해 생각해 보라."라는 말로 마치신다. 예수님은 농사에서 가져온 비유와 전쟁에서 가져온 비유를 들려주신다.

농부의 어리석음(눅 14:28-30)

예수님 당시의 농부들은 크고 작은 망대와 창고를 지었다. 올바른 사고를 하는 농부라면 망대의 기초를 쌓고 난 다음 돈이 떨어졌다는 것을

---

[5] C. S. Lewis, *The Great Divorce* (New York: MacMillan, 1946), p. 104. 이 예화를 사용하는 것이 맥도널드(또는 루이스)의 신학을 지지한다는 것은 아니다.

알게 되기를 원치 않는다. 아니, 오히려 그는 건축자에게 "최종 건축비가 어떻게 됩니까? 전체 비용이 얼마나 들까요?"라고 묻는다. 그렇게 하지 않으면 결국 그가 하게 될 일은 건축 시도를 중단하는 것뿐이다.

우리는 그것을 '어리석은 건물'(folly), 다시 말해 목적 없는 건축물이라고 부른다. 다른 목적 없이 그저 장식용으로 지어졌기 때문이거나, 아니면 거창한 아이디어가 있었지만 그것을 성취할 자원이 자기에게 있는지 따져보지도 않은 어떤 이의 어리석음을 보여주는 기념비이기 때문이다. 결과는? 그들의 이름에는 영원히 지혜가 없다는 꼬리표가 붙는다. 친절한 사람은 조용히 웃겠지만 덜 관대한 사람들은 그들을 비웃는다.

오늘날 서구 세계에서는 많은 교회가 '어리석은 건물'로 여겨질지도 모른다. 수많은 예배당이 도박장과 가구점, 나이트클럽 등으로 바뀌고 있다. 다른 예배당들은 일주일 내내 비어 있다가 주일에야 사람을 조금 볼 수 있다.

친절한 성향의 사람은 상냥하게 웃으며 말한다. "그 건물들이 무슨 해를 끼치지는 않으니까요. 그런데 활용할 방법이 있다면, 그렇게 해야 한다고 생각해요." 그런데 호전적인 무신론자는 그 모든 어리석음을 비웃고 멸시한다.

안타깝게도 이런 일이 벌어지는 이유는 흔히 교인들 때문이다. 우리는 세상에서 주님의 기도 다음으로 가장 자주 반복하는 사도신경 같은 위대한 기독교 신앙 고백을 갖고 있다. 그 신앙 고백을 말할 때마다 우리는 가장 기념비적이고 삶을 변화시키는 진리를 믿는다고 고백하는 것이다.

나는 전능하신 아버지 하나님, 천지의 창조주를 믿습니다.
나는 그의 유일하신 아들, 우리 주 예수 그리스도를 믿습니다.
그는 성령으로 잉태되어 동정녀 마리아에게서 나시고,
본디오 빌라도에게 고난을 받아 십자가에 못 박혀 죽으시고,
장사된 지 사흘 만에 죽은 자 가운데서 다시 살아나셨으며,
하늘에 오르시어 전능하신 아버지 하나님 우편에 앉아 계시다가,
거기로부터 살아 있는 자와 죽은 자를 심판하러 오십니다.
나는 성령을 믿으며,
거룩한 공교회와 성도의 교제와
죄를 용서받는 것과 몸의 부활과 영생을 믿습니다. 아멘.

그러나 비판자들에게는 우리가 참으로 그것을 믿는지 의심스러워 보일 것이 틀림없다.

우리는 모든 것을 어떤 종교, 일련의 개인적인 성취나 훈련, 무미건조한 도덕 규범으로 바꾸어 버렸다. 이는 사도신경이 전달하는 관념, 즉 하나님의 위대하심과 능력이 역사와 우리 개인의 삶을 뚫고 들어오는 것과는 거리가 먼 것이다. 그리스도인이 된다는 것은 우리 자신을 포함하여 다른 어떤 것보다 예수 그리스도를 앞에 두는(좀 지나친 것으로 여겨질까?) 철저한 제자도를 의미한다.

교회가 '예수님의 제자 공동체'라기보다 '고상한 사교 단체'가 되어, 두 세대 동안 아무도 그리스도인이 되는 사람이 없는 일은 우리를 놀라게 한다. 교인들은 왜 이 단체가 오그라들고 있는지 의아해하고, 자녀와 손주들이 꾸준히 출석하지 않는 데 대해(아마 전혀 출석하지 않는 데 대해)

막연한 실망감을 느낀다. 그들은 아주 다른 생활 방식을 가지고 있다. 아주 슬픈 일이다.

그러나 사실은 모든 일이 매우 예측 가능한 일이다. 사람들이 자기가 예수님을 따른다고 생각하면서도 제자도의 대가에 대해 전혀 생각하지 않을 때, (적어도 예수님의 말씀에 따르면) 이런 결과는 피할 수 없다. 제자도는 그렇지 않다. 따라서 그것은 진정한 기독교가 될 수 없다.

그러므로 자리에 앉아 깊이 생각해 보라. 당신은 제자도의 대가를 감당할 수 있는가? 그럴 수 있는가?

구원은 값없이 주어진다. 그러나 구원은 당신이 가진 모든 것을 대가로 치르게 할 제자도로 이어진다.

왕의 결정(눅 14:31-33)

곧이어 예수님은 또 다른 비유를 말씀하신다. 이번에는 전쟁 비유다. 2만 명의 적과 맞닥뜨릴 때 그 절반밖에 안 되는 군사를 거느린 왕은 "이 군사를 가지고 이길 수 있을까?"라고 물을 것이다. 그러나 승리의 대안은 '현상 유지'(*status quo*)가 아니라, 평화 정착을 협상하는 것이다. 그렇게 되면 그는 권력을 잃고 어쩌면 남은 나날 동안 더 강력한 왕의 신하와 종이 될 수도 있다.

이 비유가 강조하는 요점을 알겠는가? 예수님에 관한 한 중립은 있을 수 없다. 우리가 앉아서 제자도라는 문제를 깊이 생각해 보고 끝까지 그 길을 가든지 아니면 우리 삶의 남은 나날을 가족이나 안락한 삶, 신앙의 타협 등 무언가에 속박되어 지내든지 할 뿐이다. 그런데 우리가 '음, 적어도 나는 예수님에게서 자유로워.'라고 생각하는 한(그런 말은 거의 하지 않지만), 우리는 전혀 자유롭지 않다. 우리는 어떤 권력에 속박되어 그것을 중심으로 삶을 끊임없이 재조정해야 한다.

그러므로 여기서도 예수님은 "깊이 생각해 보라."라고 말씀하고 계신다.

하지만 질문이 약간 달라졌다. 이제는 "제자도의 대가를 치르지 않는 일을 감당할 수 있는가?" 하는 것이다. 결국 타협은 당신이 모든 것을 대가로 치르게 할 것이기 때문이다. 예수님은 여러 번 사용하신 것으로 보이는 은유를 통해 이런 요점을 잘 이해하게 하신다. 소금이 그 맛을 잃어버리면, 그 짠맛을 되찾을 수 없다. 그러면 그것은 거름에도 쓸 수 없다. 그냥 버려질 뿐이다(눅 14:34-35).

그런데 여기서 예수님이 자신의 의사를 표현하시는 방식에는 약간 특이한 점이 있다. 예수님은, 문자 그대로 말하자면, 그 소금이 '어리석게'(foolish, 한글 개역개정 성경에는 '맛을 잃으면'으로 번역되어 있다-편집자 주) 된다고 말씀하신다. 소금기를 잃어버린 소금이 맛을 잃는 것은 당연하다. 그러나 여기에는 더 중요한 의미가 있다. 예수님이 앞서 하신 말씀에 나오는 농부의 '어리석음'을 생각해 보라. 입으로만 신앙을 고백하는 그리스도인, 즉 진정한 제자가 아닌 교인은 맛을 잃어버린다. 그런 사람들은 세상의 다른 사람들과 아주 똑같아서 그들의 삶에 구별되는 맛이 전혀 없다. 그리고 안타깝게도 그들이 교회에서 하는 모든 일은 의미가 없다. 왜냐하면 본질이 없기 때문이다. 여기에 어리석음이 있다. 그저 버려지는 것, 이보다 더 슬픈 어리석음이 있을 수 있을까?

교회들이 즐겨 부르는 많은 찬송가는 십자가와 그것이 우리의 제자도에 대해 함축하는 모든 의미를 담고 있다.

그 가운데 아이작 와츠(Isaac Watts)의 위대한 찬송가 '주 달려 죽은 십자가'(When I Survey the Wondrous Cross, 찬송가 149장)가 있다.

주 달려 죽은 십자가 우리가 생각할 때에
세상에 속한 욕심을 헛된 줄 알고 버리네.

죽으신 구주밖에는 자랑을 말게 하소서.
보혈의 공로 힘입어 교만한 맘을 버리네.

못 박힌 손발 보오니 큰 자비 나타내셨네.
가시로 만든 면류관 우리를 위해 쓰셨네.

온 세상 만물 가져도 주 은혜 못 다 갚겠네.
놀라운 사랑 받은 나 몸으로 제물 삼겠네.

엘리자베스 클레페인(Elizabeth Clephane)의 곡 '십자가 그늘 아래'(Beneath the Cross of Jesus, 찬송가 415장)도 있다.

십자가 그늘 아래 나 쉬기 원하네.
저 햇볕 심히 뜨겁고 또 짐이 무거워.
이 광야 같은 세상에 늘 방황할 때에
주 십자가의 그늘에 내 쉴 곳 찾았네.

내 눈을 밝히 떠서 저 십자가 볼 때
날 위해 고난당하신 주 예수 보인다.
그 형상 볼 때 내 맘에 큰 찔림 받아서
그 사랑 감당 못 하여 눈물만 흘리네.

십자가 그늘에서 나 길이 살겠네.
나 사모하는 광채는 주 얼굴뿐이라.
이 세상 나를 버려도 나 두려움 없네.
내 한량없는 영광은 십자가뿐이라.

질문은 이것이다. 당신은 십자가를 기뻐하는가? 당신은 대가를 헤아려 봤는가? 당신은 그리스도의 십자가를 지고 가는 제자인가?

Devoted to God's Church
Core Values for Christian Fellowship

04

교회 회원은 어떤 사람인가?

영광스러운 교회 사랑
중독에 빠지라

"그들이 사도의 가르침을 받아 서로 교제하고 떡을 떼며 오로지 기도하기를 힘쓰니라 사람마다 두려워하는데 사도들로 말미암아 기사와 표적이 많이 나타나니 믿는 사람이 다 함께 있어 모든 물건을 서로 통용하고 또 재산과 소유를 팔아 각 사람의 필요를 따라 나눠주며 날마다 마음을 같이하여 성전에 모이기를 힘쓰고 집에서 떡을 떼며 기쁨과 순전한 마음으로 음식을 먹고 하나님을 찬미하며 또 온 백성에게 칭송을 받으니 주께서 구원받는 사람을 날마다 더하게 하시니라"(행 2:42-47).

내게는 오래된 멋진 친구가 있는데, 그는 종종 자기가 회원으로 있는 클럽에 나를 초대해 함께 골프를 친다. 그 골프 코스는 잘 알려져 있고 널리 칭찬을 받는 곳인데, (내 골프 실력이 형편없음에도) 그런 곳에서 그와 함께 경기하는 것은 특혜를 누리는 일이다.

해를 등지고 잔디 위에 서서 페어웨이에 공을 둔 채로, 나는 그를 보며 이렇게 말하곤 했다. "특혜를 누리는군, 고마워! 아주 훌륭한 골프 코스야!" 이제 친구 얼굴이 눈에 들어온다. 얼굴에 조용한 미소를 지으면서 그가 이렇게 말한다. "그럼, 이 클럽에 속하는 것은 대단한 특권이야." 그는 항상 그렇게 말한다. 결코 그 이상의 말을 하지 않는다.

그의 미소에는 눈에 보이는 것 이상의 것이 있다. 지금부터 몇 년 전, 어떤 사람이 아주 무심코 그 골프 클럽의 입회비가 10만 달러 정도였다는 것을 슬쩍 알려 줬다. 그런데 회원이 되는 데만 그러했다. '와! 대단한 특권이라는 친구의 말이 새롭게 다가오는군!' 하는 생각이 들었다.

그 친구에 대해 공정하게 말하자면, 나는 그 친구가 미소를 지은 이유 가운데는 그가 오래전에 지불한 입회비가 지금보다 훨씬 쌌다는 사실도 포함된 것이라고 생각한다. 그러나 그 특권에 대한 그의 감사와 그것이 자신에게 의미하는 모든 것을 그가 분명히 누리고 사랑하는 것(그가 친구로 여기는 사람들과 그 특권을 공유하는 점)은 경험할 만한 아주 멋진 일이다.

초기 그리스도인들이 교회 '회원'이 되는 일에 대해 느꼈던 것이 바로 그것(그보다 더욱더 큰 것)이다.

'회원 자격'(membership)이라는 말은 흥미로운 단어다. '자격'(–ship)이라는 의미의 접미사는 보통 '어떤 지위를 갖는 것, 어떤 상태에 있는 것, 어떤 범주에 속하는 것'을 의미한다. '아들 자격'(sonship)은 아들의 범주에 속하는 것을 의미하며, '딜러 자격'(dealership)은 거래를 할 권리를 소유하는 것을 의미한다.

그러면 '회원 자격', 즉 '회원의 지위를 소유함'이라는 말은 어떻게 생겨났을까?

바울은 교회에 대해 말할 때 이 용어를 사용한다. 이 이미지는 인체 해부학에서 유래한다. 몸의 여러 부분, 즉 팔과 다리, 귀, 눈, 입, 손, 발은 몸의 '지체들'(members)이다. 각 부분은 서로 매우 다르다. 모습이 다르고 역할이 다르다. 그러나 이 부분들 사이에는 유기적인 연결과 일치가 있다. 몸이 제 기능을 하려면 각 부분은 다른 부분들이 필요하다. 몸의 부분들 사이에는 상호 의존성이 있다. 우리가 다 눈은 아니다. 그러나 우리가 만일 볼 수 없다면, 우리의 손은 훨씬 더 어려움을 겪을 것이다. 단도직입적으로 말해, 몸의 지체들은 문자적으로나 상징적으로나 서로 붙어 있다.

이 몸의 머리는 예수 그리스도이시다. 우리는 모두 예수님의 지시와 통치를 받는다. 이 몸이 바르게 움직일 때는, 교회에 속하고 교회를 사랑하는 일이 세상에서 가장 멋진 일이다. 무엇보다 그리스도가 교회를 사랑하셨고 교회를 위해 자신을 주셨다(엡 5:25). 그러므로 그리스도에게 속한 자들 역시 교회를 사랑하며 교회를 위해 자신을 바치는 것이 정상이다.

누가는 기독교의 시작에 대한 그의 이야기 제2부에서 교회가 어떠했는지 설명한다. 누가는 사도행전 앞부분에서 제공하는 교회의 상태에 대한 여러 보도 가운데 첫 번째 보도에서 이렇게 말한다.

> "그들이 사도의 가르침을 받아 서로 교제하고 떡을 떼며 오로지 기도하기를 힘쓰니라 사람마다 두려워하는데 사도들로 말미암아 기사와 표적이 많이 나타나니 믿는 사람이 다 함께 있어 모든 물건을 서로 통용하고 또 재산과 소유를 팔아 각 사람의 필요를 따라 나눠주며 날마다 마음을 같이하여 성전에 모이기를 힘쓰고 집에서 떡을 떼며 기쁨과 순전한 마음으로 음식을 먹고 하나님을 찬미하며 또 온 백성에게 칭송을 받으니 주께서 구원받는 사람을 날마다 더하게 하시니라"(행 2:42-47).

첫 그리스도인들은 날마다 함께 모였다(행 2:46). 그들은 절대로 모이지 않으려는 사람들이 아니었다. 나중에 누가는 바울이 에베소에서 사역하는 동안에도 양상이 비슷했다고 말한다(아마 다른 곳에서도 그랬을 것이다). 도시의 그리스도인들은 서로 만나 바울이 그들에게 하나님의 뜻을 다 전하는 것을 듣기 위해 매일 함께 모였다(행 20:27).[1]

---

1) 사도행전 19장 9절에 대한 ESV 각주는 바울이 오전 11시부터 오후 4시까지 두란노 서원을 빌렸다고 하는 오래된 사본의 전통을 반영한다. 그것이 사실이라면, 에베소 시민들에게는 '낮잠 시간'이었던 시간이 그리스도인들에게는 '성경 시간'이 된 것이다.

이것은 일시적인 일도 아니었다. 그렇게 모이는 일이 두 해 동안이나 지속됐다. 그들은 항상 그렇게 했다. "두 해 동안 이같이 하니 아시아에 사는 자는 유대인이나 헬라인이나 다 주의 말씀을 듣더라"(행 19:10). 이것이 그 결과다!

예루살렘의 제자들은 서로 비교적 가까이 살았으며, 따라서 기도와 예배를 위해 자주 모일 수 있었다. 가르침에 대한 그들의 욕구가 너무 컸기 때문에 사도들은 결국 다른 부가적인 일들에 대처할 수 없었으며, 돕는 이들을 임명하도록 조처했다(행 6:1-4).

초대 교회의 생활 방식은 아주 기본적이었다. 예배, 기도, 교제, 성경의 가르침이 다였다. 우리는 프로그램들이나 특별한 전도 활동에 대해서는 아무것도 듣지 못했다. 이런 기본적인 활동들이 다른 활동들의 바다에 잠겨버린 것은 아닌지 (초기 그리스도인들에게 중심적이었던 이런 일들이 때로는 축소되거나 배제될 정도로 그런 것은 아닌지) 우리는 의문을 품지 않을 수 없다.

여기 사도행전에서 우리는, 우리의 교회 가족에게 어떤 일이 일어나든지 간에 중심적이고 근본적인 중요한 것들은 반드시 유지해야만 한다는 것을 되새기게 된다. 선물보다 포장지를 더 좋아하는 어린아이의 미성숙함은 영적인 면에서도 볼 수 있다. 때로는 포장지에서 우리를 떼어 놓으려 하는 리더나 목회자가 화를 당하기도 한다.

그러면 교회 회원의 특징은 무엇이었는가? 그리고 그것은 지금 우리에게 무엇을 가르쳐 주는가?

누가는 그것을 '헌신'이라는 한 단어로 요약한다. "그들이…오로지…힘쓰니라"(행 2:42).

그런데 헌신에는 대상이 있다. 실제로 우리가 보게 되듯이, 이 헌신에는 세 가지 대상이 있다.

누가는 여기서 흥미로운 동사를 사용한다. 그는 사도행전에서 나중에 하나님을 경외하는 백부장 고넬료가 '하인 둘과 부하 가운데 경건한 사람 하나'를 부르는 장면에서 그 동사를 사용한다(행 10:7, 성경 원문에서 '부하'는 '수행하는 자'를 뜻하는데, '수행하다.'에 위의 '힘쓰다.'에 해당하는 단어가 사용되었다-편집자 주).

그 장면이 그려질 것이다. 군 장교들은 흔히 그들 곁에 붙어 있는 것처럼 보이는 사람들을 동반하는데, 그 사람들의 유일한 책임은 자기 지휘관이 원하는 모든 일을 행하는 것이다. 마찬가지로 이 초기 그리스도인들은 교회에 붙어 있었다.

나는 심지어 그 동사가 약간 대담하면서도 아주 의미심장하게 '-에 중독되다.'라는 말로 번역되는 것을 보기도 했다. 이 '중독되다.'라는 말은 교회 회원 자격을 완전히 받아들이는 일이 어떤 의미인지를 감지하게 해준다. 초기 그리스도인들은 다음과 같은 것에 중독되어 있었다.

- 사도의 가르침
- 동료 그리스도인들
- 하나님에 대한 예배

이것은 (우리가 그것을 깨달을 수만 있다면) 우리를 다른 모든 중독에서 건져 주는 삼중의 중독이다. 그러므로 이것은 참으로 복된 중독이다.

말씀 사역

예루살렘의 제자들은 사도들의 가르침과 설교가 전혀 질리지 않았다. 지식인 그룹이었기 때문인가?

전혀 그렇지 않다. (의심할 여지 없이 지적인 사람들이기는 했지만) 갈릴리 시골뜨기들이었던 예루살렘의 주요 교사들은, 다소의 바울처럼 똑똑한 젊은이들이 공부하러 왔던 예루살렘 학파들의 기준에 따르면, '학문 없는 범인'이었다(행 4:13).

그러나 여기에서 문제의 핵심은 뇌의 크기가 아니라 마음의 뜨거움이었다.

신약 책들의 순서는, 만약 우리가 누가의 복음서와 사도행전을 받은 데오빌로였다면 알아차렸을 것들을 이해하기 어렵게 만든다(눅 1:3; 행 1:1). 데오빌로는 사도행전 2장을 읽다가 누가복음 24장으로, 곧 예수님이 하나님의 말씀을 가르쳤을 때 제자들의 속에서 마음이 뜨거웠던 때로 쉽게 돌아갈 수 있었을 것이다(눅 24:32). 그리스도가 그분의 말씀을 통해 자신에 대해 말씀하셨을 때, 존 웨슬리(John Wesley)가 그랬던 것처럼, 그들은 마음이 이상하게 뜨거워졌다.

성경에 대한 가르침과 설교가 교회 생활의 중심을 차지하는 이유는 단 한 가지다.

그것이 하나님의 말씀이기 때문이다. 그것은 마음을 뜨겁게 한다. 그것은 삶을 변화시킨다.

이런 사실은 신약 전체에서 발견된다. 세 가지만 예로 들어 보자.

- **요한복음 17장 17절** 예수님은 제자들이 진리를 통해 거룩하게 되기를 기도하신다. 간단히 말해서, 거룩하게 되는 것은 깨끗해지고 변화되는 것을 의미한다. 그러면 이와 같은 변화를 일으키는 진리는 무엇인가? 예수님은 "아버지의 말씀은 진리니이다."라고 덧붙이신다.
- **로마서 12장 1-2절** 그리스도인들은 이 세상을 본받지 말고 마음을 새롭게 함으로 변화를 받아야 한다. 이는 지능이 높아짐으로 이루어지는 것이 아님을 유의하라. 복음의 진리가 우리 마음의 성향을 새롭게 할 때, 즉 하나님의 말씀이 우리의 이해에 빛을 주고, 우리의 애정을 사로잡으며, 우리의 의지를 복종시키고, 우리가 하나님의 영광을 위해 살 수 있게 할 때 이루어진다.
- **골로새서 3장 16절** 우리는 그리스도의 말씀이 우리 안에 풍성히 거하게 해야 한다. 그리스도의 말씀이 우리 삶에 거주한다는 것은 얼마나 생생한 묘사인가! 우리는 손님이 예약하지 않고도 환영받는 집이 되고, 그 안에 있는 모든 것을 마음대로 사용하며 자유롭게 누리는 집이 된다. 하나님의 말씀이 읽히고 강론될 때, 제자는 이렇게 응답해야 한다. "그리스도의 말씀이여, 환영합니다. 어디든 가시고, 모든 곳을 탐색하시며, 어떤 일이든 하시고, 모든 것을 가지십시오. 이 집 전체가 당신의 것입니다. 저는 전적으로 당신이 시키시는 대로 하겠습니다."

그러면 하나님의 말씀은 어떻게 이런 효과를 낳는가? 이유는 다음과 같다.

- 말씀의 진리(하나님, 우리의 죄와 필요, 구주 그리스도에 대한 진리)가 우리 마음에 역사하여 우리의 혼란을 해소하고, 우리에게 죄와 실패를 깨닫게 하며, 우리에게 그리스도를 가리켜 보여준다. 또한, 우리 삶의 실제 상황 및 그리스도가 어떻게 우리를 변화시키실 수 있는지를 우리에게 이해시킨다.
- 말씀의 은혜(우리에게 그리스도를 나타내 보여주는 은혜)는 먼저 우리의 감정을 정화하고, 이어서 감정을 북돋는다. 우리는 토머스 찰머스(Thomas Chalmers)가 '새로운 감정의 폭발력'[2]이라고 부른 것을 경험한다. 우리를 예전의 삶에 대한 감정과 욕망과 집착에서 구원할 때, 복음은 진공 상태를 만드는 것이 아니라 전혀 새로운 욕망을 우리에게 채움으로 구원한다.
- 말씀의 능력(우리 삶에 대한 죄의 지배를 이겨 내는 능력)은 찰스 웨슬리(Charles Wesley)가 한 유명한 말, "그분은 소멸된 죄의 권세를 깨뜨리시며, 갇힌 자를 자유케 하시네."를 우리가 점점 더 경험한다는 것을 의미한다.[3]

'교회에 가는' 것은 '속하는 것'과 같은 것이 아니다. 당신은 교회에 가면서도 속해 있지는 않을 수 있다. 심지어 가입되어 있지만 속해 있지 않을 수도 있다. 예수님은 그 점을 아셨다.

---

[2] 19세기 초반 스코틀랜드 장로교회에서 두드러진 인물이었던 토머스 찰머스(Thomas Chalmers, 1780-1847)가 글래스고의 성 요한 교회에서 요한일서 2장 15절에 대해 회중에게 전했던 유명한 설교의 제목이다.

[3] 찰스 웨슬리(Charles Wesley, 1707-1788)가 쓴 찬송가 '만 입이 내게 있으면'(O for a Thousand tongues to Sing, 찬송가 23장) 중에서(한글 새찬송가에는 이 구절이 '내 죄의 권세 깨뜨려 그 결박 푸시고'로 되어 있다-편집자 주).

"나는 포도나무요 너희는 가지라 그가 내 안에, 내가 그 안에 거하면 사람이 열매를 많이 맺나니 나를 떠나서는 너희가 아무것도 할 수 없음이라 사람이 내 안에 거하지 아니하면 가지처럼 밖에 버려져 마르나니 사람들이 그것을 모아다가 불에 던져 사르느니라 너희가 내 안에 거하고 내 말이 너희 안에 거하면 무엇이든지 원하는 대로 구하라 그리하면 이루리라"(요 15:5-7).

하나님의 말씀에 헌신하는 것을 대신할 것은 아무것도 없다. 그것을 대신하기 위해 우리가 행하는 어떤 일도 절대로 효력이 없다. 교회 역사에는 그런 실패한 시도들의 잔해가 산재해 있다.

성도의 교제

사도들의 가르침은 진공 상태에서 이루어지지 않았다.

때때로 우리의 교회 건물이라는 건축물 자체는 교회 회원이 되는 것을 마치 통근 버스 정기권을 끊는 것처럼 생각하게 만든다. 당신은 티켓을 보여주고 승차해서 다른 모든 승객과 같은 길을 바라보며 선두에 있는 사람이 운전해 가는 목적지로 향하지만, 마지막에는 하차해서 자기 삶을 살아간다.

그러나 교회 회원이 되는 것은 통근 버스 정기권을 구매하는 일과 아주 다르다. 사도들이 어린 교회들에 보낸 편지들에서 '서로' 또는 '피차'라는 표현이 꾸준히 나타나는 이유가 바로 그 때문이다. 그리스도인이 되는 것은 개인적인 일이 아니다. 그것은 공동체적이다. 우리는 서로에게 중독된다.

나는 항상 주일 밤의 교회를 좋아해 왔다. 여기에는 여러 가지 이유가 있다. 분명한 몇 가지 이유는 분주함이 덜하고 서로 함께할 시간이 더 많기 때문이다. 그리스도인으로 사는 동안 나는 여러 다른 교회에 속하는 것을 즐겨 왔다. 그러나 내가 가장 즐긴 것은 예배당이 저녁 예배를 드리기 위한 사람들로 가득 차고, 성소에 모인 젊은이와 나이 많은 사람들이 오랫동안 대화를 나누며 서로 함께하는 그런 교회에서의 생활이었다.

이것이 무엇인가? 바로 가족 시간이다. 이것이 우리의 기쁨이다. 우리는 우리 아버지에게 우리 구주에 대한 사랑을 표현했다. 성령님으로 말미암아 찬양하고 기도하며, 하나님의 말씀을 통해 그분의 음성을 듣고, 하나님께 영광을 돌렸다. 그리고 이제는 함께 하나님을 즐거워하는 것이다. 세상 어디에도 이런 것은 없다.

예루살렘의 초대 교회가 이와 같았다. 분명히 세심하게 많은 조사를 한 누가는 이렇게 묘사한다.

"믿는 사람이 다 함께 있어 모든 물건을 서로 통용하고 또 재산과 소유를 팔아 각 사람의 필요를 따라 나눠 주며"(행 2:44-45).

요점은 초대 교회가 최초의 공산주의자들이었다는 것이 아니다. 그렇다기보다, 그들은 서로를 가족으로 대할 만큼 서로에게 속하는 것을 커다란 특권으로 여겼다. 그들은 자기들이 가진 것을 어떤 사람이든 그것을 필요로 하는 사람과 나눌 정도로 교제에 중독되어 있었다.

이것은 원시적인 공산주의가 아니었다. 이 공동체에 대해 마르크스주의 견해를 가진 사람은 전혀 없었다. 실제로 누가는 그들이 사적인 소유권을 갖고 있었다는 점을 분명히 한다. 예를 들어, 사도행전 2장 46절을 보면, 그들은 각자 자기 집을 갖고 있었다(참조. 행 5:3-4). 그러나 교제에 대한 중독은 그들이 자기중심적인 생각이나 생존 욕구를 갖기 어렵게 만들었다. 교만과 자급자족, 이기심, '나 우선주의'의 작은 녹색 괴물들은 은혜의 대기 속에서 자기들에게 산소가 부족하다는 것을 발견했다. 그것이 교회다. 당연히 당신도 교회에 중독될 수 있다.

이 신자들은 소유와 재물, 나아가 돈에 대한 중독에서 구원받고 있었다. 돈에서도? 그렇다, 돈에서도.

우리는 교회에서 돈 이야기를 거의 하지 않는다. 아마도 당연히 그럴 것이다. 리더들이 교회의 재정 정책에 대해 우리에게 잘 설명할 수는 있다. 때로는 재정을 포함하여 우리가 가진 자원을 지혜롭게 잘 관리하는 일에 대해 가르치기도 할 것이다. 교회가 재정이 어려워지거나 위기를 맞지 않도록, 예산을 세우고 교인들에게 꾸준히 헌금하도록 독려할 수도 있다.

신약은 우리가 자신이 속한 교회에 재정적으로 기여하는 일에 대해서는 사실상 구체적인 이야기를 전혀 하지 않는다.

바울이 말하는 '연보'에 대한 교훈은 대부분의 교회가 '예물' 또는 '헌금'이라고 부르는 것과는 관계가 없었다. 그것은 교회의 생계나 해외 선교를 위한 자금이 아니라, 바울이 유대의 동료 신자들을 위하여 이방인 교회들에게 독려했던 특별 헌금을 가리키는 것이었다(고후 8-9장).

중국내지선교회(CIM, 지금의 OMF 선교회) 설립자인 허드슨 테일러(Hudson Taylor)와 마찬가지로, 그리스도인들은 이렇게 믿는다. "하나님의 방법으로 이루어지는 하나님의 일은 하나님의 자원의 부족을 절대 겪지 않을 것이다."

그러나 한편으로 성경은 우리가 자원, 특히 재정을 관리하는 법에 대해 아주 많은 이야기를 한다. 왜냐하면 종종 돈이 우리 마음의 상태에 대한 리트머스 시험이기 때문이다. 복음은 우리의 손에서 지갑을 꺼내 열게 한다. 그러나 안타깝게도 죄라는 초강력 접착제는 완전히 녹여 버리기 어려울 수 있다.

2008년에 크리스천 스미스(Christian Smith)와 마이클 에머슨(Michael O. Emerson)이라는 두 사회학자가 패트리샤 스넬(Patricia Snell)과 공동으로 북미 교회들의 재정 청지기직에 대한 흥미로운 연구를 책으로 펴냈다. 그 책은 『헌금 접시를 돌리라』(Passing the Plate)라는 아주 재치 있는 제목을 가졌다. 스미스와 에머슨은 TV에 나와 돈을 구걸하거나 돈을 놓고 흥정하고 다투는 장사꾼들이 아니다. 그들의 책은 그리스도인들에게 헌금을 더 많이 하라고 독려하는 일반적인 책자가 아니라 세심한 조사를 통해 데이터를 모으고 분석한 것에 근거한 진지한 학문적인 연구다(이 책을 펴낸 유수한 출판사가 옥스퍼드 대학교 출판부다). 그런데도 그들은 서론에 '인색한 헌금의 수수께끼'라는 부제를 달고 있다. 그리스도인들이 후하게 기부한다는 평판에도 불구하고, 그들은 이렇게 말한다.

> 미국 그리스도인들은 종교적이거나 다른 목적을 위해 돈을 비교적 적게 기부한다. 상당수의 그리스도인이 적은 액수의 돈을 낸다. 미국

그리스도인 가운데 아주 적은 수만이 교회의 요청에 비례하여 후하게 내며…대부분의 미국 그리스도인들은 눈에 띨 정도로 인색하다.[4]

그들은 계속해서 그리스도인을 자처하는 이들 가운데 20%가 헌금을 하지 않는다고 지적한다. 그들의 계산에 따르면, 정말 꾸준하게(한 달에 여러 번 이상 자주) 교회에 출석하는 그리스도인들만이라도 세금을 제한 수입에서 10%를 헌금한다면, 결과적으로 온갖 사역에 자금을 지원할 수 있는 460억 달러를 추가로 얻게 될 것이다.

저자들은 그런 헌금을 통해 상당한 자금 지원을 받을 수 있는 잠재적인 사역들을 여러 페이지에 걸쳐 상세히 제시한다.[5]

그러나 아무리 많이 훈계하거나, 볶아 대거나, 간청하거나, 윽박지르거나, 애걸한다 해도 이를 이루어 내지 못할 것이다. 적어도 오래가지 못할 것이다. 우리에게는 깊이 밴 습관이 있고, 돈에 대한 우리의 중독은 너무나 깊다. 새롭고 훨씬 강력한 중독만이 그것을 변화시킬 수 있다.

교제 중독이 바로 그런 변화를 낳는다.

어떤 이들이 잘 말했듯이, 마귀는 우리가 자신의 재물에 대해 "그것은 내 거야. 내가 그걸 비축하고 있어."라고 말하도록 가르친다. 또 세상은 기껏해야 우리에게 "그것은 내 거야. 하지만 누군가와 그것을 기꺼이 나눌 거야."라고 말하도록 가르친다. 오직 복음만이 우리가 자신

---

4) Christian Smith, Michael O. Emerson, Patricia Snell, *Passing the Plate* (New York: Oxford University Press, 2008), p. 3.
5) *Ibid.*, pp. 13-18.

의 재물에 대해 "그것은 예수님께 속한 거야. 따라서 예수님을 위해 쓸 거야."라고 말하도록 가르친다.

이것으로 충분한가?

이 복음 중독에는 한 가지 요소가 더 있다.

주님에 대한 예배

이 신자들은 무엇을 했는가? 누가는 그들이 함께 떡을 뗐다고 우리에게 말한다. 이는 아마도 함께 식사 교제를 나누고 주님의 만찬에 참여한 일을 의미하는 것 같다. 그들은 또한 함께 기도했다.

누가가 여기서 사용하는 용어로 미루어 볼 때, 초기 그리스도인들은 성전에서 제사하던 시대가 예루살렘에서의 그들의 삶을 규제한다는 생각을 더는 하지 않았다(예수님은 제사의 필요성을 종식하셨다). 그 대신 그들은 기도 시대의 관점에서 생각했다.

예루살렘에서 가장 큰 모임 장소가 성전이었기 때문에, 그리스도인들은 성전에서 모였다. 심지어 그들에게는 성전에서 선호하는 구역이 있었던 것 같다(예배 때마다 같은 자리에 앉는 것은 당신의 교회 교인들이 처음이 아니다). 그들은 솔로몬 행각에서 아주 큰 '모임'을 가졌을 것이다(행 3:11, 5:12).

이 중독의 여러 차원, 즉 하나님을 예배하고, 하나님의 말씀을 배우며, 주님을 찬양하고 기도하는 일에 대한 사랑을 분석해 보면, 그들이 그렇게 사랑한 것이 예배가 아니라 하나님을 찬양한다는 예배의 목적이었음이 분명해진다. 예배 자체를 사랑했다면, 우상 숭배였을 것이다. 그 결과는 놀라웠으며, 세 가지 차원으로 나타났다.

- 사람마다 두려워했다(행 2:43).
- 그들은 온 백성에게 칭송을 받았다(행 2:47).
- 주께서 구원받는 사람을 날마다 더하게 하셨다(행 2:47).

처음 두 차원은 자연스레 세 번째 차원으로 이어졌다. 교회가 진정한 교회일 때 이런 일이 일어난다.

이 예배라는 주제는 나중에 다시 다룰 것이다. 그러나 지금은 그다음에 예루살렘 교회에서 어떤 일이 일어났는지를 살짝 살펴봐야 한다. 그것은 그들의 특징이었던 경외감과 관련이 있다(행 2:43).

케네스 그레이엄(Kenneth Grahame)의 유명한 책 『버드나무에 부는 바람』(The Wind in the Willows)에서, 그레이엄은 어떻게 물쥐 래트와 두더지 모울이 강물 위를 미끄러져 가서 '초자연적인 존재'와 마주치는지를 묘사한다. 래트는 모울에게 이렇게 말한다.

"이곳은 나의 노래와 꿈의 장소, 음악이 내게 들려오는 장소야." 래트가 무아지경에 빠진 듯 속삭였다. "여기 이 거룩한 장소에서, 만일 여기 어딘가에 있다면, 우리는 틀림없이 '그분'을 찾게 될 거야!"

그런데 갑자기 모울은 커다란 경외감이 그에게 밀려오는 것을 느꼈다. 그 경외감은 모울의 근육을 물처럼 흐물거리게 하고, 머리를 숙이게 하며, 발이 땅에 얼어붙게 했다.

그것은 무시무시한 공포가 아니었다. 실제로 모울은 놀라운 평안과 행복을 느꼈다. 그러나 그것은 그에게 엄습한 경외감이었다. 보지 않고도 모울은 그것이 어떤 위엄 있는 존재가 아주 가까이 있다는 것을 의미함을 알았다.

모울은 어렵게 몸을 돌려 친구를 찾았다. 그리고는 옆에서 겁에 질려 심하게 떨고 있는 친구를 보았다.

"래트!" 그는 숨을 내쉬고 떨면서 속삭였다. "두렵니?"

"두렵냐고?" 래트가 중얼거렸다. 래트의 눈은 말할 수 없는 사랑으로 빛나고 있었다. "두렵냐고? 그분이? 오, 절대로, 절대로 아냐! 그렇지만, 오, 모울, 그래도 나는 두려워."

그런 다음 두 동물은 땅에 엎드려 머리를 숙이고 경배했다.[6]

애석하게도, 케네스 그레이엄이 이 구절에서 염두에 두었던 것은 '자연'(Nature)에 대해 인간이 느끼는 경외감이었다. 왜냐하면, 래트와 모울이 들은 것은 이교의 자연신인 판(Pan)의 피리 소리였기 때문이다. 그런데 낭만주의 운동의 영향을 받은 작가의 상상 속에서 그런 일이 사실일 수 있다면, 예수 그리스도 안에서 자신을 알리신 하나님에 대한 교회의 예배에서는 그런 일이 얼마나 더 사실이 되어야 하겠는가?

사도행전에서 아나니아와 그의 아내 삽비라가 영예를 얻기 위해 위선을 저지른 일 때문에 하나님의 심판을 받은 일에 이어, 누가는 두 가지 역설적인 진술을 나란히 둠으로써 우리의 사고를 확장한다.

---

6) Kenneth Grahame, *The Wind in the Willows* (1908, repr., New York: Barnes and Noble, 2005), pp. 86-87.

"그 나머지는 감히 그들과 상종하는 사람이 없으나…"(행 5:13).

그런데 바로 다음 구절에서는 이렇게 말한다.

"믿고 주께로 나아오는 자가 더 많으니 남녀의 큰 무리더라"(행 5:14).

이것이 진정한 교회다. 외부인들은 자기들이 그곳에 가입하기에 정말 적합하지 않다고 느낄 것이다. 그러나 동시에, 공동체의 교제 가운데서 나타난, 삶을 변화시키는 하나님의 은혜는 그들이 목격하는 것에 대한 깊은 갈망을 (아마도 때로는 약간의 질투심까지 불러일으키며) 그들 안에 일깨운다. 결과적으로 그들은 그리스도에게, 그리고 그분의 교회 안의 교제에서 누리는 모든 축복에 거부할 수 없이 이끌리게 된다.

그렇다. 당신이 교회를 사랑하는 것은 건강한 중독이다. 그리고 성령님은 그것을 전염시키기를 바라신다.

Devoted to God's Church
Core Values for Christian Fellowship

Devoted to God's Church
Core Values for Christian Fellowship

05

예배

영과 진리로 예배하라

예배는 우리의 삶을 재조정하는 효과를 낳는다. 우리는 누구도 명확하게 보지 못한다. 끊임없이 현실을 잘못 해석한다. 우리에게 가장 필요한 것은 '선명한 시력의 세례'다. 우리는 하나님의 빛 안에서만 빛을 볼 수 있다. 우리가 하나님의 임재 가운데 나아가 '여호와의 엄위하신 보좌 앞에' 엎드릴 때, 안정을 회복한다. 우리가 누구든지, 우리 삶에 어떤 일이 일어나고 있든지, 하나님이 통치하신다. 하나님을 만나는 것은 하늘의 중심에 있는, 참으로 우주의 중심에 있는, 보좌에 앉으신 분에게 우리가 다시 초점을 맞추게 해준다.

당신은 교회에 도달해본 적이 있는가? 이런 책에서 묻기에는 이상해 보이는 질문일 수 있다. 어쨌든 이 책을 읽는 어떤 사람이 교회에 전혀 가 본 적이 없다면 놀랄 만한 일일 것이다.

  그러나 이 질문에는 눈에 보이는 이상의 의미가 있다. 때때로 오늘날의 그리스도인들은 교회의 예배에 대해 말할 때 이전 세대가 이해할 수 없다고 여기는 이상한 방식으로 이야기한다. 나는 사역자들이 이렇게 말하는 것을 들었다. "전문적인 교회 분석가들이 우리에게 말하기를, 우리 교회에는 약점이 있지만, 우리의 예배가 약점 가운데 하나는 아니라고 했습니다. 실제로 그들은 우리 오전 예배의 질이 뛰어나다고 이야기했습니다." 그러므로 이런 문화에서 "예배하러 가 본 적이 있습니까?"라는 질문을 던지는 것은 순진하다고 하지 않을 수 없다.

  솔직히 말하자면, 이런 이야기를 들을 때마다 나는 늘 가슴이 철렁 내려앉는다. 두 가지 생각이 갑자기 떠오른다. 첫째는, 앞 장에 비추어 볼 때만 이해가 가는 질문인데, "왜 오전 예배로 예배의 질을 판단하는가?"라는 것이다. 둘째는, "교회 분석가, 예배의 질을 평가하는 당신은 자신이 누구라고 생각하는가?"라는 것이다. 사실 교회의 예배에 대해 전문적인 평가를 한다는 주장은 많은 것을 보여준다. 그것은 거의 언제나 본말을 전도시켜 외적인 것(음악의 질, 설교의 유창함)만을 평가하는 잘못을 범한다. 우리는 외적인 것은 평가할 수 있지만 내적인 것, 즉 예배자의 마음은 평가할 수 없다.

예배를 위한 좋은 수단들이 축복이기는 하지만, 우리 예배의 질을 평가할 유일한 전문가는 주님이시다. 주님 앞에서는 모든 마음이 그대로 드러나며, 그분은 소멸하는 불이시다(히 12:29). 그러므로 우리 예배의 질을 평가할 방법이 있다면, 경건함과 두려움으로 그것을 사용해야 한다(히 12:28). 그렇지 않으면 우리의 예배 대상이 주님이 아니라 주님에 대한 우리의 예배 자체가 될 수 있다. 진정한 예배자들은 하나님과 그분의 임재를 의식하는 것만큼 예배 자체를 의식하지 않기 때문이다.

그렇다면, '교회에 가는 것'과 '교회에 도달하는 것'은 차이가 있다.

이사야는 틀림없이 그렇게 생각했다. 그가 하는 예언의 첫머리부터, 이사야는 참인 양 가장하고 있는 거짓 예배를 폭로한다. 하나님은 거기에 "배불렀다."라고 하신다(사 1:11). 또 그것이 "내게 무거운 짐이라."라고 말씀하신다(사 1:14). 이것은 우리가 보일 법한 태도처럼 들릴지 모른다. 그러나 이 경우에는 교회에 가는 것에 대해 하나님이 보이시는 태도다. 하나님은 가짜를 보기 위해 임재하기를 바라지 않으신다.

그러나 이 중 어떤 것도 몇 장 뒤인 이사야 6장(어떤 면에서든 성경의 정점 가운데 하나)에서 서술하는 일을 예상하게 하지는 못한다. 이사야 6장은 이사야가 집에서 예루살렘 성전에 간 날을 묘사하는데, 이번에는 이사야가 '교회에 도달했다.' 이사야는 하늘의 성전에 들어갔으며 진정한 예배를 경험했다. 이사야는 절대 다시는 예전과 같지 않을 것이다. 당신이 예배에서 하나님을 만난 후에는 절대로 전과 같을 수 없다.

이사야는 평생 '교회에 갔다.' 그는 '예루살렘의 이사야'였다. 말 그대로 하나님의 경건한 선지자로서 이사야는 성전에 자주 갔을 것이며, 수많은 성전 예배를 경험했을 것이다.

그러나 이날은 달랐다. 이사야가 이전보다 예배 준비가 더 잘 되어 있었던 것은 아니다. 틀림없이 이사야는 자신이 높은 수준의 거룩함에 도달해서 독특한 영적 경험을 한 것이라고 느끼지 않았을 것이다. 만일 당신이 그에게 "이런 경험을 하게 될 거라고 예상하게 한 어떤 일, 즉 무언가 특별한 일이 일어나리라는 암시가 있었나요?"라고 묻는다면, 이사야의 대답은 아마 다음과 같았을 것이다. "전혀요! 그날 어떤 일이 일어날 것이라는 예측을 전혀 할 수 없었어요. 웃시야왕이 죽던 해잖아요. 저는 아무것도 기대하지 않았어요."

이 경험을 한 후에, 만일 이사야가 예루살렘에 사는 친구 베냐민의 집에 갔다면, 아마 그들의 대화가 이런 식으로 흘러갔을 것이다.

이사야 베냐민, 잠시 앉아도 될까? 할 얘기가 있어. 나는 마치 산산조각이 나고 압도당한 것처럼 망한 느낌이라네. 울어야 할지 기뻐서 노래를 불러야 할지 모르겠어. 엄청난 충격을 받았지만, 황홀한 느낌이야. 베냐민, 나는 입술이 부정한 사람이라네.

베냐민 이 친구야, 여기 앉게. 무슨 일이 있었던 거야? 마실 것 좀 줄까? 몸이 안 좋은 건가? 과로했나? 자네가 입술이 부정한 사람이라고 말했나? 아니야, 이 친구야! 절대 그렇지 않아! 자네야말로 이

도시에서 입술이 가장 깨끗할 사람이야. 자네는 우리의 최고의 설교자야! 이 이야기는 그만하기로 하세. 이 친구야, 자네는 자신을 너무 혹사하고 있어. 요즘 너무 힘들었어. 내 생각에는 자네가 너무 무리한 것 같아. 잠시 조용히 앉아 있게나.

이사야 하지만 베냐민, 나는 오늘 생전 처음으로 성전 예배를 드렸다는 생각이 들어. 그러니까 진짜 예배를 발견했다네! 예배를 듣고, 예배를 맛봤다네. 뭐라고 설명할 수 없지만, 베냐민, 절대 다시는 예전과 같을 수 없다고 느끼고 있어. 절대 다시는 예배가 예전과 같지 않을 거야. 그런 하나님의 임재를 거듭거듭 느끼고 싶은 마음이 간절하다네.

뒤에서 우리는 이사야 1-5장에서 6장을 준비하게 하는 것이 있음을 보게 될 것이다. 그러나 여기서는 이 위대한 순간에 멈춰야만 한다. 이사야가 맛본 것을 맛본 사람은 절대 다시는 예전과 같지 않을 것이다. 강력한 하나님 중심의 삶, 그리스도를 경외하는 삶, 성령 충만한 삶을 살기 위해 그에게 필요한 것은 더 행복하며 보다 균형 잡히고 형통한 사람이 되는 법에 대한 실제적인 조언이 아니라는 것을 알게 될 것이다. 그는 그것보다 훨씬 더 심오하고 참으로 훨씬 더 굉장한 것, 그리고 동시에 훨씬 더 만족스러운 것, 곧 거룩하신 사랑의 주님의 임재를 맛보게 될 것이다.

그러면 예배한다는 것은 무엇을 의미하는가? 만일 이사야의 경험을 지표로 삼는다면, 예배는 언제나 다음과 같은 것을 포함한다.

하나님의 영광

이번 주 예배가 끝나고 당신이 했던 생각이나 말은 무엇인가? 흔히 예배의 가장 중요한 측면이 가장 무시된다는 것은 이상하지 않은가? 우리는 예배의 이 부분이나 저 부분을 '좋아했다.' 그런데 다른 부분은 우리에게 '크게 도움이 되지 않는다는 이유로 높이 평가하지 않았다.'

하나님이 영광을 받으셨는가 하는 질문이 마음을 전혀 스치지 않았는가? 예배가 나의 유익을 위한 것인 양, 그냥 와서 예배에 참석했는가? 내가 예배를 '즐거워하지' 않았던 것은 아마도 그런 이유 때문일 것이다. 우리는 모두 인간의 제일 되는 목적은 하나님을 영화롭게 하고 그분을 영원히 즐거워하는 것임[1]을 잘 알고 있다.

그러나 사실 당신은 하나님을 만나고 예배하며 하나님께 영광을 돌리기 위해 예배에 참석한 것이 아닐지 모른다. 당신을 놀라게 하는 것이 아무것도 없었다. 당신을 압도하는 것이 아무것도 없었다. 솔직히 말하자면, 당신은 '그다지 감명을 받지 못했다.'

그러나 하나님은 압도하신다. 하나님은 우주의 창조자이시다. 그분은 역사의 주님이시다. 그리고 죄인들의 구주이시다. 성전에 갔을 때 이사야는 이런 모든 영광 가운데 계신 하나님에 대한 환상을 보았다.

> "웃시야왕이 죽던 해에 내가 본즉 주께서 높이 들린 보좌에 앉으셨는데 그의 옷자락은 성전에 가득하였고"(사 6:1).

---

[1] 『웨스트민스터 소요리문답』(*Westminster Shorter Catechism*) 제1문.

이사야는 그 장소가 하나님의 임재로 가득 차 있음을 느꼈다. 성전 자체가 겉으로 보이는 것보다 안이 더 커 보였다. 하나님이 자신의 임재를 한 곳에 집중시키고 계신 듯이 우주의 무한하신 하나님에 대해 압도적인 감각이 느껴졌다. 하나님이 성전을 가득 채우셨지만, 그것이 하나님을 가둬 둘 수는 없었다.

하나님에 대한 이런 감각이 너무나 컸기에 이사야는 하나님의 옷자락이 성전에 흘러내리는 것을 거의 느낄 수 있을 정도였다. 그 옷자락이 점점 더 공간에 가득 차는 것 같아서 이사야는 왜소함을 느꼈고, 거의 질식할 것만 같았다. 하나님의 임재가 주는 압박감이 이제는 이사야를 향해 다가오며 그를 거의 집어삼킬 것만 같았다.

당연히 사람들은 부흥의 때에 이런 경험을 한다. 그러나 그때만이 아니다. 지금도 하나님은 교회에 그렇게 임하신다.

나는 10대 때에 마틴 로이드존스(Martyn Lloyd-Jones) 박사가 설교자였던 예배에 두 친구와 함께 갔던 일을 기억한다. 사실 그들은 사귀는 중이었는데, 나는 (청소년이었음에도) 그들이 불쑥 참석하는 것이 무언가 어울리지 않는다고 느꼈었다. 다음 날 그들 가운데 한 사람을 만났을 때 이렇게 물어보았다. "어젯밤 어땠니?" 그의 대답은 다음과 같았다. "다곤의 파괴(삼상 5장)에 대해 설교하시는데, 마치 예배당이 무너지는 것 같은 느낌이었어!"

이사야가 느꼈던 것이 바로 그것이었다. "이같이 화답하는 자의 소리로 말미암아 문지방의 터가 요동하며…"(사 6:4).

그러면 이사야는 정확하게 무엇을 경험했는가?

하나님의 주권

이사야는 높이 들린 보좌에 앉으신 하나님을 보았다.

교회는 민주주의 국가가 아니다. 교회는 왕국의 현현이다. 그 나라의 왕이신 하나님은 높고 영광스러우시며, 대단히 인상적인 수행원들에게 둘러싸여 계신다. "하나님을 예배합시다!" 하는 말(또는 그와 비슷한 말)을 들을 때마다, 우리는 하나님을 만나라는 초청을 받는다.

성경은 하나님의 종들이 위대한 경험을 한 시점을 여러 방식으로 나타낸다. 그런데 이 특별한 예배는 시점이 아주 특이하다. "웃시야왕이 죽던 해에…"(사 6:1). 웃시야는 영광스러운 통치를 끔찍한 결말로 끝낸 왕으로 적절하게 묘사되어 왔다.[2] 성경은 이렇게 설명한다.

> "또 예루살렘에서 (웃시야가) 재주 있는 사람들에게 무기를 고안하게 하여 망대와 성곽 위에 두어 화살과 큰 돌을 쏘고 던지게 하였으니 그의 이름이 멀리 퍼짐은 기이한 도우심을 얻어 강성하여짐이었더라 그가 강성하여지매 그의 마음이 교만하여 악을 행하여 그의 하나님 여호와께 범죄하되 곧 여호와의 성전에 들어가서 향단에 분향하려 한지라 제사장 아사랴가 여호와의 용맹한 제사장 팔십 명을 데리고 그의 뒤를 따라 들어가서 웃시야왕 곁에 서서 그에게 이르되 웃시야여 여호와께 분향하는 일은 왕이 할 바가 아니요 오직 분향하기 위하여 구별함을 받은 아론의 자손 제사장들이 할 바니 성소에서 나가소

---

2) George Adam Smith, *The Book of Isaiah* (8th ed., London: Hodder & Stoughton, 1893), p. 59.

서 왕이 범죄하였으니 하나님 여호와에게서 영광을 얻지 못하리이다 웃시야가 손으로 향로를 잡고 분향하려 하다가 화를 내니 그가 제사장에게 화를 낼 때에 여호와의 전 안 향단 곁 제사장들 앞에서 그의 이마에 나병이 생긴지라 대제사장 아사랴와 모든 제사장이 왕의 이마에 나병이 생겼음을 보고 성전에서 급히 쫓아내고 여호와께서 치시므로 왕도 속히 나가니라 웃시야왕이 죽는 날까지 나병환자가 되었고 나병환자가 되매 여호와의 전에서 끊어져 별궁에 살았으므로 그의 아들 요담이 왕궁을 관리하며 백성을 다스렸더라 웃시야의 남은 시종 행적은 아모스의 아들 선지자 이사야가 기록하였더라 웃시야가 그의 조상들과 함께 누우매 그는 나병환자라 하여 왕들의 묘실에 접한 땅 곧 그의 조상들의 곁에 장사하니라 그의 아들 요담이 대신하여 왕이 되니라"(대하 26:15–23).

하나님은 이사야에게 리더들이 아무리 큰 능력을 지녔더라도 그들을 신뢰하지 말라고 가르치신다. 그런데 큰 위기와 낙담의 시기에, 하나님은 이사야에게 시간의 이면에서 하늘 보좌에는 여전히 앉아 계신 분이 있다는 것을 보여주신다. 하나님은 그 보좌를 절대로 비우지 않으신다.

이것이 예배의 중심에 자리 잡은 현실이다. 이런 이유로 예배는 우리의 삶을 재조정하는 효과를 낳는다. 우리는 누구도 명확하게 보지 못한다. 끊임없이 현실을 잘못 해석한다. 우리는 상품의 가격표가 제각각인 시대에 살고 있다. 일찍이 토저(A. W. Tozer)가 말했듯이, 우리에게 가장 필요한 것은 '선명한 시력의 세례'다.

우리는 하나님의 빛 안에서만 빛을 볼 수 있다(시 36:9). 우리가 하나님의 임재 가운데 나아가 '여호와의 엄위하신 보좌 앞에'(Before Jehovah's Awful Throne)[3] 엎드릴 때, 안정을 회복한다. 우리가 누구든지, 우리 삶에 어떤 일이 일어나고 있든지, 하나님이 통치하신다. 하나님을 만나는 것은 하늘의 중심에 있는, 참으로 우주의 중심에 있는, 보좌에 앉으신 분에게 우리가 다시 초점을 맞추게 해준다.

하나님의 거룩하심

천상의 수행원들처럼 여호와의 위에(하나님이 보좌에 앉아 계시므로 위에만) 날아다니는 이상하고 놀라운 생물들(여기서는 스랍, 즉 '불타는 것들'이라고 묘사되는 생물들)이 이사야에게 나타난다. 기억에 남을 만큼, 이 스랍들은 끊임없이 말을 주고받으며 서로에게 이렇게 외친다.

"거룩하다 거룩하다 거룩하다 만군의 여호와여 그의 영광이 온 땅에 충만하도다"(사 6:3).

이곳이 구약에서 스랍들이 나타나는 유일한 본문이다. 또한, 구약에서 '거룩하다, 거룩하다, 거룩하다.'와 같은 반복이 나타나는 유일한 장소다.

---

[3] 아이작 와츠(Isaac Watts)가 시편 100편을 가지고 쓴 찬송가를 존 웨슬리(John Wesley)가 편곡한 곡의 제목이다.

구약을 기록할 때 쓴 언어인 히브리어는, 영어와 활자가 다르고 오른쪽에서 왼쪽으로 읽는 것 말고도, 영어와 용법도 다르다. 전통적으로 성경 히브리어는 강조를 위해 반복을 사용한다. 그러므로 예를 들어, 하나님은 아담에게 선악을 알게 하는 나무의 열매를 먹지 말라고 하시면서 "네가 먹는 날에는 반드시 죽으리라."라고 말씀하신다(창 2:17). 이때 '반드시 죽으리라.'라는 문구는 문자적으로 '죽고 죽으리라.'를 의미하는 히브리어를 번역한 것이다.

우리 대부분은 예수님이 강조를 위해 사용하셨던 반복 문구, "진실로 진실로 너희에게 이르노니…."라는 말 때문에 무의식중에 여기에 익숙하다. 이 예수님의 말씀은 "내 모든 말은 참되다. 그러나 이것은 너희가 특별히 주의를 기울여야 하는 진리다."라고 말씀하시는 것과 같다.

그런데 이사야 6장 3절은, 구약에서 강조를 위한 반복 문구 자체가 반복되는 유일한 곳이다. 이것은 하나님의 거룩하심을 타는 듯이 강렬하게 나타내는 표현이다.

이사야는 스랍들이 하나님의 거룩하심을 선포하고 찬양하는 이 강조의 반복 문구를 '듣는다.' 하지만 그는 또한 하나님의 거룩하심이 그들의 모습에 반영된 것을 '본다.'

스랍들은 여섯 날개를 가졌는데, 두 날개로는 날고, 두 날개로는 발을 가리고 있다(이는 그들의 왕이신 하나님의 명령에 순종하여 그분이 그들에게 날라고 명령하실 때만 발을 보인다는 표시일까?). 그러면 다른 두 날개는? 스랍들은 그 두 날개로 얼굴을 가리고 있다.

우리는 "당연하지. 거룩하신 하나님의 임재 가운데 있으니까."라고 말한다. 맞는 말이다. 그러나 스랍들도 거룩하다. 참으로, 영원히 거룩하다. 스랍들은 절대로 죄를 지은 적이 없다. 토머스 비니(Thomas Binney, 1798-1874)는 그가 쓴 훌륭한 찬송가 '영원한 빛'(Eternal Light)에서 그에 대해 이렇게 말했다.

> 영원한 빛! 영원한 빛!
> 그 영혼 분명히 순수하도다.
> 주님의 살피시는 시선 가운데서,
> 그래야 위축되지 않고 평온한 기쁨을 느끼며
> 살 수 있고, 주님을 바라볼 터이니.
>
> 주님의 보좌를 둘러싼 영들은
> 불타는 지복(至福)을 감당할 수 있으리니
> 그것은 확실히 그들만의 것이로다.
> 그들은 결코, 결코 알지 못하기 때문이라.
> 이렇게 타락한 세상을.

맞다. 그러나 완전한 진실은 아닐 수 있다. 왜냐하면, 이사야의 환상은 피조물의 거룩함이 '불타는 지복'을 감당할 수 없다는 인식이 있음을 시사하기 때문이다. 스랍들은 피조되지 않은 영원무궁한 극도의 신적인 거룩하심을 직접 응시하지 못한다. 천상의 스랍들을 포함한 어떤 것이든, 피조물의 거룩함은 자주적이거나 자기 충족적이지 않고, 의존적이고 이차적이며 복종하고 예배하는 거룩함이다.

이런 이유로 스랍들이 그런 어구를 반복하는 것일 수 있다. 어쨌든 그것은 단순한 반복이 아닐 것이다. 거기에는 하나님을 예배하는 일의 반복이 전혀 없다. 반복해서 말하지만, 없다. 우리의 말은, 우리가 그 말을 사용할 때마다 언제나 완전히 똑같은 의미를 지닐 수는 없다. 만일 스랍들이 하나님을 찬양하며 그분의 거룩하심을 깊이 생각할 때마다 그들의 날개 사이로 하나님의 영광을 보면서 그 말의 의미를 늘 새롭게 인식한다는 것을 우리가 이해한다면, 우리는 하나님을 예배하면서 "주님은 거룩하시도다!"라고 외치는 스랍들을 더 잘 이해하게 될 것이다. 아마도 우리는 그 말을 다음과 같이 읽을 수 있을 것이다.

주님은 거룩하시도다!
오, 주님의 거룩하심이 얼마나 놀라운지
주님은 참으로 거룩하시도다!

나는, 신부가 통로를 따라 자기를 향해 올 때, 예배당 앞쪽에서 북받치는 감정을 품고 서 있는 젊은이를 종종 본다. 당신은 그가, 어떤 남자라도 어떤 여자를 자기가 이 여자를 사랑하는 것처럼 사랑했다거나 사랑할 수는 없을 것이라고 느낀다는 것을 종종 알아챌 수 있다.
그러나 그 젊은이는 거의 아무것도 모르고 있다. 10년, 20년, 30년, 50년이 지나 "당신이 바로 내가 사랑하는 사람이야."라는 말을 수만 번 한 다음에야, 그는 자신이 한 사랑의 서약이 의미하는 바를 더 잘 알게 될 것이다.
하나님의 거룩하심의 아름다움을 응시하는 스랍들도 그렇지 않을까? 베드로는 하늘의 천사들이 대속의 신비, 즉 거룩하신 하나님이 그분의 거룩하심에 완전히 일치하는 방식으로 죄인들을 용서하신 일에 대해 간절히 알기 원한다고 말한다(벧전 1:10-12). 이것은 하늘에서 서로 화답하는 찬양이 되풀이될 때 스랍들의 예배에서 새로운 차원 및 경험을 표현하는 '거룩하다, 거룩하다, 거룩하다.'라는 말에 강렬함과 이해, 경외감과 놀라움, 예배의 깊이가 담겨 있음을 시사하지 않는가?

그런데 우리도 그럴 수 있을까?

죄를 인식하고 용서를 맛봄

교회에 임하실 때 하나님은 온전히 임하신다. 하나님은 자신의 속성 가운데 일부만을 지니고 오지 않으신다. 마찬가지로 우리의 예배는 하나님을 있는 그대로 보고 느끼는 것과 관계가 있다. 그렇기에 이사야도 하나님을 진정한 시각에서 보기 시작한다. 그러나 이사야는 또한 사람을 (특히 자신을) 진정한 색깔대로 보기 시작한다. 하나님의 거룩하심의 현현은 그분의 거룩한 심판의 표명을 동반한다. 성전 자체가 흔들리고, 이사야 자신도 떤다(이사야는 이런 경험을 마지막으로 한 사람이 아니다. 이는 구약에만 국한된 일이 아니다. 참조. 행 4:31).

이사야는 짧고 다급하게 세 마디를 외친다(사 6:5). "화로다, 나여!" "망하게 되었도다!" "나는 입술이 부정한 사람이요!" 이 세 마디는 각각 특별한 의미를 지니고 있다.

이사야는 자신이 '망하게 되었다.'라고 느낀다. 이 말의 히브리어는 '파멸하다.', '황폐하게 되다.'를 의미한다. 이 말의 어근인 동사는 침묵, 즉 공황 상태가 발생하기 전, 재앙에 뒤따르는 무서운 침묵 같은 것을 의미한다. 이사야는 하나님 앞에서 자신이 해체되고 있는 것처럼 느낀다.

> 주님의 보좌를 둘러싼 영들은
> 불타는 지복을 감당할 수 있으리니.

그러나 이사야는 그러지 못한다.

우리는 이것을 두려워한다. 하나님의 거룩하심의 현현은 우리가 자신의 삶에 대한 통제력을 상실하는 것을 암시한다. 그러나 또한 바로 그런 이유로 우리는 그 일을 필요로 한다. 우리는 자신의 삶을 자기 통제 아래 두기를(현대어로 표현하자면, 결합해 두기를) 원한다. 그러나 진실은 우리가 망가졌다는 것이다. 이 세상의 여러 가지 초강력 접착제를 사용하는 인위적인 방법을 쓸 때만, 자기 삶을 결합해 둘 수 있을 뿐이다.

이와 대조적으로, 하나님이 행하시는 일은 우리를 산산조각 내신 다음 재건하시는 것이다. 이는 이사야같이 위대한 사람에게도 (어쩌면 그런 사람에게 특히) 그렇다. 이것은 성경에서 반복되는 패턴이다. 어떤 사람에게는 하나님이 섭리하시는 역사의 길고 더딘 과정을 통해 그런 일이 일어난다. 야곱의 경우가 그랬고, 요셉의 경우도 그랬다. 다른 사람들에게는 예배하는 가운데 그런 일이 일어난다. 이사야의 경우가 그랬다. 그런 이유로 선지자인 이사야는 자신의 입술이 부정하다는 것을 느낄 수밖에 없었다.

앞에서 우리는 이사야가 이 경험을 한 뒤에 자기 친구인 베냐민을 방문하는 일을 상상해 봤다. 어떻게 예루살렘의 모든 사람 가운데 이 사람이 자기가 부정한 입술을 가졌다고 말할 수 있었을까? 이사야는 스랍들이 자기가 전혀 알지 못하던 방식으로 '거룩하다.'라고 말하는 것을 들었던 것이다.

아마도 18세기의 가장 위대한 영국 배우일 데이비드 개릭(David Garrick)은 일찍이 그리스도인 친구가 하나도 없었음에도 이렇게 말했다. 복음 전도자인 "조지 휫필드(George Whitefield)가 말하는 것처럼 '오!'라고 말할 수 있다면, 나는 100기니를 내놓겠다." 개릭은 휫필드가 '메소포타미아'라는 단어를 발음하는 방식만 가지고도 청중을 울리거나 기뻐하게 만들 수 있었다고 덧붙인다.[4]

스랍들과 이사야의 관계가 휫필드와 개릭의 관계와 같았다. '거룩하다.'라는 단어를 말하는 스랍들의 발음은 그 말의 가장 풍성하고 깊은 의미를 전달했음이 틀림없다. 그렇기에 이사야는 자신의 입술이 하나님에 대해 올바르게 말하거나 하나님을 참되게 예배한 적이 전혀 없음을 깨달았다.

만일 이사야의 말이 "나는 '부정한' 입술의 사람이로다."라고 기록되었다면, 그가 말하는 요점이 훨씬 더 분명해졌을 것이다.

"부정하다! 부정하다!" 하는 외침은 무엇을 연상시키는가? 그것은 나병환자의 외침으로, 자신의 상태에 대한 고백인 동시에 자신이 부정하다는 것을 다른 사람에게 경고하는 것이었다.[5] 이사야를 잘 아는 모든 사람은 그가 예루살렘 최고의 설교자라는 것을 알고 있었다. 이사야의 입술은 정결했다. 이사야의 입술은 그의 능력이었다! 그런데 바로 이것

---

4) Arnold Dallimore, *George Whitefield* (Edinburgh: Banner of Truth Trust, 1980), vol. 2, p. 530.
5) 레위기 13장 45-46절에서 사용된 '부정하다.'를 참조하라.

이 요점이다. 이사야의 왕인 웃시야가 교만에 빠지고 나병에 걸려 쓰러진 것은 바로 그가 강성해졌을 때였다. 이사야는 웃시야에게 대단히 실망했을 뿐만 아니라, 그를 강력하게 비판하지 않았을까? 그런데 이제 이사야는 무릎을 꿇고 이렇게 고백한다. "나는 입술에 나병이 들었습니다! 부정합니다, 부정합니다!"

하나님의 임재 가운데 드리는 예배는 우리를 깨우치는 힘이 있지 않은가? 우리는 자신의 약점을 인정한다. 즉 죄가 가장 영향력 있게 잠재해 있다고 생각하는 부분이 우리에게 있음을 인정하는 것이다. 그러나 우리는 여기서 사실은 그렇지 않다는 것을 알게 된다. 죄가 행하는 가장 사악한 일은, 우리가 모르는 사이에 우리의 힘과 능력, 하나님이 우리에게 주신 본성 및 은혜의 선물 자체에 스며드는 것이다. 여기에 끔찍한 비밀이 있고, 정신이 번쩍 들게 하는 충격적인 진실이 있다. 이제 이사야는, 하나님이 사용하시는 도구가 될 사람이 자신의 죄를 고백하고 씻음 받아야 한다는 것을 깨달을 때 비로소 하나님을 대변하기에 적합하도록 재건될 수 있음을 발견하고 있다.

이것은 이사야가 "화로다, 나여!"라고 외치는 이유를 설명해 준다.

이사야 6장은 당연히 잘 알려져 있다. 그러나 그런 이유로 우리는 이 장을 이사야서의 나머지 부분과 분리해서 읽는 경향이 있다. 하지만 이사야가 말하는 적어도 한 가지 진술의 의미는 우리가 그것을 예언의 처음부터 문맥 안에서 읽어야만 온전히 이해할 수 있다.

히브리 사람들은 내러티브에서 수와 구도, 형태, 배열을 사용하기 좋아한 것으로 보인다. 예를 들면 성경에는 3과 4, 6과 7이라는 수가 많이 나온다. 7은 특히 중요한 수다. 하나님은 6일 동안 창조하시고 7일째에

쉬셨다. 그 일은 사물의 본질에 7이라는 수를 '새겨 넣으신' 것과 마찬가지였다. 7은 완전성, 최종성, 충만함을 나타냈다. 이런 이유로 일련의 6에 대한 언급은 7번째 것, 즉 절정을 기대하게 했다.

이 점을 염두에 두고, 이사야 5장으로 돌아가서 이사야가 다양한 죄와 죄인들에게 선언하는 화의 목록을 주목해 보라.

첫째 화 "가옥에 가옥을 이으며 전토에 전토를 더하여 빈틈이 없도록 하고 이 땅 가운데에서 홀로 거주하려 하는 자들은 화 있을진저"(사 5:8).

둘째 화 "아침에 일찍이 일어나 독주를 마시며 밤이 깊도록 포도주에 취하는 자들은 화 있을진저"(사 5:11).

셋째 화 "거짓으로 끈을 삼아 죄악을 끌며 수레 줄로 함같이 죄악을 끄는 자는 화 있을진저"(사 5:18).

넷째 화 "악을 선하다 하며 선을 악하다 하며 흑암으로 광명을 삼으며 광명으로 흑암을 삼으며 쓴 것으로 단 것을 삼으며 단 것으로 쓴 것을 삼는 자들은 화 있을진저"(사 5:20).

다섯째 화 "스스로 지혜롭다 하며 스스로 명철하다 하는 자들은 화 있을진저"(사 5:21).

여섯째 화 "포도주를 마시기에 용감하며 독주를 잘 빚는 자들은 화 있을진저"(사 5:22).

그다음은? 일곱 번째 마지막 화가 있을까? 이사야는 누구에게 그것을 선언할까? 여기에 답이 있다.

일곱째 화 "화로다, 나여! 망하게 되었도다. 나는 입술이 부정한 사람이요, 나는 입술이 부정한 백성 중에 거주하면서 만군의 여호와이신 왕을 뵈었음이로다"(사 6:5).

어린 그리스도인이었던 나에게 누군가가 가르쳐 준 첫 번째 교훈 가운데 하나는 "주님께 가까이 가면 갈수록 자신의 죄를 더 많이 느끼게 될 것이다."라는 것이었다. 다른 길이 없다. 그 점을 절대로 잊지 말아야 한다.

더욱이 그리스도인의 전체 삶은 처리해야 할 새로운 죄의 지층을 발견하는 일과 새로이 용서와 씻음을 받는 일이 계속 반복되는 순환을 포함한다. 그런데 이런 연속되는 순환 과정 중에 우리의 마음이 폭로되는 중요한 급습이 일어날 수 있다. 이 일은 우리의 마음이 얼마나 깊이 죄에 물들었는지를 보여주기 위한 것이며, 또한 그에 상응하여 우리가 그리스도 안에서 누릴 수 있는 깊은 용서와 죄 씻음이 있다는 것을 알게 하기 위한 것이다.

이사야 6장은 이사야가 그의 삶에서 이런 재발견을 했던 순간들 가운데 하나로, 참으로 바로 그 순간을 서술하고 있다.

여기에는 생생하게 묘사된 영적인 세계의 법칙이 있다. 우리가 자기 죄를 고백할 때에만 용서를 경험한다는 것이다.

이 원리는 참으로 논리적이다. 죄를 인식하지 못하는 사람은 용서의 필요성을 전혀 느끼지 못한다. 우리가 왜 그래야 하는데? 이것이 예수님이 당시 사람들에게서 보셨던 문제점들 가운데 하나다. 그들은 눈이 멀었으면서도 자기들이 볼 수 있다고 생각했다. 당연히 그들은 세상의 빛이신 예수님이 필요하다거나 자기들이 어둠 가운데 행하지 않기 위해서는 예수님을 따라가야 한다고[6] 느끼지 않았다. 그들은 자기들이 이미 빛 가운데 있다고 생각했다. 그러나 예수님이 다른 곳에서 말씀하셨듯이, 우리 안에 있는 빛이 어두우면 그 어둠이 얼마나 심하겠는가(마 6:23)!

이상한 불안감이, 많은 그리스도인의 특징인 것처럼 보인다. 종교 개혁 시대에 존 칼빈(John Calvin)과 존 녹스(John Knox) 같은 지도자들은 예배 중에 사람들이 함께 자기들의 죄를 고백하는 시간을 갖는 일에 깊은 관심을 가졌다. 이런 배경에 비추어 보면, 이러한 갈망을 공유하면서 공동의 죄 고백을 실천하기 바라는 교회 리더들이 강력한 반대에 부딪히는 것은 이상한 일이다.

그런 반대는 종종 선의를 지닌 복음적인 사람들에게서 나온다. 그들은 이렇게 말한다. "우리는 누군가가 우리를 위해 이미 써 놓은 말을 사용해서 죄를 고백하지 않겠습니다." 하지만 그런 사람들도 다음과 같은 말로 노래하기를 좋아한다.

---

[6] 참조. 요한복음 8장 12절.

빈손 들고 앞에 가 십자가를 붙드네.
의가 없는 자라도 도와주심 바라고
생명 샘에 나가니 나를 씻어 주소서.[7]

우리가 깊은 감정을 품고 부르는 노래가 우리의 말이 전달하지 못하는 진심을 전달한다는 생각을 하는 이유는 무엇일까?

그러나 이사야에게 돌아가 보자. 그다음에 일어난 일에 대한 설명을 주목하라. 한 스랍이 제단에 가서 곁에 있는 부젓가락을 들고, 그것으로 타고 있는 숯을 집어 든다. 그러고는 이사야 쪽으로 날아온다(사 6:6). 이사야는 용서와 사죄의 경험을 눈앞에 두고 있다. 그 일은 제단에서 말미암는다.

이사야 선지자는 지금 두 가지 교훈을 배우고 있다.

첫 번째 교훈. 죄의 용서에는 대가가 따른다

희생이 없이는 용서가 없으며, 죄에 대한 대가를 치르지 않고는 사죄가 없다. 그래서 후에 히브리서 저자는 "…피 흘림이 없은즉 사함이 없느니라"(히 9:22)라고 말한다. 제단에서 일어난 일은 예수님이 십자가에서 행하실 일을 나타내는 것이었다. 실제로 후에 요한은 이사야가 자신의 예언을 기록할 수 있었던 것은 이사야가 그리스도의 영광을 '보고' 그분에 대해 말했기 때문이라고 말한다(요 12:41).

그런데 우리가 놓치지 말아야 할 두 번째 교훈이 있다.

---

7) 오거스터스 몬터규 토플래디(Augustus Montague Toplady, 1740-1778)가 쓴 '만세 반석 열리니'(Rock of Ages, Cleft for Me, 찬송가 494장) 중에서.

두 번째 교훈. 스랍이 하는 일을 보라

스랍은 부젓가락으로 제단 불에서 숯을 집어 든다. 그런 다음 그 숯을 자기 손에 옮긴다. 스랍은 날개뿐만 아니라 손도 가지고 있는 것으로 보인다. 또한 스랍의 손은 사람이 참을 수 있는 수준 이상으로 열을 견딜 수 있는 것 같다. 그런데 이제 그다음에 어떤 일이 일어나는지 아는가? 스랍은 타는 숯을 이사야의 입술과 입에 갖다 댄다(사 6:6-7).

고통이 극심했을 것이다! 거의 참기 어려운 장면이다. 아마도 당신은 생생한 상상력을 발휘해 이 장면을 그려 볼 수 있을 것이다. 그러면 주먹을 꽉 움켜쥐며, 온몸이 굳어지고, 그 장면에 곧바로 눈을 감으며, 이사야의 입술에서 터져 나오는 비명을 듣지 않으려고 손가락으로 귀를 막는 자신을 발견하게 될 것이다. 그 입술과 입은 영원히 침묵하게 될 것이 분명하다. 불에 덴 이사야 선지자의 입술과 입은 절대로 다시 하나님을 대변할 수 없을 것이다.

그런데 그렇지 않다. 스랍은 이렇게 말한다. "…보라 이것이 네 입에 닿았으니 네 악이 제하여졌고 네 죄가 사하여졌느니라…"(사 6:7). 오, 복된 아픔이여! 고통스러운 기쁨이여! 은혜에 덴 혀는 찬양의 장려한 절정에 다다른다. 이전에는 죄가 다스리던 곳을 이제는 은혜가 다스린다.[8]

어떤 사람들에게는 죄를 용서받는 일이 가장 고통스럽고 끔찍하기까지 한 삶의 경험임이 틀림없다. 당신이 죄인임을 깨닫는 일, 그리고 당신의 죄가 자신이 미덕과 강점, 좋은 자질, 특별한 은사라고 생각하는 것에 뒤엉켜 있다는 것을 발견하는 일, 즉 삶의 이런 부분들에서 죄가

---

8) 참조. 로마서 5장 21절.

당신을 사로잡고 있고 눈을 멀게 하며 정죄하고 있다는 것을 발견하는 일은 개인적인 파멸을 낳는다. "나는 망하게 되었도다!"라는 이사야의 외침은 맞는 말이다. 우리가 유익하게 여기던 모든 것이 이제는 정말 찌꺼기처럼 타버리고 해로운 것으로 여겨져야 한다.[9]

하지만 이것이 우리를 구주에게로 이끌어 간다면, 그것은 얼마나 영광스러운 손실인가!

이것이 예배다.

그리고 이런 '예배의 순서'는 우리의 교회 예배의 패턴과 놀랄 만큼 비슷하다. 또는 비슷해야만 한다. 왜냐하면, 우리를 하나님의 임재 가운데로 이끌어 가고 이어서 우리의 죄를 드러냄으로 우리를 하나님의 은혜와 사죄에 이끌어 가는 예배 의식은, 우리가 말씀을 통해 하나님의 음성을 듣도록 준비시키기 때문이다.

설교

다음 장에서 우리는 하나님의 말씀에 대해 좀 더 생각해 볼 것이다. 그러나 여기서는, 이사야가 듣고 공유했던 하나님의 거룩하심 및 인간의 죄에 대한 찬양과 경배와 고백, 양심에 온전한 위안을 가져다주는 용서의 말씀 다음에 이제 설교가 나온다는 것을 주목하라. 이제 하나님이 말씀하신다.

---

9) 다소의 바울이 (아주 고통스럽게) 깨닫게 된 것처럼. 참조. 빌립보서 3장 4-9절.

하나님은 말씀을 통해 말씀하신다. 그러나 하나님은 이사야의 이름을 거명하지 않으신다. 하나님은 전체 회중에게 말씀하고 계시는 것으로 보인다(비록 다른 예배자들이 언급되지는 않지만, 다른 예배자들에게 둘러싸여 있는 이사야를 상상해야 할까?). 설교의 요점은 세상에서 하나님의 이름으로 하나님을 섬기기 위해 갈 사람을 하나님이 부르고 계신다는 것이다. "…내가 누구를 보내며 누가 우리를 위하여 갈꼬…"(사 6:8).

"주여, 여기를 보옵소서!" 이사야가 소리친다. "내가 여기 있나이다! 나를 보내소서! 내가 주를 위해 가겠나이다."

만일 이사야가 예배 도중에 이렇게 외친다면, 나는 전혀 놀라지 않을 것이다. 나는 전체 회중에게 선포되는 하나님의 말씀이 한 사람을 강력히 사로잡아서, 그가 군중 가운데 있다는 느낌을 모두 상실하고 강단에서 전하는 말씀과 하나님이 그의 마음에 직접 하시는 말씀의 차이조차도 구분하지 못하는 경우에, 종종 그런 일이 일어나는 것을 보아왔다. 그 결과는 그들이 자기의 가장 깊은 생각을 큰 소리로 말하는 것이다. 때때로 하나님의 음성은 설교를 통해 이렇게 실제적이고 강력하며 심히 개인적인 방식으로 우리에게 들린다. 나는, 마치 내가 유일한 참석자인 양, 하나님이 내게 말씀하고 계심을 느낀다. 그리고 나에 대해서 하나님께 감춰진 것이 하나도 없는 것처럼 생각된다.

이사야는 그냥 성전에 갔을까? 결코 잊을 수 없는 그날, 이사야는 평소와 똑같이 그저 '교회에 갔을까?' 다른 날과 마찬가지로 성전에는 훌륭한 회중이 있었다. 이사야는 군중 속에 자리했다. 그러나 이사야는 군중 속에 숨은 채로 있지 않았다. 하나님은 이사야가 있는 곳을 정확히 알고 계셨다.

이사야는 절대로 예전과 같을 수 없었다. 그것은 분명하며 극적인 사실이었다. 그런데 우리가 하나님을 만나러 교회에 올 때, 그것은 언제나 사실이다. 우리는 있는 모습 그대로 오지만, 절대로 왔던 그대로 떠나지 않는다. 우리는 하나님을 만나 우리의 죄악 됨을 거듭 발견하고, 하나님의 용서를 맛보며, 하나님의 말씀에 응답한다(아니면, 우리는 하나님을 무시한다). 우리는 죄를 고백하고 용서함을 받는다(아니면, 우리는 예수님의 비유에 나오는 바리새인처럼 만족하면서도 죄를 용서받지 못한 채 하나님 앞을 떠난다).[10]

하나님은 우리를 예배하러 올 때와 똑같은 상태로 교회에 남겨 두지 않으신다(아, 그런데 만일 우리가 예배하러 오지 않는다면 어떻게 되겠는가?). 하나님의 임재가 우리에게 닿고, 하나님의 말씀이 우리에게 임하여, 우리를 가르치고 죄를 깨닫게 하며 변화시키고 갖추어지게 한다. 그러면 우리는 겸손해지고, 용서받고, 새로워져서 떠난다.

그렇지 않다면, 우리는 마음과 생각이 좀 더 완고해져서 떠난다. 따스한 태양이 성장을 낳지만, 또한 땅을 굳어지게 할 수 있는 것처럼, 우리의 마음도 하나님의 말씀으로 변화되거나 굳어질 수 있다. 즉 우리의 마음은 하나님의 말씀이 우리의 죄를 폭로하는 것에 의해서나, "나는 부정한 자입니다. 내 죄를 사하여 주옵소서."라고 말하는 모든 이에게 용서를 전하는 복음의 메시지에 의해서도 변화되거나 굳어질 수 있다.

그것이 바로 이사야가 자기 시대 사람들에게 선포하도록 명령받은 메시지였다. 그리고 그것은 또한 예수님의 메시지였다.[11]

---

10) 누가복음 18장 9-14절.
11) 이사야 6장 9-10절과 마태복음 13장 13-15절에서 예수님이 자신의 비유에 대해 말씀하시는 가르침을 비교해 보라.

이사야 주변에 다른 사람들이 있었을까? 그들은 높이 들리신 주님을 보고, 스랍들이 하나님의 거룩하심을 찬양하는 소리를 들으며, 자기들의 죄를 깨닫고 용서를 경험하며, 설교에서 도전과 지침을 발견하고, 새롭게 되어 떠났을까?

틀림없이 이사야 주변에 있던 다른 사람들은 아무것도 보지 못하고, 아무것도 느끼지 못하고, 아무것도 듣지 못했다. 그들은 '오늘은 내게 아무 일도 없었어!'라고 생각하며 (그리고 아마 그렇게 말하며) 떠났다.

한번은 윌리엄 윌버포스(William Wilberforce, 노예무역 철폐에 주된 역할을 한 인물)가 친한 친구인 소(小)윌리엄 피트(William Pitt the Younger, 가장 유명한 영국 수상 중 한 사람)를 데리고 윌리엄 로메인(William Romaine)의 설교를 들으러 갔다. 그날 그 교회에는 적어도 세 사람의 '윌리엄'이 있었다!

윌리엄 로메인은 당대의 가장 뛰어난 설교자 가운데 한 사람으로, 청중에게 예수 그리스도를 가리켜 보여야 한다는 부담을 안고 있었다. 교회를 떠날 때, 윌리엄 윌버포스는 방금 들은 메시지의 진리와 영광으로 인해 마음이 뜨거워지는 것을 느꼈다.

그런데 윌버포스와 로메인이 그곳에서 대화를 나누는 동안, 피트는 마치 자신만 그들과 전혀 다른 곳에 있었던 것 같았다. 피트가 매우 어리둥절해 하면서 "윌버포스, 로메인이 오늘 뭐라고 한 건가?"라고 말하자, 헌신된 그리스도인인 윌버포스는 가슴이 철렁 내려앉는 것을 느꼈다.

아마도 이사야와 정확하게 같은 시간에 성전에 있던 다른 사람들도 마찬가지였을 것이다. 그들은 식사하러 집에 가서 식탁에 앉아 이렇게 이야기했을 것이다. "웃시야가 참 안됐어. 하나님이 전능하시다면 왜 그런 일을 막아 주지 않으실까? 나는 가끔 성전에 올라가는 일이 실제로 어떤 의미가 있는지 의심스러워."

그렇다. 안타깝게도 교회에 오는 것은 가능하지만(정말로 가능하지만) 그러면서도 결코 예배에 도달하지 못할 수 있다.

몇 년 전, 내가 가르치던 신학교의 총장이 요한계시록의 일곱 교회 지역을 둘러보는 여행을 계획하고 있었다. 요한계시록의 처음 세 장에 언급된 고대 교회들이 있던 장소를 방문하려고 한 것이다. 내가 그에게 물었다. "밧모에도 가실 건가요?" 밧모는 에게해에 있는 돌섬으로, 요한이 유배 가서 계시록에 기록한 환상을 본 장소다. 돌아온 대답은 이러했다. "아니요, 여행사 사람들에게 물어보니 거기는 볼 게 하나도 없다고 하던데요." 나는 직관적으로 이렇게 대답했다. "사도 요한에게 그렇게 말해 보세요!"

실제로 1세기 말경에, 결코 잊을 수 없는 주의 날에, 당신이 밧모섬에 있었더라도 아무것도 볼 수 없었을 수 있다. 반면에 요한은 주의 날에 성령에 감동되어 있었다(계 1:10). 그리고 그는 하늘의 예배를 경험했다. 오늘날도 예배하러 가서 주의 날에 성령에 감동되어 하나님의 백성 가운데서 주님의 영광을 느끼는 일이 여전히 가능하다. 또한, 그저 교회에 가서 아무것도 느끼지 못하는 일도 가능하다.

우리가 영과 진리로 예배하려면 우리에게 성령님이 얼마나 필요한가(요 4:23)! 감사하게도, 예배에 참석하기에 너무 늦지 않았다.

Devoted to God's Church
Core Values for Christian Fellowship

06

성경

**기록된 하나님의 말씀을
읽고 공부하라**

교회의 어떤 사람들에게 그들이 성경의 많은 부분을 무시할 수도 있다고 말한다면, 그들은 매우 화를 낼 것이다. 그런데 그들에게 성경의 그런 부분들이 삶을 어떻게 달라지게 했느냐고 묻는다면, 난처한 침묵을 보게 될 수도 있다. 성경의 완전한 영감을 주장하면서도 성경의 일부는 무시한다니, 공허하게 들리지 않는가? 그러므로 중요한 관념은, 성경의 영감에 대한 우리의 확신은 성경이 우리의 삶에 영향을 미치는 것을 우리가 얼마나 허용하느냐에 의해서만 실제로 증명된다는 것이다.

내가 유년기에 그리고 20대 시절 내내 참석했던 거의 모든 교회 예배는 항상 엄숙하지만 단순한 의식으로 시작됐다. 어떤 교회에서는, 회중이 예배의 시작을 기다리는 동안 어떤 사람이 아주 커다란 검은색 강단용 성경을 들고 비밀스러운 방에서 나타났다. 그 사람은 강단 계단을 올라가 강대상 위에 성경을 조심스레 올려놓고, 의식에 따라 성경을 편 다음, 때로는 성경 책갈피를 펼쳐 강단 전면에 늘어뜨려 놓았다.

스코틀랜드에서는 '비들'(beadle), 즉 '교구 직원'이라고 알려진 이 사람은 그런 다음 강단 계단을 내려와 목사가 강단에 올라가게 했다. 그리고 젊은이가 보기에는 늘 이상하게 생각되는 의식이 이어졌다. 많은 경우 비들은 목사를 따라 다시 계단으로 가서 강단 문을 닫는데, 흔히 목사가 강단에 갇히도록 문의 걸쇠를 걸었다. 그리고 예배가 끝나면 그런 전체 과정을 반대 순서로 되풀이했다.

안전하게 갇혀 있는 것, 그것은 아마 목사에게 이제는 그가 사람들을 모두 하나님의 임재 가운데로 인도하는 일에 갇혀 있다는 것을 상기시키는 상징적인 행위였을 것이다. 그때서야 목사는 언제나 내게 강력한 감정적인 영향을 미친 말을 하곤 했다. "하나님을 예배합시다."

이 의식의 의미는 아주 분명했다. 그리고 흥미롭게도 '비들'(beadle)이라는 말은 '선포하는 사람'을 뜻하는 고대 영어 '비델'(bydel)에서 유래했다. 그런데 우리의 비들은 전혀 말을 하지 않았다. 그러나 그들이 매주 시행한 의식은 그 자체로 말을 했다. 어떤 면에서 그것은 말로 하는 것보다 훨씬 강력한 선포였다.

그 의식은 이렇게 선포했다. '성경은 하나님의 말씀이다. 하나님은 성경 안에서 그리고 성경을 통해 그분의 뜻을 알리신다. 우리는 예배를 포함해 삶의 모든 부분에서 성경의 권위 아래 살아간다. 우리의 뜻이 아니라 하나님의 뜻을 따라 삶을 살아야 하고, 예배가 시행되어야 한다. 우리에게 발생하는 일은 구약과 신약을 통해 우리에게 알려진 하나님의 선하신 뜻에 따라 하나님의 주권 아래 일어난다. 그러므로 하나님의 말씀에 복종하지 않고 자기 회중에게 하나님의 메시지를 가르치지 않는 목사에게는 화 있을진저!'

나는 이런 의식을 여러 해 동안 보지 못했다. 오늘날 그런 의식은 아마 전혀 일반적이지 않고 별난 것으로 여겨질 것이다. 그러나 그 의식은 연상시키는 상징성을 가지고 요점을 강조해 주었다. 그것은 하나님 말씀의 중요성과 중심성을 마음에 새기게 해주었다. 교회는 하나님 말씀의 권위 아래 살고 있다.

많은 교회에서, 우리는 회원이 될 때 이를 고백한다. 예를 들어, 내가 속한 회중의 회원 언약에는 이런 질문이 나온다. "당신은 신약성경과 구약성경이 기록된 하나님의 말씀이며, 신앙과 행위의 유일하고 완전한 법칙이라고 믿습니까?"

이것은 무슨 의미인가? 그것이 왜 그렇게 중요한가?

당신의 교회의 정체성은 무엇인가?

교회가 자기 자신과 자신의 기본 정체성에 대해 어떻게 생각하는지를 발견하는 일은 언제나 흥미롭다. 때때로 교회 장로들을 상대로 강의할 기회가 생기면, 나는 이런 질문들을 던진다. "여러분의 교회를 어떻게 설명하시겠습니까? 무슨 말을 사용해서 여러분이 생각하는 자신을 표현하겠습니까? 교회라는 여러분의 정체성을 어떻게 요약하겠습니까?"

"우리 교회는 성경적인 교회입니다."라는 대답을 들었던 경우가 생각난다. 이어지는 질문으로, "그러면 성경적인 교회를 어떻게 정의하시겠습니까?" 하는 물음에 대한 대답이 의미심장했다. "성경적인 교회는 강단에서 성경을 설교하는 교회입니다."

성경의 중요성과 가치에 대해서는 의심의 여지가 없을 것이다. 교회는 강단에서 일어나는 일에 의해 만들어지고 훼손된다. 그런데 성경적인 교회는 성경이 설교되는 교회를 훨씬 넘어선다. 나는, 성경을 설교함에도 불구하고 아무도 그 교회를 성경적이라고 묘사하려 하지 않을 교회들을 알고 있다.

분명히 성경적인 교회는, 말하자면 성경이 강단에서 나와 회중 가운데 들어가기 시작하여, 우리 삶에 들어오고, 우리를 변화시키며, 죄를 깨닫게 하고, 동기를 부여하며, 하나님의 모든 자원을 우리에게 보여주는 교회다. 만일 강단을 지키는 것이 우리가 하나님의 말씀을 강단 안에 가두어 두고 우리 개인과 가정의 삶 및 하나님의 백성 공동체인 우리의 삶에 하나님의 말씀이 들어오는 것을 거부하는 것을 의미한다면,

거의 의미가 없다. 그런 교회가 때로는 '가르치는 교회'라고 알려질 수도 있다. 그러나 만일 그렇다면, "배우는 이유가 무엇인가?"라고 물을 필요가 있다. 성경의 목적은 단지 교육에 그치지 않고 변화에 있기 때문이다.

이런 이유로 예수님은 십자가에 달리시기 전에 제자들을 위해 이렇게 기도하셨다. "그들을 진리로 거룩하게 하옵소서 아버지의 말씀은 진리니이다"(요 17:17). 예수님은 진리의 말씀이 진리의 삶 가운데 역사하는 것을 보기를 열망하셨다.

이 주제는 사실상 사도 바울이 다루었던 마지막 주제였다.

어떤 그리스도인이 자기가 이 땅에 머물 시간이 얼마 남지 않았다는 것을 인식한다면, 가족이나 친구에게 가장 중요한 것을 말하는 데 집중하기 원할 것이다. 예수님이 그러셨다.[1] 바울도 그랬다. 따라서 젊은 동료인 디모데에게 보내는 마지막 편지(이것이 바울이 쓴 마지막 편지였을 것이다)에서 바울은 성경의 역할을 엄청나게 강조한다.

"무릇 그리스도 예수 안에서 경건하게 살고자 하는 자는 박해를 받으리라 악한 사람들과 속이는 자들은 더욱 악하여져서 속이기도 하고 속기도 하나니 그러나 너는 배우고 확신한 일에 거하라 너는 네가 누구에게서 배운 것을 알며 또 어려서부터 성경을 알았나니 성경은 능히 너로 하여금 그리스도 예수 안에 있는 믿음으로 말미암아 구원에 이르는 지혜가 있게 하느니라 모든 성경은 하나님의 감동으로 된 것

---

1) 참조. 요한복음 13-17장.

으로 교훈과 책망과 바르게 함과 의로 교육하기에 유익하니 이는 하나님의 사람으로 온전하게 하며 모든 선한 일을 행할 능력을 갖추게 하려 함이라 하나님 앞과 살아 있는 자와 죽은 자를 심판하실 그리스도 예수 앞에서 그가 나타나실 것과 그의 나라를 두고 엄히 명하노니 너는 말씀을 전파하라 때를 얻든지 못 얻든지 항상 힘쓰라 범사에 오래 참음과 가르침으로 경책하며 경계하며 권하라"(딤후 3:12-4:2).

우리는 모두 '유익'에 관심이 있다. 우리는 우리가 하는 일이 시간이나 노력의 낭비가 아니라는 것을 알고 싶어 한다. 그러면 나는 성경에서 어떤 유익을 기대해야 하는가? 스스로 성경을 읽고, 성경을 설명하며 강해하는 것을 듣는 일에서 어떻게 그런 유익을 얻기를 기대해야 하는가?

구원

첫째로, 성경(이 경우에는 구약성경)은 예수 그리스도에 대한 믿음을 통해 구원 얻는 법을 디모데에게 가르쳐 주었다.

우리는 디모데의 어머니와 할머니가 디모데에게 성경을 가르쳤다는 것 말고는 디모데의 삶에 이 일이 어떻게 일어났는지 자세한 내용을 다 알지 못한다.[2] 아마도 그의 어머니와 할머니의 가르침은 다음과 같았을 것이다.

---

[2] 디모데는 이민족 간의 혼인으로 태어난 혼혈인으로, 어머니 유니게는 유대인이었지만 아버지는 이방인이었다(행 16:1).

성경은 처음부터 하나님이 그분의 백성을 구원하실 것이라는 약속으로 가득 차 있단다. 이 약속들 가운데 첫 번째 약속은 창세기 3장 15절에 나오는데, 거기서 하나님은 하와에게 그녀와 남편을 유혹하여 올무에 빠지게 한 뱀의 머리를 하와의 후손이 상하게 할 날이 이를 것이라고 약속하셨어. 그 승리를 거둘 때, 뱀은 하와의 후손 발꿈치를 상하게 할 거야.

그 약속은 하나님이 아브라함에게 그의 후손을 통해 땅의 민족들이 복을 받을 것이라고 말씀하신 데서 진전되고 확대됐다(창 12:1-2).

그러면 어떻게 되는가? 이야기는 느리게 전개됐다. 하나님은 모세 같은 선지자, 멜기세덱의 반열을 따르는 제사장, 다윗보다 더 위대한 왕을 일으키실 것이다. 인자가 나타나실 것이다(신 18:15; 시 110:4; 시 72:1 이하; 단 7:13-14).

이와 함께, 전체 예배 제도는 백성의 죄를 위해 드리는 제사가 중심이었다. 전혀 죄를 짓지 않은 동물들이 범죄한 사람들을 대신했으며, 그 과정에서 동물들이 생명을 잃었다.

이런 제사는 날마다, 해마다 계속됐다. 볼 수 있는 눈이 있고 이해하는 믿음이 있는 사람들은 동물 제사가 인간의 죄를 위한 충분한 속죄가 될 수 없다는 것을 틀림없이 깨달았다. 그것은 상징이며 임시적인 대안이요, 더 위대한 제사를 가리키는 것이었다. 이 하나님의 계시의 절정에서, 이사야는 여호와의 종이라는 신비한 인물을 묘사하면서 그 충족한 제사에 대해 이렇게 썼다.

"그는 실로 우리의 질고를 지고 우리의 슬픔을 당하였거늘 우리는 생각하기를 그는 징벌을 받아 하나님께 맞으며 고난을 당한다 하였노라그가 찔림은 우리의 허물 때문이요 그가 상함은 우리의 죄악 때문이라 그가 징계를 받으므로 우리는 평화를 누리고 그가 채찍에 맞으므로 우리는 나음을 받았도다 우리는 다 양 같아서 그릇 행하여 각기 제 길로 갔거늘 여호와께서는 우리 모두의 죄악을 그에게 담당시키셨도다"(사 53:4-6).

계시의 평행선을 이루었던 이 약속들과 제사들은 주 예수님의 인격과 사역에서 마침내 만날 것이었다.

사람들은 때때로 성경에 걸려 넘어진다. 뉴욕에서 일하는 중에 갑자기 성경을 읽고 싶다는 마음이 자기에게 생겼다는 것을 깨달은 유명한 영국 배우 이야기를 들은 일이 생각난다. 호텔 방에서 성경을 찾지 못한 그는 호텔을 나가 성경을 파는 가게를 찾으려고 했다. 마침내 성경을 구한 그는 굶주린 사람처럼 성경의 메시지를 탐독했고, 그리스도인이 되었다.

다른 사람들, 아마 우리들 대부분은 직접 성경을 읽어서가 아니라, 다른 누군가의 삶에서 성경의 메시지가 드러나는 것을 볼 때 처음으로 두드러지게 성경을 만난다. 처음에는 그 연관성을 깨닫지 못할 수도 있다. 그렇지만 마침내 깨닫게 된다.

그런데 집에서 성경 읽는 것을 듣고, 아버지나 어머니에게 성경이 역사하는 것을 보는 특권을 누리는 사람들도 있다. 디모데의 이야기가 바로 그랬다. 디모데의 경우에는 할머니 로이스가 거기에 포함됐다. 디모데는 어머니의 무릎에서 위대한 성경 이야기들을 배웠다. 그러나 필요한 것이 더 있었다. 즉, 디모데는 어머니가 들려준 성경 이야기들의 줄거리가 어디에서 절정에 이르는지 알아야 했다. 여기서 사도 바울이 등장한다.

디모데의 가족이 살고 있던 루스드라 지역에 바울이 왔다. 바울은 복음을 전하기 시작했는데, 한동안 계속 그렇게 했던 것 같다(행 14:5-7). 아마도 바로 이때, (바울이 분명히 알고 있었던) 디모데의 어머니와 할머니가, 그리고 어쩌면 디모데도 그리스도를 믿게 되었을 것이다. 이는 바울이 디모데를 '믿음 안에서 참 아들'(딤전 1:2)이며 '사랑하는 아들'(딤후 1:2)이라고 부르는 이유를 설명해 준다. 즉, 바울은 디모데의 영적인 아버지였다.

이 시기의 어느 때엔가 구원에 대한 구약의 그림들이 디모데에게 완전히 이해되기 시작했다. 이제 디모데는 성경 이야기가 예수님에서 절정에 도달한다는 것을 알게 되었다. 예수님은 약속된 분이셨다. 예수님은 또한 죄를 위한 진정한 제물이셨다. 이 사실을 깨닫고 예수님을 구주와 주님으로 믿게 된 결과를, 디모데는 바울의 삶과 사역에서 목격했다.

나도 비슷한 경험을 했다. 나는 아홉 살 때 성경을 읽기 시작했다. 지금 되돌아보면, 성경의 본질적인 메시지를 진정으로 보지 못한 채 약 5년 동안 매일 부지런히 성경을 읽었다는 데 놀라곤 한다.

그 이후 나는 내가 읽은 성경과 삶이 일치하는 것처럼 보이는 사람들을 만났다. 솔직히 말해, 어린 10대였음에도 성경을 읽는 것(더구나 꾸준히 읽는 것)과 자신을 위한 메시지를 발견하는 것, 즉 구원의 필요성을 깨닫는 것, 그리스도를 믿는 모든 사람에게 성경이 약속하는 용서와 새 생명을 발견하는 것은 차이가 있음을 깨달은 일은 충격으로 다가왔다.

하나님의 입[3]

우리는 성경을 어떻게 읽어야 하는가? 어떻게 대해야 하는가?

'모든 성경은 하나님이 숨을 내쉬신 것'이라는 바울의 말(딤후 3:16, 한글 개역개정 성경에는 '모든 성경은 하나님의 감동으로 된 것'으로 번역되어 있다-편집자 주)은 중요한 실마리를 제공한다. 예전 성경 번역본들은 '하나님의 감동으로 된 것'이라고 옮기곤 했지만, 바울이 사용하는 단어 **데오프뉴스토스**(theopneustos)는 하나님이 성경에 '숨을 불어넣으셨다.'가 아니라 '숨을 내쉬셨다.'라는 개념을 나타낸다. 다시 말해 우리는 하나님이 하시는 말씀을 듣고 있는 것처럼 성경을 대해야 한다. 실제로 그렇기 때문이다.

예수님도 이런 성경관을 갖고 계셨다. 예수님은 여러 가지 방식으로 그것을 나타내신다. 예를 들어, 광야에서 사탄에게 시험을 받으셨을 때, 예수님은 성경 말씀이 마치 하나님의 권위를 지닌 것처럼 그것을 인용하셨을 뿐만 아니라, 특별히 신명기 8장 3절 말씀을 언급하며 말씀하셨다. "…사람이 떡으로만 살 것이 아니요 하나님의 입으로부터 나오는 모든 말씀으로 살 것이라…"(마 4:4). 이 말씀대로 예수님은 구약성경을 하나님의 입으로 생각하셨다.

---

[3] 더 자세한 논의는 다음을 보라. Sinclair B. Ferguson, *From the Mouth of God* (Edinburgh: Banner of Truth Trust, 2014).

서로를 친밀히 아는 사람들은 종종 말을 하지 않고도 많은 의사소통을 할 수 있다. 그러나 설령 우리가 "나는 당신이 무슨 생각을 하는지 압니다."라고 말한다고 할지라도, 우리는 여전히 말의 측면에서 생각한다. 성경의 경이로운 점은 무한히 크신 우주의 하나님이 우리에게 말씀을 '내쉬셨다.'라는 것이다. 하나님은 우리가 그분의 말씀을 받고 이해할 수 있도록 우리를 하나님의 형상으로 지으셨다. 그러므로 성경을 읽을 때 우리는 사무엘과 더불어 이렇게 말한다. "…말씀하옵소서 주의 종이 듣겠나이다…"(삼상 3:10).

하나님은 그분의 말씀인 성경으로 '말씀하셨다.' 그러나 하나님은 또한 성경으로, 그리고 성경을 통해 '계속 말씀하신다.' 적어도 신약 시대의 그리스도인들은 그런 시각을 갖고 있었다. 따라서 히브리서 저자는 이렇게 말한다.

"또 아들들에게 권하는 것같이 너희에게 권면하신 말씀도 잊었도다
일렀으되 내 아들아 주의 징계하심을 경히 여기지 말며 그에게 꾸지
람을 받을 때에 낙심하지 말라"(히 12:5).

히브리서 저자는 구약, 특별히 잠언 3장 11-12절을 인용한다. 저자는 하나님이 아주 오래전에 숨을 내쉬신 오래된 말씀을 인용하지만, 그 말씀을 통해 하나님이 1세기 그리스도인들인 '너희에게 권면하신다.'(현재 시제임을 주목하라)라고 믿는다. 그러므로 하나님은 성경을 통해 우리에게도 권면하고 계신다.

이것이 이사야가 예언했던 예수님의 삶의 방식이었다.

"주 여호와께서 학자들의 혀를 내게 주사 나로 곤고한 자를 말로 어떻게 도와줄 줄을 알게 하시고 아침마다 깨우치시되 나의 귀를 깨우치사 학자들같이 알아듣게 하시도다 주 여호와께서 나의 귀를 여셨으므로 내가 거역하지도 아니하며 뒤로 물러가지도 아니하며"(사 50:4-5).

우리도 이렇게 하나님의 말씀을 따라 살고, 그 말씀을 먹고 살아야 한다. 그러면, 성경이 삶에 변화를 일으키면 우리의 삶은 어떻게 달라지는가?

변화

바울이 성경의 영감을 강조했지만, 그는 사실 더 나아가 성경이 우리 삶에 미치는 영향에 대해 말한다.

교회의 어떤 사람들에게, 그들이 성경의 많은 부분을 아무 문제 없이 무시할 수도 있다고 설교자가 말한다면, 그들은 매우 화를 낼 것이다(또 당연히 그래야 한다). 그런데 만일 당신이 그들에게 성경의 그런 부분들이 자신의 삶을 어떻게 달라지게 했느냐고 묻는다면, 난처한 침묵을 보게 될 수도 있다.

성경의 완전한 영감을 주장하면서도 성경의 일부는 무시한다니, 공허하게 들리지 않는가? 성경을 하늘의 아버지가 주시는 적절하고 삶을 변화시키는 메시지로 생각하기보다는 하나의 사상으로 변질시키는 것은 아닌가? 그러므로 중요한 관념은, 성경의 영감에 대한 우리의 확신은 성경이 우리의 삶에 영향을 미치는 것을 우리가 얼마나 허용하느냐에 의해서만 실제로 증명된다는 것이다.

바울에 따르면, 하나님의 말씀은 서로 다른 네 가지 차원에서 이런 일을 행한다.

"모든 성경은 하나님의 감동으로 된 것으로 교훈과 책망과 바르게 함과 의로 교육하기에 유익하니 이는 하나님의 사람으로 온전하게 하며 모든 선한 일을 행할 능력을 갖추게 하려 함이라"(딤후 3:16-17).

교훈

우리의 타락한 상태가 낳은 가장 놀라운(그리고 가장 받아들이기 어려운) 결과 가운데 하나는 죄가 우리의 마음에 영향을 미친다는 것이다. 그것은 어떤 면에서 기억 상실과 비슷하다. 우리가 무언가를 잊지 않기 위해 사용한다고 생각하는 도구 자체, 즉 우리의 기억에 이상이 있다는 것은 놀랄 만한 일이다.

우리 대부분은 자기의 마음이 올바로 작동한다고 믿는다. 우리는 자신이 상황을 있는 그대로 본다고 확신한다. 그러나 성경은 다르게 가르친다. 성경은 우리의 마음이 죄로 어두워졌다고 설명한다. 우리는 더 이상 하나님이나 세상, 우리 자신에 대해 분명한 생각을 할 수 없다.

물론 우리는 그럴 수 있다고 믿는다. 바로 그 점이 문제다.

초등학교 시절에 대한 나의 가장 오래된 기억 가운데 하나는 선생님이 칠판에 단어 철자를 잘못 썼다는 것을 선생님에게 이해시키려 했던 일이다. 우리는 유명한 호주 교육학자인 프레드 쇼넬(Fred Schonell)이 만든 철자 책을 사용해 철자 교육을 받았다. 우리는 우리가 철자를 알고 있다고 생각했다.

그러면 나는 어떤 단어의 철자를 놓고 선생님과 그렇게 열띤 논쟁을 벌였을까? 그것은 '하이트'(height, 높이)라는 단어였다. (확실히 말하기 부끄럽지만) 나는 선생님이 철자를 잘못 썼다고 주장했다. 나는 형용사 '하이'(high)와 관계가 있는 명사이니까 '하이트'(hight)라고 쓰는 것이 바르다고 주장했다. 실제로, 사전 같은 것이 있기 전, 그래서 철자법 규정이 생기기 전인 16세기 말에는 내 말이 맞았을 것이다.[4]

만일 초등학교에 논리 과목이 있었다면 나는 상당한 점수를 받았을지 모른다. 그러나 내 논거가 타당했다 하더라도, 그것은 틀린 것이었다. 나는 내 생각을 매우 확신했고 논리도 분명했지만, 그래도 철자법은 분명히 틀렸다.

이와 비슷하게, 영적인 현실에 대해 우리는 눈이 멀었을 수 있다. 그리고 완고할 수 있다. 우리는 자신이 옳으며 무엇이 최선인지 알고 있다고 확신한다. 심지어 우리가 최선을 다하면 모든 일을 하나님이 좋아하실 것이라고 확신할지 모른다. 그러나 우리에게는 진리(하나님의 진리, 우리의 삶에 대한 하나님의 시각)를 가르치고 우리가 진리를 인정하도록 이끌 교사가 필요하다. 그것이 성경이 하는 일이다.

---

[4] 말이 난 김에, 이 책이 영국 철자법을 사용하고 있으므로, 어떤 영어 단어들의 미국 철자법과 영국 철자법이 다르다는 점은 주목할 만한 가치가 있을 것이다. (영국 사람들이 때때로 그렇게 생각할지라도) 영국 철자법이 맞고 미국 철자법이 틀렸다는 것이 아니다. 그것은 단지 서로 다른 두 상황에서 시간이 지남에 따라 이 철자가 아니라 저 철자가 표준화됐다는 것일 뿐이다. 윌리엄 셰익스피어(William Shakespeare)의 친필 서명들은 셰익스피어 본인도 자기 이름을 쓸 때 서로 다른 철자를 사용했음을 시사한다.

첫째로, 성경은 우리의 마음이 본질적으로 어두워졌고 굳어졌다고 설명한다(롬 1:21; 엡 4:17-19). 예수님도 같은 요점을 강조하셨다. 예수님은 몸의 등불이 눈이라고 말씀하셨다. 따라서 만일 우리 눈이 병들면, 우리의 온몸이 어둠 가운데 있게 된다. 예수님의 적용은? 만일 우리가 자신이 빛 가운데 산다고(상황을 분명하게 본다고) 생각하지만, 사실은 우리 안에 있는 빛이 어둡다면 그 어둠이 얼마나 크겠는가(참조. 마 6:22-23).

성경이 하나님의 교훈을 우리에게 전달하므로, 성경은 그 어둠을 밝혀 주고 마침내 우리가 상황을 분명하게 보도록 도와준다. 그러나 성경은 이 모든 일을 혼자서 하지 않는다. 오직 하늘의 안과 의사이신 성령님의 인도를 받을 때만, 성경의 레이저 광선이 우리 눈의 백내장을 제거한다. 이런 이유로, 우리가 암기하여 사용해야 할 첫 번째 기도 가운데 하나가 시편 119편 18절의 기도다.

"내 눈을 열어서 주의 율법에서 놀라운 것을 보게 하소서."

책망

둘째로, 하나님의 말씀은 책망에 유용하다. '책망'이라는 말은 고통이 가해지는 느낌, 즉 오류나 잘못에 대한 질책의 느낌을 지니고 있다. 물론 책망은 아픔을 준다. 우리는 죄인이며, 문제를 지적당하는 것은 결코 유쾌한 일이 아니다. 그런데 하나님의 말씀은 우리의 살갗 아래 들어가 우리의 실패를 탐지하고 우리의 죄를 노출한다.

우리는 하나님의 말씀이 우리 영혼의 깊은 곳을 꿰뚫는 능력이 있음을 발견한다.

"하나님의 말씀은 살아 있고 활력이 있어 좌우에 날 선 어떤 검보다도 예리하여 혼과 영과 및 관절과 골수를 찔러 쪼개기까지 하며 또 마음의 생각과 뜻을 판단하나니"(히 4:12).

예수님도 성령님의 사역에 대해 비슷한 표현을 사용하셨다.

"그가 와서 죄에 대하여, 의에 대하여, 심판에 대하여 세상을 책망하시리라 죄에 대하여라 함은 그들이 나를 믿지 아니함이요 의에 대하여라 함은 내가 아버지께로 가니 너희가 다시 나를 보지 못함이요 심판에 대하여라 함은 이 세상 임금이 심판을 받았음이라"(요 16:8-11).

무엇보다도 예수님은 오순절의 성령 강림을 가리켜 말씀하신 것이었다. 그날 일어난 일에 대한 기사, 즉 사도행전 2장 14-41절을 읽으면, 당신은 예수님의 말씀이 그 사건에 대한 예언적 요약이었다는 것을 알게 될 것이다.

그런데 이것은 또한 성령님이 계속해서 하시는 사역이다. 성령님은 우리 영혼의 거울인 하나님의 말씀을 사용하여 우리의 삶에 죄가 숨어 있는 틈들을 드러내신다. 따라서 히브리서 저자는 계속해서 이렇게 말한다.

"지으신 것이 하나도 그 앞에 나타나지 않음이 없고 우리의 결산을 받으실 이의 눈앞에 만물이 벌거벗은 것같이 드러나느니라"(히 4:13).

성공회 배경을 가진 사람들은 '정결을 구하는 기도'(Collect for Purity)를 잘 알고 있다. 영국에서 이 기도는 적어도 에드워드 6세(Edward VI)가 다스릴 때 토머스 크랜머(Thomas Cranmer)가 쓴 기도서로 거슬러 올라간다.

> 전능하신 하나님,
> 주님은 모든 마음과 모든 소원을 아시며
> 주님께는 은밀한 것을 하나도 감출 수 없습니다.
> 주 성령님의 감화하심으로
> 우리 마음의 생각을 정결하게 하셔서,
> 우리가 주님을 온전히 사랑하며
> 주님의 거룩하신 이름에 합당한 찬송을 드리게 하소서.
> 우리 주 그리스도의 이름으로 기도합니다. 아멘.

놀라운 것은 하나님이 이 일을 하나님의 말씀을 통해서 하신다는 것이다. 하나님은 우리의 죄를 공공연히 밝히지 않으시고, 오히려 우리를 한편으로 조용히 데려가셔서 우리에게 죄를 드러내 보이신다. 이는 우리 안에 영적으로 새로운 일이 일어나게 하시려는 것이다.

우리는 이 일을 기대해야 한다. 그러나 만일 우리가 그것을 거절한다면, 하나님의 말씀이 우리의 삶에서 진정한 역사를 행하도록 허용하는 것을 거부하는 일이 될 것이다.

그런데 교훈과 책망뿐만 아니라 성경은 또 다른 면에도 유익하다.

바르게 함

말씀은 우리를 해체한다. 말씀이 그렇게 하는 것은 우리를 멸망시키기 위함이 아니라, 우리를 정결하게 하고, 우리 삶을 왜곡시키는 모든 것을 처리하여 주님과 주님의 축복에서 그것들을 멀리 떼어 버리기 위함이다.

어렸을 때 내게는 '바르게 한다.'라는 말이 불길하고 부정적인 어조를 지닌 말이었다. 그 말은 내가 무언가를 잘못해서 책망을 받고 있으며, 벌을 받을 수도 있다는 의미를 띠고 있었다. '바르게 함'을 받는 것과 '책망'을 받는 것은 결국 마찬가지였다.

그러나 바울이 사용하는 용어 **에파노르도시스**(*epanorthōsis*)는 훨씬 긍정적인 뉘앙스를 지니고 있다. 특히 영어를 사용하는 독자들에게는 이 용어에 나타나는 **오르도시스**(*orthōsis*)라는 말이 그런 뉘앙스를 느끼게 해줄 수 있다. 이 단어는 우리가 사용하는 영단어 '오소피딕'(orthopaedic, 정형외과의)이나 '오소던티스트'(orthodontist, 치과 교정 전문 의사), 그리고 '오소독시'(orthodoxy, 정설) 같은 말과 동일한 헬라어 어원에서 나왔다.

오르도스(*orthos*)는 '곧은 것', '똑바른 것'을 의미한다. 신약성경 밖에서는 **에파노르도시스**가 부러진 **뼈**를 치유하는 상황에서 나타난다. 그러므로 '책망'이 죄의 타파와 관련이 있다면, '바르게 함'은 우리의 삶을 재건하고 곧게 하는 것, 그리스도의 형상으로 재형성하는 것과 관련이 있다(롬 8:29).

그리고 결국 그것이 우리를 위한 하나님의 목적이다.

하나님의 말씀이 우리 삶에서 하나님의 역사를 행할 때 일어나는 일이 이것이다.

키가 작은 삭개오가 예수님의 말씀에 응답해 돌무화과나무에서 내려온 일을 생각해 보라(눅 19:1-10). 삭개오는 내면적으로 정말 비뚤어진 작은 남자였다. 그는 다른 사람을 희생시켜 사리사욕을 채웠다. 돈을 사람보다 더 사랑했고, 틀림없이 하나님보다도 더 사랑했다.

그러나 이제 예수님의 말씀을 통해 그의 죄가 사함을 받았고, 그의 삶이 변화됐다. 탐욕의 죄라는 초강력 접착제가 이웃들의 눈앞에서 녹고 있었다. 삭개오는 이제 갖기보다 주기 시작했다. 이것이 '바르게 된' 삭개오였다. 그는 이전보다 훨씬 매력적인 사람이 됐다. 그것이 바로 '바르게 함'의 의미다.

1515년 여름 어느 월요일 아침 6시에, 비텐베르크의 새 대학교 신학 교수가 여러 학기에 걸친 시편 강의를 막 마치고 바울의 로마서에 대한 또 다른 강의를 시작했다. 그 강의는 세 학기 동안 계속될 예정이었다. 강의의 첫마디를 들었을 때 학생들은 틀림없이 목덜미에 털이 곤두서는 것을 느꼈을 것이다.

아우구스티누스파 수도사로서 마르틴 루터(Martin Luther)라는 이름을 가진 서른한 살의 교수는, 아마도 짧은 기도를 한 후에, 바울의 로마서를 하나님이 예레미야 선지자에게 하신 말씀에 적용했다.[5]

이 편지의 요지는, 아무리 진심으로 성실하게 행해지는 것이더라도,
(사람들의 눈에, 그리고 심지어 우리 자신의 눈에 아무리 중요하게 보인다 해도) 육

---

5) 참조. 예레미야 1장 9-10절. "여호와께서 그의 손을 내밀어 내 입에 대시며 여호와께서 내게 이르시되 보라 내가 내 말을 네 입에 두었노라 보라 내가 오늘 너를 여러 나라와 여러 왕국 위에 세워 네가 그것들을 뽑고 파괴하며 파멸하고 넘어뜨리며 건설하고 심게 하였느니라 하시니라."

의 모든 지혜와 의로움을 끌어내리고 뿌리 뽑으며 무너뜨리고, (우리가 그 존재를 아무리 의식하지 못한다고 할지라도) 죄의 실상을 마음에 심어 주며 확증하고 확대해 보여주는 것이다.[6]

우리는 성경 전체에 대해서도 같은 말을 할 수 있다.

의로 교육함

하나님의 말씀은 우리를 치료하는 병원일 뿐만 아니라 또한 섬김을 위해 우리를 강하게 하고 능력을 갖추게 하는 체육관이기도 하다. 하나님의 말씀은 우리를 성장시키고 영적인 근육을 강화하는 운동을 제공한다. 그렇게 함으로 그리스도를 섬길 수 있도록 우리를 훈련하며 능력을 갖추게 한다.

내가 어렸을 때, 나이가 든 그리스도인들은 오늘날 거의 들을 수 없는 표현을 사용했다. 그들은 '말씀 안에' 거함을 이야기했다. 이 말은 그리스도의 말씀이 너희 속에 풍성히 거하여(골 3:16), 그 말씀이 주님을 섬길 수 있도록 너희를 변화시키고, 형성하며, 준비하게 하라는 의미이다. 바울이 골로새서에서 하는 이 권면은 에베소인들에게 성령으로 충만함을 받으라고 한 말(엡 5:18)과 정확히 평행되는 것이다.

만일 우리가 성령님으로 충만함을 받기 원한다면, 반드시 말씀 안에 거해야 한다. 우리는 말씀 안에서 생수를 마실 때 성령님으로 충만해진다.

---

6) Martin Luther, *Lectures on Romans*, trans. Wilhelm Pauck (Philadelphia: Westminster Press, 1961), p. 3.

결과는 어떤가? 우리의 삶이 성령님의 열매를 맺기 시작한다(갈 5:22-23). 어떤 면에서는 별로 특별해 보이지 않을 수 있다. 그러나 사실 그것은 놀랄 만한 변화다. 그것은 예수님을 닮은 성품의 발달을 의미한다. 그럴 때만 우리는 영적으로나 도적적으로 모든 선한 일을 행할 능력을 갖추게 된다(딤후 3:17).

이 구절을 마치기 전에, 교회에서 함께하는 삶과 우리 자신의 개인 성경 공부를 위해 이 구절이 주는 몇 가지 실제적인 교훈에 주목해야 한다.

성경 공부를 위한 지침

바울의 편지에는 당연히 장이나 절의 구분이 없었다. 안타깝게도 디모데후서 3장과 4장의 장 구분은 중요한 요점을 흐릿하게 하는 경향이 있다.

장 구분을 정당하게 무시하고 읽는다면, 바울이 디모데에게 성경의 유용성에 대해 편지를 쓰면서 성경을 이렇게 사용하라고 권하고 있음을 깨닫게 된다. 즉, 디모데는 말씀을 전파하고 범사에 오래 참음과 가르침으로 경책하며 경계하며 권해야 한다(딤후 4:2). 바울은 자신이 한 말을 되풀이하고 있다.

분명히 이 말씀은 교회에서 말씀을 전하는 이들과 특별한 관련이 있다. 그러나 또한 말씀을 듣는 우리 모두와도 관련이 있다.

우리는 우리가 출석하는 교회에 이 모든 요소가 반드시 있도록, 할 수 있는 모든 일을 해야 한다. 그렇지 않으면 우리는 영적으로 굶어 죽을 수도 있다.

여기에는 설교자들에게 주는 메시지가 있다. 설교자들의 평생 소명은 바로 바울이 여기서 말하는 일을 행하는 것이다. 그러므로 만일 성도들에게 하나님의 말씀이 세심하게 가르쳐지지 않았고, 책망과 교정, 섬김을 위한 준비가 없다면, 그들에게는 바울의 권면을 철저히 이행할 다른 사역자가 필요하다.

이는 단순하고, 심각하며, 중요한 문제다. 우리의 설교자들이 세상에서 최고가 아닐 수는 있다. 그러나 그것이 문제가 아니다. 문제는 우리의 삶을 변화시키기에 충분한 가르침과 먹임과 도전, 양육이 있느냐 하는 것이다. 만일 그렇지 않다면 조심해야 한다. 우리가 영적으로 심히 굶주려서 병들고 식욕을 완전히 잃어버리기까지는 오래 걸리지 않기 때문이다.

그러나 바울의 말은 또한 우리가 그룹으로 함께 성경을 공부할 때도 도움이 된다. 우리에게 교회를 튼튼하게 만들어주는 소그룹들이 없다는 것을 우리는 깨달을 필요가 있다. '우리에게 소그룹들이 있을 때 교회가 튼튼해진다.' 그럴 때 우리가 동료 그리스도인으로서 둘러앉아서 삶을 나눌 자리가 생기는 것이다. 그런데 때로 소그룹에서 성경을 펼 때 실제로 문제가 발생한다.

종종 그룹 성경 공부에서 우리가 던지는 질문은 "이 본문이 여러분 개인에게 하는 말씀은 무엇인가?" 하는 것이다. 결과적으로, 우리는 대체로 이 순간 우리의 삶과 관련이 있거나 적용할 수 있다고 여겨지는 무언가를 찾기 위해 성경을 읽는다.

한 개요를 제시할 수 없었을 것이다.

그의 성경 공부는 일시적인 사건에 가까웠고, 그리스도의 복음을 알고 사랑하며 순종하는 일에 평생을 바치는 것이 아니었다. 그 가운데 어떤 것도 실제로 그에게 영향을 끼치지 못했다. 그의 성경 공부가 완전히 시간 낭비는 아니었지만, 그만큼 그 유익은 거의 단기간에 불과할 뿐이었다.

아마 많은 그리스도인이 이와 마찬가지일 것이다. '에베소서 테스트'를 사용할 때마다 나는 그런 경우를 종종 발견한다.

시간이 조금밖에 걸리지 않지만, 이 테스트는 개인에게나 그룹이 평생 더 나은 성경 공부를 하게 하는 촉매제가 될 수 있다. 이것은 그룹 성경 공부에서 할 수 있는 좋은 테스트다. 특히 당신이 인도자라면 더욱 그렇다. 아무도 그 중요한 질문에 대한 자기의 답을 공표할 필요는 없다. 그렇지만 이 질문은 그룹의 성경 공부를 변화시킬 잠재력을 지니고 있다.

당신의 성경에 당신의 지문이 남아 있는가?

성경은 번역본과 판본이 수없이 많다. 나는 개인적으로 영어 표준역(ESV)을 사용한다.[7] 나는 ESV를 좋아하고 추천한다.

오랜 세월에 걸쳐 수많은 성경이 내게 모인 것 같다. 스터디 성경, 큰

---

7) *The English Standard Bible*, (Wheaton, IL: Crossway Bibles).

활자 성경, 작은 성경, 여백 성경, 관주 성경, 비치용 성경, 고전적인 얇은 성경, 목회자 성경, 그리고 예수님의 말씀을 붉은색으로 구별한 성경도 갖고 있다(물론 나는 예수님의 말씀을 이런 식으로 구분해야 한다는 개념을 좋아하지 않는다. 덧붙여, 시력이 나쁜 사람들은 붉은 글자를 읽기가 더 힘들다는 것을 출판인들이 알아야 한다).

그 외에 다른 역본들도 갖고 있다. 제네바 성경(무려 1610년 판), 흠정역(KJV), 미국 개정역(ARV), 새 미국 표준역(NASB), 개정 흠정역(NKJV), 존 다비역, 모팻역, 새 영어성경(NEB), 확대번역성경(AMP), 메시지 성경, 리빙바이블, 새 리빙바이블 등등.

더구나 한때 나는 몇 개월마다 성경 카탈로그를 받곤 했는데, 그 판매 목록을 보면 내가 갖고 있지 않은 성경이 훨씬 더 많았다. 정교회 스터디 성경(OSB), 고고학 스터디 성경(ASB), 기도하는 여성의 능력 성경, 무지개 성경, 그리고 어린이, 10대, 소녀, 청소년, 동료, 체육인, 군인을 위한 성경 등등.

그러나 온갖 다양한 모양으로 포장된 이런 역본들이 나옴에도 불구하고, 오늘날의 그리스도인들은 선조들보다 성경을 읽고 이해하는 것이 부족한 것 같다.

당신도 그런가?

어떤 나라에서는 성경이 금서다. 정부 요원들이 성경을 샅샅이 찾아내 압수한다.

당신이 가장 좋아하는 성경에 이런 일이 일어난다고 잠시 상상해 보라. 당신을 기소하기 위해, 당신이 TV에서나 봤을 법 집행 기관인 CSI 과학수사대에 당신의 성경이 넘겨졌다고 상상해 보라.

07

세례

세례의 은혜와 약속을 숙고하라

세례는 내 믿음이 아니라 그리스도의 십자가, 죄를 위한 그분의 죽음, 이전의 삶을 장사지내심, 그의 부활의 능력을 가리키는 징표다. 세례는 그리스도인의 삶 전체가 옛 생활을 뒤로하고 그리스도 안에서 그리스도로 말미암는 모든 영적인 복을 받는 것과 관계가 있음을 말해준다. 세례는 내가 '죄에 대하여 죽고 새 생명 가운데 살리심을 받은 사람'이라는 것을 내게 알려준다. 그리하여 내게 그리스도의 부활 생명의 변화시키는 능력 가운데, 죄의 지배에서 해방된 용서받은 죄인으로 살아갈 것을 요구한다.

내가 설교할 대학교 예배당에 들어가자 커다란 세례단이 눈에 띄었다. 세례단에 둘러 새겨진 두 단어를 멀리서 보면서, 나는 무슨 말인지 알 수 있겠다고 생각했다. 멈추어 서서 살펴보지는 않았지만, '내 추측으로는 저 단어들이…하지만 나중에 다시 와서 봐야겠어.' 하는 생각이 들었다. 실제로 예배가 끝났을 때 나는 되돌아가 보았고, 내 추측이 맞았다. 세례단 둘레에는 두 라틴어 단어가 새겨져 있었다.

당신이 내가 루터회 대학교 예배당에 있었다는 것을 알았고, 또 당신 역시 마르틴 루터(Martin Luther)의 생애에 대해 조금 알고 있었다면, 당신은 아마 그 단어들이 무엇인지 추측할 수 있었을 것이다. 그리고 설령 라틴어를 전혀 몰랐다 하더라도, 그 단어들을 어떻게 번역하는지 경험으로 추측할 수 있었을 것이다.

그 단어들은 이것이었다. **밥티자투스 숨**(*Baptizatus sum*). 번역하면 "나는 세례받은 사람이다."라는 뜻이다.

마르틴 루터는 자신이 압박이나 유혹을 받는다고 느낄 때마다 이 말을 하곤 했다. **"밥티자투스 숨!"** 만일 루터가 그의 사랑하는 아내 카타리나 폰 보라(Katharina von Bora)에게 그렇게 하라고 가르쳤다면, 카타리나는 "**밥티자타 숨.**"(Baptizata sum) 즉 "나는 세례받은 여자다."라고 말했을 것이다. 루터는 무엇을 하고 있었던 걸까? 루터는 이렇게 혼잣말을 한 것이었다. "나는 내가 그리스도인으로서 어떤 사람인지 기억해야 해. 내가 받은 세례가 그걸 내게 말해 주고 있어. 그러므로 마르틴 루터, 그리스도 안에서 네가 누구인지 기억해!"

나는 때때로 소수의 그리스도인만이 자신의 세례가 갖는 지속적인 중요성에 대해 많이 생각하는 것은 아닌가 하는 의문이 든다. 그리고 우리 가운데 많은 사람이 압박을 받을 때 본능적으로 "**밥티자투스 숨!**"이라고 외치는지 어떤지 의심스럽다.

세례가 그렇게 중요한가?

세례가 그 정도로 중요한가? 여기서 세례를 둘러싼 오랜 논쟁을 세세히 비평하는 것은 우리의 관심사가 아니다. 그 일은 다른 책들이 하고 있다.[1] 만일 당신이 이 글을 읽으면서 "그래, 하지만 ○○는 어떻지?"라고 말하는 자신을 발견한다면, 그런 충동에 저항해야 한다. 여기서 당신이 물어야 할 것은 세례에 대한 당신 자신의 견해이지 다른 그리스도인의 견해가 아니다. 물어야 할 질문은 이것이다. 내가 세례에 대해 어떤 견해를 갖고 있든지, '세례는 나의 일상생활에 어떤 영향을 미쳤으

---

[1] 주요 논쟁 가운데 하나인, '누구에게 세례를 베풀어야 하는가?' 하는 문제에 관심이 있는 독자는 세 가지 대비되는 견해에 관한 설명을 다음 책에서 볼 수 있을 것이다. David F. Wright, ed., *Baptism-Three Views* (Downers Grove, IL: IVP, 2009). 서술되는 견해는 신자 세례(Credobaptism), 유아 세례, 이중 세례다.

며 어떤 변화를 낳았는가?' 세례는 지난주나 지난달, 나아가 지난해에 내 삶에서 어떤 역할을 했는가? 나는 세례에 대해 많이 생각했는가? 만일 그렇지 않다면, 세례에 대한 다른 사람들의 견해가 무엇이 잘못됐든 아니든 간에, 내 견해에는 무언가 잘못된 것이 있는 것이다!

안타깝게도, 세례에 대해 생각하고 말할 때 우리는 종종 두 가지 실수 가운데 하나를 저지를 위험이 있다.

첫째로, 우리는 세례의 '순간'을 지나치게 중시하고, 그리스도인으로서 우리 삶의 나머지 기간에 대해 세례가 갖는 장기적인 중요성을 너무 경시할 수 있다.

우리가 세례에서 사실상 유일하게 중요한 것은 세례가 시행되는 순간이라고 생각하는 경우에 이런 일이 일어난다. 안타깝게도, 유아에게 세례를 베푸는 교회에서는 때때로 부모들이 자기 아들이나 딸이 세례받는 것을 중시하면서도, 그런 다음 이제는 끝난 일이라고 생각하는 것처럼 보인다. "우리 아이가 세례를 받았다는 것은 우리와 아이에게 어떤 의미가 있는가?" 하는 것보다 "우리 아이가 세례를 받았어." 하는 것이 더 중요한 고려 사항인 것이다.

한편 회심자로서 세례받는 사람들은 세례를 자신이 그리스도를 고백하는 위대한 경험이라고 생각하면서도, 과거의 특정한 순간에 행한 어떤 일에 대한 징표로만 여길 수도 있다. 최종적인 결과는 세례가 그들의 계속되는 삶에서 거의 혹은 전혀 실질적인 역할을 하지 못한다는 것이다.

둘째로, 또한 세례의 중요성을 경시하고 세례에 대한 의견 불일치에 지나치게 신경을 쓸 가능성도 있다.

우리는 분명히 세례의 물이 불가사의하거나 신비한 힘을 갖고 있다고 믿지 않는다. 세례에 사용되는 물에는 특별한 것이 전혀 없다. 대부분의 서구 나라들에서는 수돗물을 쓸 것이다. 요단강 물을 사용한다고 해서 미시시피강이나 템스강 물보다 더 효능이 있는 것이 아니다. 물의 출처가 우리를 중생하게 하거나 우리에게 은혜를 주입할 능력을 그 물에 부여하지 않는다.

또한, 우리는 물의 특정한 측면들을 지나치게 신경 쓸 수도 있다. 사용하는 물의 양, 물을 뿌리는 횟수, 유아 신자도 세례를 받아야 하느냐 마느냐를 놓고 논쟁을 벌이는 것이다. 그 과정에서 더 중요한 질문, 즉 "세례가 나의 일상적인 그리스도인의 삶에서 어떤 실질적인 역할을 하는가?"라는 질문을 떠나, 우리의 초점이 너무나 빨리 다른 곳으로 이동할 수도 있다. 우울한 진실은, 위의 세 가지 문제 모두에서 당신은 자신이 옳은 쪽에 있다고 확신하면서도 정작 당신의 세례가 무엇을 위한 것이었는지는 제대로 이해하지 못하고 있을 수 있다는 것이다.

이와 대조적으로 신약의 가르침은 이런 문제들을 직접적으로 다루지 않으며, 오히려 이런 질문에 초점을 맞추고 있다. "당신의 세례는 당신의 삶에서 역할을 하는 실체인가?"

이 문제에 대해 생각하는 한 가지 흥미로운 방식이 있는데, 나는 거기서 교훈을 발견한다. 신약에는 '바울은…'으로 시작하는 편지가 열세 편 있다. 그 가운데 네 편(빌레몬서, 디모데전서, 디모데후서, 디도서)은 개인에게 쓴 편지다. 나머지 서로 다른 일곱 교회에 보낸 아홉 편의 편지 가운데 적어도 다섯 군데(로마서, 고린도전서, 갈라디아서, 에베소서, 골로새서)에서 바울은 세례에 대해 구체적으로 언급한다. 덧붙여 사도행전은 다른 교회들 가운데 하나(빌립보)에서 행한 세례를 기록하고 있다(행 16:25-34). 분명히 세례는 중요하다.

여기에 바울이 말한 것들이 몇 가지 있다. 당신이 그것들을 읽고 나면 곧바로 퀴즈가 나온다는 것을 유념하라!

"그런즉 우리가 무슨 말을 하리요 은혜를 더하게 하려고 죄에 거하겠느냐 그럴 수 없느니라 죄에 대하여 죽은 우리가 어찌 그 가운데 더 살리요 무릇 그리스도 예수와 합하여 세례를 받은 우리는 그의 죽으심과 합하여 세례를 받은 줄을 알지 못하느냐 그러므로 우리가 그의 죽으심과 합하여 세례를 받음으로 그와 함께 장사되었나니 이는 아버지의 영광으로 말미암아 그리스도를 죽은 자 가운데서 살리심과 같이 우리로 또한 새 생명 가운데서 행하게 하려 함이라"(롬 6:1-4).

"누구든지 그리스도와 합하기 위하여 세례를 받은 자는 그리스도로 옷 입었느니라(갈 3:27).

"또 그(그리스도) 안에서 너희가 손으로 하지 아니한 할례를 받았으니 곧 육의 몸을 벗는 것이요 그리스도의 할례니라 너희가 세례로 그리스도와 함께 장사되고 또 죽은 자들 가운데서 그를 일으키신 하나님의 역사를 믿음으로 말미암아 그 안에서 함께 일으키심을 받았느니라 또 범죄와 육체의 무할례로 죽었던 너희를 하나님이 그와 함께 살리시고 우리의 모든 죄를 사하시고 우리를 거스르고 불리하게 하는 법조문으로 쓴 증서를 지우시고 제하여 버리사 십자가에 못 박으시고 통치자들과 권세들을 무력화하여 드러내어 구경거리로 삼으시고 십자가로 그들을 이기셨느니라"(골 2:11-15).

질문은 다과 같다. 동료 그리스도인들을 격려하기 위해 쓰는 편지 또는 이메일에서, 나는 얼마나 자주 세례를 언급하는가? 아래의 척도에 당신의 답을 표시해 보라.

50% 이상   40% 이상   30% 이상   20% 이상   10%이상   1% 이상   0%

가장 일반적인 대답은 무엇이라고 생각하는가? 나는 의심스러운 생각이 든다. 당신도 그렇지 않은가? 이것이 공정한 테스트가 아닐 수 있다 하더라도(기독교 역사에서 그것을 잘할 저자는 거의 없을 것이다), 여전히 이 질문은 우리가 세례의 중요성에 대해 더 진지하게 생각하도록 자극하는 촉매제 역할을 한다.

이렇게 세례의 실제적인 중요성을 분명히 했으므로, 우리가 '세례란 무엇인가?'와 '세례의 의미는 무엇인가?'를 이해한다면 큰 도움이 될 것이다.

세례란 무엇인가?

세례는 근본적으로 명명 의식이다. 유아 세례를 행하는 교회에서 부모에게 "아이의 이름이 무엇입니까?"라는 질문을 할 때, 또는 회심자 세례를 위한 전통적인 오랜 의식에서 "당신의 이름은 무엇입니까?"라는 질문을 할 때 이런 점이 드러난다. 그런 다음 그 사람에게 세례를 주면서 목사나 집전자는 이렇게 말할 것이다. "ㅇㅇ여, 내가 네게 성부와 성자와 성령의 이름으로 세례를 주노라."

예전에 동양에서 온 박사 과정 학생을 지도한 적이 있었다. 그는 매우 유쾌하고 상당히 지적이며 유능했는데, 이름이 '디모데'였다. 하루는 디모데와 이런 대화를 나눴다.

"디모데, 진짜 이름이 뭐예요?"

나는 조금 전에 그가 아주 명석하다고 언급했다. 디모데는 미소를 지었다. 살짝 지은 미소였다(물론 그 미소 뒤에는 그가 자기 교수에게 신학적인 교훈을 가르치려는 의도가 있었다고 나는 확신한다. 나는 그것을 즐겼다).

"제 진짜 이름이 '디모데'예요."

나는 미소로 답하면서 '디모데는 동양 이름이 아니야!'라고 생각했다. 부모가 그에게 '디모데'라는 이름을 지어 주었을 가능성은 없었다.

"그러지 말고, 부모님이 지어 주신 이름이 뭐지요?"

그가 알려 준 것은 아주 명백하게 동양 이름이었고 서양 이름이 아니었다. 그 이름은 분명히 '디모데'가 아니었다. 그런데 내 얼굴에 의기양양한 미소가 떠오르기 시작했다는 것을 알아챈 그는 이렇게 덧붙였다. "하지만 제 진짜 이름은 '디모데'예요. 그게 제가 세례받을 때 받은 이름이에요."

학생에게 배우는 정말 놀라운 교훈이다! 그는 세례의 의미를 이해하고 있었다. 그는 동양인이고 가족 이름을 갖고 있었다. 그러나 그는 더 이상 자신을 출생과 천성에 따른 존재로 생각하지 않고, 세례가 평생 우리에게 선포하는 것, 즉 그리스도 안의 새로운 정체성 및 복음에 비추어 자신을 이해하는 사람으로 생각했다. 세례는 그리스도 안에서 우리가 어떤 사람이라는 것을 알려 주며, 우리가 날마다 그것을 실현하며 살 것을 요구한다. 디모데는 세례를 제대로 이해했다. 세례는 행해야 할 적절한 일에 불과한 것이 아니다. 세례는 일평생 중요성을 지닌다.

예수님이 부활하신 후 승천하시기 전에, 기독교 세례의 시작을 알리시면서 하신 말씀을 생각해 보라.

> "예수께서 나아와 말씀하여 이르시되 하늘과 땅의 모든 권세를 내게 주셨으니 그러므로 너희는 가서 모든 민족을 제자로 삼아 아버지와 아들과 성령의 이름으로 세례를 베풀고 내가 너희에게 분부한 모든 것을 가르쳐 지키게 하라 볼지어다 내가 세상 끝 날까지 너희와 항상 함께 있으리라 하시니라"(마 28:18-20).

인류 역사상 최초로, 주 예수님은 하나님의 완전한 이름을 말하는 법을 알려 주셨다. 하나님은 더 이상 '여호와'(Yahweh)로 알려지지 않고 아버지와 아들과 성령으로 알려지실 것이다. 우리는 바로 이 이름으로 세례를 받는다.

예수님의 말씀은, 이름이 주어지는 것 이상으로는, 세례 자체가 우리 안의 어떤 것도 변화시키지 않는다는 것을 이해하도록 도와준다. 그러나 이름이 주어지는 것처럼 세례는 우리에게 평생토록 영향을 미친다.

만일 누군가가 내게 "당신은 누구십니까?"라고 묻는다면, 나는 내 이름으로 대답한다. 자신이 싱클레어 뷰캐넌 퍼거슨이라는 것을 알지 못하면서 나 자신이나 나의 정체성에 대해 생각한다는 것은 불가능하다. 우리 부모님이 내게 그런 이름을 지어 주셨을 때, 그분들은 세례의 물과 마찬가지로, 내 마음이 변화되게 하지 않으셨다.

그러나 다른 관점에서 보면, 내게 어떤 일이 일어났다. 즉 이름이 내 삶에 새겨져서, 그 이름을 제쳐 놓고는 내가 자신에 대해 또는 자신이 누구인지에 대해 전혀 생각할 수 없게 된 것이다. 내가 그 이름을 싫어하고 거부하고 싶을 수도 있다(나는 그렇지 않다). 하지만 나는 분명히 자신을 '앵거스 퍼거슨'(듣자 하니 우리 부모님의 두 번째 안이었던 것 같다)으로 생각하지 않으며, 그렇게 생각할 수도 없다. 나는 '앵거스'가 아니라 '싱클레어'다! 만일 내가 일시적으로 기억 상실증에 걸렸는데 "당신은 누구십니까?"라는 질문을 받는다면, 이름을 잊어버린 일은 내게 심각한 영향을 미칠 것이다.

세례도 이와 비슷한 점이 있다. 세례는 명명 의식이다. 우리는 하나님의 이름으로 세례를 받는다! 다시 우리는 세례가 우리 내면에 변화를 일으키지는 않는다고 주장해야 한다. 그러나 동시에 세례는 물을 통해 우리에게 새겨진 하나님의 이름과의 관계 속에서 우리의 삶 전체를 살아갈 것을 요구한다. 물론 나는 내게 주어진 이름을 거부할 수도 있다. 앞으로 보겠지만, 어떤 사람들은 그렇게 한다.

세례의 의미는 무엇인가?

그러나 세례는 명명 의식 이상의 의미가 있다. 우리가 하나님의 이름 '안으로'(into) 세례를 받기 때문이다. 전치사가 그렇게 큰 의미를 지닌 적이 있었는가? 그러면 그 의미는 무엇인가?

물론 세례는 씻는 의식이다. 그러나 신약은 더 근본적으로 세례를 그리스도인이 예수 그리스도와 연합한다는 개념, 혹은 '그리스도 안에' 있다는 개념과 연결한다.

그리스도와의 연합은 신약에서 가장 빈번히 나타나는 중심 개념이다. 이 개념은 특히 바울 서신에 두드러진다. 바울은 그리스도인이 '그리스도 안에' 있다고 150회 이상 말한다. 한번은 바울이 스스로 자신을 자주 언급하는 것을 민망하게 여긴 나머지 자신을 가리켜 "내가 그리스도 안에 있는 한 사람을 아노니…"(고후 12:2)라고 말한다. 바울은 순전히 예수님의 가르침, 즉 "나는 포도나무요 너희는 가지라 그가 내 안에, 내가 그 안에 거하면…"(요 15:5 이하)이라는 가르침을 근거로 삼고 있었다. 신약의 다른 저자들도 예수님의 가르침을 공유한다.

'그리스도 안에' 있다는 것은 성령님의 역사를 통해 우리가 그리스도를 믿게 됐을 뿐만 아니라 그리스도 '안으로'(into, 한글 개역개정 성경은 이 말을 '합하여'로 옮긴다 – 역주) 들어가 믿게 됐다는 것을 의미한다. 그 결과는 우리가 그리스도와 생명의 연합을 이루어 그분이 우리를 위해 행하신 모든 것을 공유하는 것이다. 그리스도 안에 있는 모든 자원이 우리의 것이 된다.

이미 인용했던 골로새서 2장 11–15절의 집약된 진술에서, 바울은 이를 세례와 연결한다. 그 구절들은 다시 인용할 만한 가치가 있다.

"또 그 안에서 너희가 손으로 하지 아니한 할례를 받았으니 곧 육의 몸을 벗는 것이요 그리스도의 할례니라 너희가 세례로 그리스도와 함께 장사되고 또 죽은 자들 가운데서 그를 일으키신 하나님의 역사를 믿음으로 말미암아 그 안에서 함께 일으키심을 받았느니라 또 범죄와 육체의 무할례로 죽었던 너희를 하나님이 그와 함께 살리시고 우리의 모든 죄를 사하시고 우리를 거스르고 불리하게 하는 법조문으로 쓴 증서를 지우시고 제하여 버리사 십자가에 못 박으시고 통치자들과 권세들을 무력화하여 드러내어 구경거리로 삼으시고 십자가로 그들을 이기셨느니라."

이것은 아주 복잡한 단락이다. 그렇지 않은가? 이 모든 문구의 의미는 무엇인가?

당장은 큰 그림만 볼 필요가 있다. 그렇게 하는 가장 쉬운 방법은 이 진술을 두 부분으로 나누어 생각하는 것이다. 그리고 아마 두 번째 부분을 먼저 살펴보는 것이 도움이 될 것이다. 왜냐하면, 두 번째 부분이 사실상 기초 역할을 하기 때문이다.

두 번째 부분(골로새서 2:13-15)

여기서 바울은 골로새인들에게 복음의 핵심을 설명하고 있다.

그리스도가 십자가의 죽음으로 우리의 죄를 짊어지셨으며, 우리의 빚을 말소하셨다. 우리가 죄 때문에 죽어야만 한다는 율법의 모든 요구를 그리스도가 완전히 충족시키셨다(골 2:14-15). 자신의 죽음으로 우리의 모든 빚을 해결하신 그리스도는 다시 살아나셨다. 이는 그리스도가 우리 죄를 위해 떠맡으신 빚을 다 갚으셨다는 분명한 증거다.

이 모든 일은 우리가 태어나기 전에 일어났다.

그리스도 안에서 하나님은 우리의 과거를 모두 청산하셨다. 그리고 바로 지금, 우리가 할례를 받은 아브라함의 후손이 아님에도 불구하고 죄로 인한 우리의 영적 죽음에서 우리를 일으키셨으며 우리를 하나님의 가족에 속하게 하셨다(골 2:13).

첫 번째 부분(골로새서 2:11-12)

이 부분은 더 복잡하다. 하지만 큰 그림은 이것이다. 바울은 세 가지를 연결하고 있다.

- 구약에 나오는 할례
- 복음서 내러티브에 나오는 그리스도의 죽음과 부활
- 우리가 경험하는 세례

할례는 태어난 지 8일 된 남자아이의 포피를 물리적으로 베어 내는 것이다. 아브라함은 그의 후손들에게 할례를 시작하라는 명령을 받았는데, 이는 하나님이 아브라함 및 그의 자손과 맺으신 언약의 징표였다(창 17:9-14). 그 언약은 아브라함의 자손으로 말미암아 세상의 모든 민족이 복을 받을 것이라는 약속을 포함하고 있었다(창 12:1-3).

바울은 그 자손이 궁극적으로 주 예수님이라고 믿었다(갈 3:16).

예수님도 태어난 지 8일이 되었을 때 할례를 받으셨다(눅 2:21). 그러나 그것은 예수님이 받으신 진정한 할례가 아니었다. 그것은 이사야 선지자가 예언한 대로, 예수님이 마땅히 형벌 받아야 할 백성의 허물 때문에 살아 있는 자들의 땅에서 끊어지는 때에 있을 진정한 할례의 신체적인 징표였다(사 53:8). 예수님의 진정한 할례는 태어난 지 8일 되었을 때가 아니라 십자가에 달리시는 날에 이루어졌다.

그런데 예수님은 또한 서른 살쯤 되셨을 때 세례도 받으셨다(눅 3:21-23).[2] 예수님의 세례가 훨씬 중대한 또 다른 세례를 나타내 보였다는 것은 더 분명하다. 나중에 복음서 내러티브에서 우리 주님은 이렇게 말씀하셨다.

"나는 받을 세례가 있으니 그것이 이루어지기까지 나의 답답함이 어떠하겠느냐"(눅 12:50).

예수님은 분명히 자신의 십자가에 대해 말씀하고 계셨다. 서른 살에 요단강에서 받으신 물세례가 아니라 서른세 살에 갈보리산에서 받으신 피의 세례를 말씀하신 것이다. 그것이 예수님의 진정한 세례였다.

따라서 할례의 의미, 즉 아브라함의 모든 남자 자손에게 행한 할례(특히 예수님 자신의 할례)의 의미 및 모든 세례(특히 예수님 자신의 세례)의 의미는 같은 방향과 같은 사건을 가리킨다. 우리의 죄를 위한 그리스도의 죽음 및 우리의 칭의와 새 생명을 위한 그리스도의 부활을 가리키는데, 할례는 예수 그리스도를 향해 앞을 가리켰던 반면, 세례는 뒤를 가리킨다.

로마서 4장 11-12절에서 할례의 의미에 대해 말할 때, 바울은 아브라함이 믿음으로 받은 하나님의 의에 대한 표와 인장이 할례였다고 설명한다. 할례가 믿음 자체의 표와 인장이 아니라 아브라함의 믿음이 응답했던 은혜의 좋은 소식에 대한 표와 인장이었다는 것은 의미심장하

---

[2] 예수님의 세례도 예수님의 명명 의식이었다. 하나님이 하늘에서 하신 말씀은 오실 이에 대한 구약의 예언들을 의도적으로 상기시키는 것이었다. 하나님은 예수님이 하나님의 사랑하는 아들이며 오래전 약속하신 왕, 고난받는 종이라고(시 2:7; 사 42:1) 명명, 즉 확인하셨다.

며, 또한 주목해야 할 중요한 점이다. 다시 말해 할례는 아브라함의 응답에 대한 징표가 아니었으며, 하나님이 아브라함과 맺으신 언약 및 칭의와 구원의 약속에 대한 징표였다.

세례도 마찬가지다. 세례는 우리를 가리키는 징표가 아니라 그리스도를 가리키는 징표다. 내 믿음이 아니라 그리스도의 십자가, 죄를 위한 그분의 죽음, 이전의 삶을 장사지내심, 그의 부활의 능력을 가리키는 징표다. 또한, 세례는 마치 시각적인 복음 설교처럼 회개와 믿음으로 응답할 것을 나에게 요구한다.

사실, 노아 언약 때 하늘에 보인 무지개에서 새 언약 만찬의 떡과 포도주에 이르기까지 하나님의 모든 징표는 이런 역할을 한다. 그것들은 하나님의 은혜에 대한 우리의 응답이 아니라 그리스도를 가리킨다. 그것들은 우리가 행한 일을 나타내는 배지가 아니라 그리스도가 행하신 일을 보여주는 배지다. 간단히 말해, 그 징표들을 볼 때마다 나는 나 자신이 아니라 그리스도에 대해서 생각한다. 그런 의미에서 세례 시에는 일반적으로 천국을 연상하는 말들로 찬양하는 것이 적절할 것이다.

> 날 위해 고생하신 주 얼굴 뵈려고
> 내 갈 길 험악하나 쉬잖고 나간다.
> 주 예수 신랑처럼 날 기다리시니
> 큰 영광 중에 나가 주 얼굴 뵈리라.[3]

---

3) 새뮤얼 러더퍼드(Samuel Rutherford, 1600-1661)의 말에 기반을 두고 앤 로스 커즌(Anne Ross Cousin, 1824-1906)이 작사한 찬송 '이 세상 지나가고'(The Sands of Time Are Sinking, 통일찬송가 540장) 중에서.

세례라는 징표는 우리에게 복음을 선포한다. 그것은 그리스도 및 믿음으로 그분에게서 받는 모든 것을 우리에게 가리켜 보인다. 복음의 선포는 "네 안에 일어나고 있는 일을 봐. 너는 구원을 받을 거야."라고 말하지 않는다. 아니, 우리 자신에게서 눈을 돌려 그리스도만을 믿으라고, 그러면 우리가 구원을 받을 것이라고 말한다. 그것은 이렇게 선포한다. "모든 영적인 복은 그리스도 안에서 찾아야 한다. 너 자신이 아니라 그리스도를 바라보라." 그러므로 세례는 그리스도와 그분이 하신 일의 징표이며, 우리가 믿음으로 응답할 때 그 일이 우리에게 의미할 수 있는 모든 것의 징표다. 세례는 우리의 믿음의 징표가 아니다.

어떤 그리스도인들에게는 이것을 '보는' 일이 매우 어려울 수 있다. 어떤 의미에서 세례가 보여주는 '그림을 보는 것'은 착시 현상을 보는 것과 같을 수 있다. 어떻게 보면 추한 노파 같지만 다르게 보면 아름다운 젊은 여인이라는 것이 드러나는 착시 현상에 대해 생각해 보라. 나는 그 그림에서 젊은 여인이 전혀 안 보인다고 말하는 사람들을 보았다. 그들에게 그녀가 거기에 있다고 이해시키기란 어려운 일이다. 마찬가지로, 만일 우리가 언제나 세례를 '내 믿음의 징표'라고 생각한다면, 감정적으로나 심리적으로나 그것을 버리고, 세례라는 그림을 더 성경적인 시각에서 바라보는 것은 어려운 일일 수 있다.

그러나 일단 우리가 성경적으로 제작된 렌즈를 통해 우리의 세례를 볼 수 있게 되면, 우리의 이전 시각으로 보았던 것보다 오늘날의 믿음에 훨씬 더 적절하다는 것을 알게 될 것이다. 우리는 세례가 그리스도 안에서 우리가 소유한 무한한 부요함에 대한 단회적이며 평생 지속되는 징표라는 것을 이해하기 시작한다.

세례는 우리 그리스도인의 삶 전체가 옛 생활을 뒤로하고 그리스도 안에서 그리스도로 말미암는 모든 영적인 복을 받는 것과 관계가 있음을 우리에게 말해 준다. 세례는 나 자신이 아니라 그리스도를 내게 가리켜 보인다. 또한, 그렇기에 세례는 한순간의 사건이 아니라, 내 모든 삶이 '그리스도 안에서' 이루어지고 있다는 징표다.

로마서 6장 1-14절에 나오는 바울의 말로 표현하자면, 세례는 내가 '죄에 대하여 죽고 새 생명 가운데 살리심을 받은' 사람이라는 것을 내게 알려 준다. 또한, 세례는 내게 그리스도의 부활 생명의 변화시키는 능력 가운데, 죄의 지배에서 해방된 용서받은 죄인으로 살아갈 것을 요구한다.

이 말이 무슨 뜻인지 생각해 보라. 그것은, 세례받았다는 것을 기억하는 신자로서, 나의 옛 생활이 그리스도의 무덤에 장사되었음을 깨닫는 것을 의미한다. 내게는 옛 생활로 돌아갈 권리가 없다. 그렇게 하는 것은 그리스도가 능력 가운데 새 생명으로 살아나시지 않고 죽은 채로 남아 있기를 바라는 일일 것이다.

최근 서구 세계에서 등장한 신무신론(新無神論, New Atheism)의 물결 속에서 세례 포기 증서를 요구하는 사람들이 있다. 그들은 자신들이 어렸을 때(어떤 경우에는 나중에) 받았던 세례를 부인하고 비세례자가 되기를 원한다(말하자면 공식적으로 그렇게 하기를 원한다).

어떤 교인들에게는 이런 일이 끔찍하게 여겨질 것이다. 그러나 진실은 신약 시대 이후로 자기들의 세례를 부인하는 사람들이 늘 있었다는 것이다. 정말 슬픈 일은 그들 가운데 많은 사람이 교회의 '회원'으로 남아 있다는 것이다. 어떤 면에서는 그리스도가 세례 포기 증서의 발행을 좋아하시는 것 아닌가 하는 생각을 할 수도 있다. 하지만 그리스도는 라오디게아 교회에 이런 편지를 보내셨다.

"…네가 차든지 뜨겁든지 하기를 원하노라 네가 이같이 미지근하여 뜨겁지도 아니하고 차지도 아니하니 내 입에서 너를 토하여 버리리라"(계 3:15-16).

또한, 히브리서 6장 4-6절은 세례 포기 증서에 적합할 수 있는 이런 말씀을 담고 있다.

"한 번 빛을 받고 하늘의 은사를 맛보고 성령에 참여한 바 되고 하나님의 선한 말씀과 내세의 능력을 맛보고도 타락한 자들은 다시 새롭게 하여 회개하게 할 수 없나니 이는 그들이 하나님의 아들을 다시 십자가에 못 박아 드러내 놓고 욕되게 함이라."

그러나 세례 포기 증서는 우리가 세례를 받았다는 사실을 취소할 수 없다. 마치 성(姓)을 거부한다고 해서 그것이 우리가 한때 한 가족의 일원이었다는 사실을 결코 지울 수 없는 것과 같다. 세례 포기 증서가 할 수 있는 일이라곤, 존 밀턴(John Milton)의 『실낙원』(*Paradise Lost*)에서 사탄이 한 말을 빌려, 다음과 같이 말하는 것뿐일 것이다.

나는 이 모든 특권을 거부한다.
"천국에서 섬기는 것보다 지옥에서 통치하는 것이 더 낫다."

그러나 여기까지 읽은 많은 사람은 세례를 부인할 가능성이 낮다.

우리에게는 다른 질문, 그러나 아주 심각한 질문이 있다.

나는 세례의 모든 특권을 누리고 있는가? 나는 매일 그 특권들을 염두에 두고 살아가는가?

나는 예수 그리스도와의 믿음의 연합을 통해 내 것이 될 수 있다고 세례가 선포하는 모든 것에 신실하고 일관되게 응답하고 있는가?

옛날 저자들은 이것과 관련해서 독특한 표현을 사용했다. 그들은 '세례의 증진'(improving baptism)에 대해 말했다.[4] 한마디로 그들이 말하고자 했던 것은 세례받은 삶을 사는 것, 그리고 당신의 세례가 이제껏 그랬던 것보다 지금 더 당신에게 의미가 있다고 말할 수 있다는 것이었다.

당신은 이렇게 말한 적이 있는가?

"밥티자투스 숨"(*Baptizatus sum*).

"나는 세례받은 사람입니다."

---

4) 이 장의 끝에 있는 부록을 보라.

부록

우리의 세례가 복음의 징표이며, 우리에게 그리스도 중심으로 복음의 방식대로 살 것을 요청하므로, 세례는 우리에게 특권과 의무 모두를 끊임없이 상기시킨다.

우리가 날마다 세례에 대해 생각하면 그리스도인이 된다는 의미를 더 잘 이해하게 된다. 우리가 낙심할 때, 루터가 그랬던 것처럼, 그것이 신자가 그리스도 안에서 소유하는 새로운 정체성을 가리켜 보인다는 사실을 깨닫는다.

만일 우리가 교만해질 위험이 있다면, 세례는 우리 자신이 죄인이며 오직 그리스도 안에서만 새롭게 됐다는 사실을 우리에게 상기시킨다.

또한, 세례는 우리에게 세례받은 삶을 살라고 요구한다. 그렇게 할 때 우리의 세례받은 그리스도인으로서의 차이점을, 며칠 동안 우리를 따라다니는 누군가가 보기 시작할 수 있다는 것이다.

우리의 선조들은 이것을 잘 이해하고 설명했다. 아래 인용한 내용은 웨스트민스터 총회가 작성하고 1648년에 스코틀랜드 교회가 사용을 승인한 『웨스트민스터 대요리문답』(*Westminster Larger Catechism*)에서 발췌한 것이다.

표현이 약간 독특해 보이는 부분이 있을 수 있지만, 그 교훈 자체는 성경적이며 유익하다.

문 167. 우리는 우리의 세례를 어떻게 증진하는가?

답. 우리의 세례를 증진하는 일은 필요한 일임에도 불구하고 많이 소홀히 되고 있다. 그 일은 우리가 평생토록, 특히 시험받을 때와 다른 사람이 세례받는 자리에 참석할 때 행할 일이다.[5]

우리는 세례의 본질에 대해, 그리스도가 세례를 제정하신 목적에 대해, 세례에 의해 우리에게 주어지고 보증된 특권과 유익에 대해, 세례받을 때 우리가 한 엄숙한 서약에 대해, 진지하게 숙고하고 감사해야 한다.[6]

---

[5] 골로새서 2장 11-12절. "또 그 안에서 너희가 손으로 하지 아니한 할례를 받았으니 곧 육의 몸을 벗는 것이요 그리스도의 할례니라 너희가 세례로 그리스도와 함께 장사되고 또 죽은 자들 가운데서 그를 일으키신 하나님의 역사를 믿음으로 말미암아 그 안에서 함께 일으키심을 받았느니라.
로마서 6장 4, 6, 11절. "그러므로 우리가 그의 죽으심과 합하여 세례를 받음으로 그와 함께 장사되었나니 이는 아버지의 영광으로 말미암아 그리스도를 죽은 자 가운데서 살리심과 같이 우리로 또한 새 생명 가운데서 행하게 하려 함이라…우리가 알거니와 우리의 옛 사람이 예수와 함께 십자가에 못 박힌 것은 죄의 몸이 죽어 다시는 우리가 죄에게 종노릇하지 아니하려 함이니…이와 같이 너희도 너희 자신을 죄에 대하여는 죽은 자요 그리스도 예수 안에서 하나님께 대하여는 살아 있는 자로 여길지어다."

[6] 로마서 6장 3-5절. "무릇 그리스도 예수와 합하여 세례를 받은 우리는 그의 죽으심과 합하여 세례를 받은 줄 알지 못하느냐 그러므로 우리가 그의 죽으심과 합하여 세례를 받음으로 그와 함께 장사되었나니 이는 아버지의 영광으로 말미암아 그리스도를 죽은 자 가운데서 살리심과 같이 우리로 또한 새 생명 가운데서 행하게 하려 함이라 만일 우리가 그의 죽으심과 같은 모양으로 연합한 자가 되었으면 또한 그의 부활과 같은 모양으로 연합한 자도 되리라."

우리는 세례의 은혜 및 우리의 약속에 미치지 못하고 반대로 행하는 우리의 죄악 된 더러움으로 인해 겸손해야 한다.[7]

죄의 용서 및 이 성례를 통해 우리에게 보증된 다른 모든 복을 확신하는 데까지 자라가야 한다.[8]

우리는 그리스도와 합하여 세례를 받았으므로, 죄를 죽이고 은혜가 살아나게 하기 위해 그리스도의 죽으심과 부활에서 힘을 얻어야 한다.[9]

세례를 통해 자기의 이름을 그리스도에게 드린 자로서[10] 믿음으로 살

---

7) 고린도전서 1장 11-13절. "내 형제들아 글로에의 집 편으로 너희에 대한 말이 내게 들리니 곧 너희 가운데 분쟁이 있다는 것이라 내가 이것을 말하거니와 너희가 각각 이르되 나는 바울에게, 나는 아볼로에게, 나는 게바에게, 나는 그리스도에게 속한 자라 한다는 것이니 그리스도께서 어찌 나뉘었느냐 바울이 너희를 위하여 십자가에 못 박혔으며 바울의 이름으로 너희가 세례를 받았느냐."
로마서 6장 2-3절. "그럴 수 없느니라 죄에 대하여 죽은 우리가 어찌 그 가운데 더 살리요 무릇 그리스도 예수와 합하여 세례를 받은 우리는 그의 죽으심과 합하여 세례를 받은 줄을 알지 못하느냐."

8) 로마서 4장 11-12절. "그가 할례의 표를 받은 것은 무할례 시에 믿음으로 된 의를 인친 것이니 이는 무할례자로서 믿는 모든 자의 조상이 되어 그들도 의로 여기심을 얻게 하려 하심이라 또한 할례자의 조상이 되었나니 곧 할례받을 자에게뿐 아니라 우리 조상 아브라함이 무할례 시에 가졌던 믿음의 자취를 따르는 자들에게도 그러하니라."
베드로전서 3장 21절. "물은 예수 그리스도께서 부활하심으로 말미암아 이제 너희를 구원하는 표니 곧 세례라 이는 육체의 더러운 것을 제하여 버림이 아니요 하나님을 향한 선한 양심의 간구니라."

9) 로마서 6장 3-5절. "무릇 그리스도 예수와 합하여 세례를 받은 우리는 그의 죽으심과 합하여 세례를 받은 줄을 알지 못하느냐 그러므로 우리가 그의 죽으심과 합하여 세례를 받음으로 그와 함께 장사되었나니 이는 아버지의 영광으로 말미암아 그리스도를 죽은 자 가운데서 살리심과 같이 우리로 또한 새 생명 가운데서 행하게 하려 함이라 만일 우리가 그의 죽으심과 같은 모양으로 연합한 자가 되었으면 또한 그의 부활과 같은 모양으로 연합한 자도 되리라."

10) 사도행전 2장 38절. "베드로가 이르되 너희가 회개하여 각각 예수 그리스도의 이름으로 세례를 받고 죄 사함을 받으라 그리하면 성령의 선물을 받으리니."

며[11]) 행실을 거룩하고 의롭게 하기를 힘써야 한다.[12]

또한 우리는 같은 성령님으로 세례를 받아 한 몸으로 연합했으므로 형제의 사랑 가운데 행하기를 힘써야 한다.[13]

---

11) 갈라디아서 3장 26-27절. "너희가 다 믿음으로 말미암아 그리스도 예수 안에서 하나님의 아들이 되었으니 누구든지 그리스도와 합하기 위하여 세례를 받은 자는 그리스도로 옷 입었느니라."
12) 로마서 6장 22절. "그러나 이제는 너희가 죄로부터 해방되고 하나님께 종이 되어 거룩함에 이르는 열매를 맺었으니 그 마지막은 영생이라."
13) 고린도전서 12장 13, 25절. "우리가 유대인이나 헬라인이나 종이나 자유인이나 다 한 성령으로 세례를 받아 한 몸이 되었고 또 다 한 성령을 마시게 하셨느니라…몸 가운데서 분쟁이 없고 오직 여러 지체가 서로 같이 돌보게 하셨느니라."

Devoted to God's Church
Core Values for Christian Fellowship

08

기도

기도는 그리스도인의 생명의 호흡,
기도로 하나님의 임재 가운데 있으라

우리가 기도하려고 무릎을 꿇지만 우리나 다른 사람들에게 필요하다고 느끼는 것을 하나님께 거의 아뢸 수 없다는 사실을 깨닫게 되는 때에도 하나님은 우리를 멸시하거나 비하하지 않으신다. 하나님은 그런 행위 전체가 무의미하다고 하시지도 않는다. 사실은 그 반대다. 바울은 성령님이 이 무력함, 이 연약함을 취하셔서 논리정연하고 하나님이 기뻐하시는 기도로 바꾸신다고 우리에게 말한다. 분명히 여기에는 커다란 신비가 있다.

설교자들이 이것에 대해 설교하기가 쉽지 않다고 생각하고, 아마도 대부분의 기독교 저자들이 글을 쓰기가 어렵다고 여기는 주제가 있다. 당연히 그럴 것이다.

그 주제가 무엇인가? '기도'다.

내가 젊었을 때, 잘 알려진 출판사 편집자가 기도에 관한 책을 쓰겠느냐고 내게 물었다. 나는 우쭐한 마음이 들었다. 특별한 출판사로부터 집필 요청을 받았을 뿐 아니라 가장 중요한 주제임이 틀림없는 기도에 관한 책을 써 달라는 요청을 받았기 때문이었다. 그러나 망설여지기도 했다. 그래서 이렇게 대답했다. "훨씬 더 잘 쓰실 분들이 계실 것이라고 확신합니다."

편집자는 그 일을 할 만한 사람이 누군지 조용히 내게 물었다. 나는 아주 유명하고 매우 존경받는 기독교 지도자이자 저자인 한 분을 언급했다. 편집자는 미소를 지으면서 이미 그에게 물어봤지만, 그 존경받는 저자가 거절했다고 말했다. 내가 염두에 둔 다른 사람이 있었을까? 나는 다른 이름을 언급했지만, 같은 대답이었다. 또 다른 이름을 댔지만, 같은 대답이었다. 적어도 나는 훌륭한 동료들이 내게 있다는 것을 알았다!

그렇지만 누구든지 믿음과 소속에 관한 책을 쓰는 사람은, 기도에 대한 장을 쓰기 위해서 주저하는 마음을 극복해야만 한다. 그것은 반드시 해야 하는 일인데, 기도가 교회의 교제하는 삶에서 중심 요소 가운데 하나이기 때문이다. 누가는 사도행전의 앞쪽 장들에 실은 첫 기독교회에 관한 여러 장의 스냅 사진에서 이 점을 분명히 한다.[1]

성경에는 기도에 대해 함께 고려할 견고한 토대를 마련하기 위해 우리가 참조할 수 있는 많은 구절이 있다. 그러나 시작하기에 좋은 구절은 아마도 시편 109편 4절 하반절의 간단한 진술일 것이다.

"…나는 기도할 뿐이라."

어떤 시편들은 그 시편에 영감을 준 직접적인 배경을 우리에게 말해 주는 표제를 갖고 있다. '다윗의 시, 다윗이 밧세바와 동침한 후 선지자 나단이 그에게 왔을 때'라는 표제가 붙은 시편 51편이 아마 가장 유명한 실례일 것이다.

우리는 이 시편을 사무엘하 11-12장과 같이 읽고, 다윗의 죄에 비추어 해석해야 한다. 그런 다음, 거기에 근거해서 다윗의 말을 우리의 것으로 삼아 우리의 죄에 적용할 수 있다.

그러나 흥미롭게도, 기원을 분명하게 밝히고 있는 이런 시편도 다윗의 죄를 자세하게 언급하지 않는다. 그것은 그다지 구체적이지 않아서 매우 다양한 개인적인 경험들에 적용할 수가 없다. 많은 시편이 그

---

1) 참조. 사도행전 1장 12-14절, 24절, 2장 42절, 3장 1절, 4장 23-31절, 6장 4-6절.

렇다. 한편 처음 기록된 구체적인 배경에 대해 아무런 암시도 없는 시편들도 있다. 시편 109편이 그런 시편 가운데 하나다. 그런데도 분명한 것은 시편 저자가 어려운 날들을 보내고 있었다는 것이다. 그는 다른 사람들에게 비방과 괴롭힘을 당하고 있었다(한 사람이 특히 괴롭혔던 것 같다). 이 시편의 서두에서 그는 이런 놀라운 진술을 한다.

"나는 사랑하나 그들은 도리어 나를 대적하니 나는 기도할 뿐이라"(시 109:4).

원수들은 '그를 대적하여'(against him) 말한다. 그러나 그는 '하나님에게'(to God) 말한다.

대학에 입학한 바로 첫 주에, (히브리어 수업이 아니었음에도) 나는 이 구절의 히브리어 원어에 대해 무언가 배운 것이 있다. 나는 겨우 선반 하나를 채울 정도의 기독교 서적을 갖고 있었는데, 거기에는 친구가 준 매일 묵상집도 있었다. 찰스 카우먼(Charles E. Cowman) 여사가 편집한 그 책의 제목은 『사막에 샘이 넘쳐 흐르리라』(Streams in the Desert)였다. 9월 29일에 내가 읽은 제목은 시편 109편 4절 하반절의 히브리어 본문이 (ESV의 각주가 알려 주는 것처럼) 단순하게 "나 기도" 또는 "나는 기도이다."라는 것을 알려 주었다.

그 단어들이 지면(紙面)에서 튀어나왔다. 그것들은 마치 시편 저자의 경험이라는 어두운 배경과 대조를 이루는 보석 같았다. 맞다, 그는 기도했다. 그러나 이 표현은 더 깊은 것, 시편 저자 안에 내재해 있는 것을 암시했다.

나는 제임스 몽고메리(James Montgomery, 1771-1854)의 찬양을 떠올렸다.

> 기도는 그리스도인의 생명의 호흡,
> 그리스도인의 본향의 공기.[2]

그리스도인들은 단순히 말로 기도하지 않는다. 어떤 의미에서 그리스도인들은 그들 자신이 기도가 된다. 사람들이 때로 특정한 기도의 규율을 가리켜 말하는 우리의 '기도 생활' 및 모든 교회의 특징이 되어야 하는 필수적인 기도 모임은 참으로 우리의 전체 삶의 표현이다. 왜냐하면, 기도는 우리의 가장 깊은 존재와 우리가 느끼는 필요를 하나님께 표현하는 방법이기 때문이다. 우리는 단순히 기도를 말하지 않으며, 우리의 삶이 살아 있는 기도가 된다. 가수이자 작곡가인 론 블록(Ron Block)은 '살아 있는 기도'(A Living Prayer)를 작곡했을 때 이 점을 표현했다.

> 나는 주님의 사랑 안에서 해방을,
> 나의 불신으로부터 피난처를 찾습니다.
> 나의 하나님, 내 삶을 취하셔서
> 내가 주님께 살아 있는 기도가 되게 하소서.[3]

---

[2] 제임스 몽고메리(James Montgomery, 1771-1854)가 쓴 찬송시 '기도는 영혼의 진실한 갈망'(Prayer Is the Soul's Sincere Desire) 중에서.

[3] '살아 있는 기도'(A Living Prayer)는 앨리슨 크라우스(Alison Krauss)와 컨트리 밴드 유니온 스테이션(Union Station)이 발표한 앨범(*Lonely Runs Both Ways*, Decca, 2008)에 수록됐으며, 또한 영국 테너인 알피 보(Alfie Boe)의 음반(*You'll Never Walk Alone-The Collection*, EMI, 2011)에 실렸다. 론 블록(Ron Block)은 유니온 스테이션의 멤버이며, 알피 보는 아마도 뮤지컬 '레 미제라블'(Les Misérables)에서 장 발장 역할을 맡았던 것으로 가장 널리 알려져 있을 것이다.

이렇게 '살아 있는 기도'가 된다는 것은 무엇을 의미하는가? 그것은 어떤 의미를 함축하고 있는가?

가장 분명한(하지만 그렇게 분명하지 않을 수도 있는) 사실은, 우리가 하나님을 찬양하는 것은 하나님이 위대하고 영광스러우시기 때문이지만, 우리가 하나님께 기도하는 것은 우리가 연약하고 궁핍하기 때문이라는 것이다.

연약함과 궁핍

실제로 시편 109편에서는 심각한 연약함과 궁핍을 보여주는 표현들이 여기저기 나타난다. 우리가 여기서 만나는 다윗은 궁지에 빠져 있다.

"나는 가난하고 궁핍하여 나의 중심이 상함이니이다 나는 석양 그림자같이 지나가고 또 메뚜기같이 불려 가오며"(시 109:22-23).

다윗은 그를 미워하며 부당하게 비방하는 원수들에게 둘러싸여 있다. 금식도 아무 소용 없었고 오히려 다윗을 더 약하게 한 것으로 보인다.

"금식하므로 내 무릎이 흔들리고 내 육체는 수척하오며"(시 109:24).

그의 신앙적인 행위들에도 불구하고 다윗의 형편은 그대로다.

"나는 또 그들의 비방 거리라 그들이 나를 보면 머리를 흔드나이다"(시 109:25).

그리고 이런 모든 상황은 다윗이 하나님의 언약적 성품과 약속에 호소하는 때에도 변하지 않는다.

"…주의 이름으로 말미암아 나를 선대하소서 주의 인자하심이 선하시오니 나를 건지소서"(시 109:21).

오 할레스비(O. Hallesby) 박사가 기도에 대한 그의 고전적인 연구에서 "기도는 오직 무력한 자를 위해 제정되었다. …무력한 자만이 참으로 기도할 수 있다."라고 한 말은 참으로 맞는 말이었다.[4] 간구는 하나님께 "우리는 할 수 없습니다. 하나님만 하실 수 있습니다." 하고 말하는 것이다. 이런 의미에서 기도는 우리가 하나님을 위해 하는 일이 아니다. 또한 다윗은 기도를 '하나님이 나에게 말씀하시는 방법'으로 생각하지도 않았다(왜냐하면, 하나님은 그분의 말씀을 통해 말씀하시기 때문이다).[5] 이런 기도

---

[4] O. Hallesby, *Prayer*, trans. by C. J. Carlsen (London: Inter-Varsity Press, 1948), p. 13.
[5] 이것은 아마 사람들이 기도에 대해 말하는 가장 일반적인 진술 가운데 하나일 것이다. 그런데 우리가 기도하면서 하나님과 교통하는 동안 즉 우리가 기도하는 가운데 빛이 임할 수도 있는데, 만일 그 빛이 참으로 하나님에게서 오는 것이라면, 그 빛의 근원이 기록된 하나님의 말씀이고 성령님이 우리에게 그것을 밝혀 주신다. 이 역학 관계, 즉 하나님은 성경에 기록된 하나님의 말씀을 통해 말씀하시고 성령님이 그 말씀에 대한 우리의 이해를 밝히신다는 것을 이해하면, 우리는 현대의 신비주의가 일으키는 많은 혼란에서 벗어날 수 있을 것이다. 시편에서는 밝히심(조명)의 순간들이 임할 때 종종 "그러나 주께서는…"이라는 말로 시작한다. 이런 구절들을 조금만 숙고해 보면 하나님의 성품 및 하나님의 약속의 진리, 섭리하시는 하나님의 주권적인 손길의 신뢰성에 대한 계시가 (성령님에 의해) 생각나고 깨달음의 빛이 임하는 일이 시편 저자에게 일어났다는 것을 알게 된다. 시편 저자는 이것을 자기에게만 알려진 개인적인 계시라는 관점에서 재구성하지 않는다.

는 다름 아닌 우리가 하나님을 필요로 한다는 것과 믿음을 표현하는 것이며, 이를 통해 우리는 그런 필요들을 표현할 뿐만 아니라 우리 자신을 하나님께 맡긴다.

바울은 로마서 8장 26-27절에서 매우 감동적인 말로 이 점을 강조한다.

> "이와 같이 성령도 우리의 연약함을 도우시나니 우리는 마땅히 기도할 바를 알지 못하나 오직 성령이 말할 수 없는 탄식으로 우리를 위하여 친히 간구하시느니라 마음을 살피시는 이가 성령의 생각을 아시나니 이는 성령이 하나님의 뜻대로 성도를 위하여 간구하심이니라."

그러므로 기도는 이미 우리의 연약함의 표현이다. 그런데 기도를 통해 연약함을 쏟아내는 때에, 우리가 무엇을 위해 기도해야 할지를 알지도 못한다는 사실이 연약함을 더 심화시킨다면 어떻게 될까? 이것은 다른 차원으로 이끌어가는 연약함, 더 큰 연약함과 관련이 있는 연약함이다.

교회 가족 안에서 비극이 일어나거나 위기가 발생하는 때에, 우리는 이런 연약함을 자각하게 된다. 이것을 위해 기도해야 할지, 아니면 저것을 위해 기도해야 할지, 무엇을 위해 기도해야 할지 알지 못한다. 그런데 사실 우리는 언제나 이런 연약함을 지니고 있다.

우리가 기도하려고 무릎을 꿇지만 우리나 다른 사람들에게 필요하다고 느끼는 것을 하나님께 거의 아뢸 수 없다는 사실을 깨닫게 되는 때에도 하나님은 우리를 멸시하거나 비하하지 않으신다. 하나님은 그런 행위 전체가 무의미하다고 하시지도 않는다. 사실은 그 반대다. 바울은 성령님이 이 무력함, 이 연약함을 취하셔서 논리 정연하고 하나님이 기뻐하시는 기도로 바꾸신다고 우리에게 말한다. 그 결과는 '말할 수 없는 탄식'인데, 그런데도 이 탄식은 우리를 위해 간구하시는 성령님과 우리의 내면 깊은 데서 터져 나오는 신음을 들으시는 아버지 하나님, 두 분 모두가 아시는 언어가 된다.[6] 분명히 여기에는 커다란 신비가 있다.

그러나 이사야가 말하듯이, 우리는 우리의 길보다 훨씬 높은 그리고 훨씬 깊은 하나님의 길의 윤곽만 이해할 뿐이다(사 55:8).

시편은 예수님의 기도서였다. 예수님은 자신의 경험이 시편에 요약된 형태로 묘사되어 있으며 그것이 자신의 삶과 깊은 관련성이 있음을 아셨다.

시편 109편 6-8절은 이런 실례를 우리에게 보여준다.

"악인이 그를 다스리게 하시며 사탄이 그의 오른쪽에 서게 하소서 그가 심판을 받을 때에 죄인이 되어 나오게 하시며 그의 기도가 죄로 변하게 하시며 그의 연수를 짧게 하시며 그의 직분을 타인이 빼앗게 하시며."

초대 교회는 이 말씀을 가룟 유다 및 그를 대신할 사도의 임명에 적용했다.[7] 시편은 사도들의 교과서 가운데 하나였을 뿐 아니라 그들의

---

[6] 어떤 학자들은 이 신음이 방언으로 말하는 것을 가리킨다고 이해한다(고전 14:6-19). 그러나 방언으로 말하는 것은 분명히 말을 사용하는 언어에 해당한다. 바울은 말할 수 없는 현실, 그렇기에 언어로 표현되지 않는 현실을 말하고 있다.

[7] 참조. 사도행전 1장 20절.

기도서요 찬송집이었다. 그러므로 우리는 예수님이 이 말씀을 암송하거나 노래하는 것을 사도들이 들은 적이 있는 것은 아닐까, 그러나 이제야 사도들은 이 말씀이 사실은 예수님의 말씀이라는 것을 알게 된 것은 아닐까 하는 생각을 충분히 할 수 있다. 만일 그렇다면, 사도들은 다윗의 경험이 그의 실제적이고 개인적인 경험이면서도, 예수님을 나타내 보여주는 더 큰 역할을 했다는 것을 깨달았음이 틀림없다.

결국 우리는 시편에 묘사된 일을 완전하게 경험하는 사람은 다윗이 아니라 예수님이라고 말할 수 있다. 예수님은 무력감 속에서 하나님께 부르짖는 것이 무엇인지를 아셨다. 겟세마네 동산에서 예수님은 자기를 죽음에서 능히 구원하실 이에게 심한 통곡과 눈물로 간구와 소원을 올렸고, 그의 경건하심으로 말미암아 들으심을 얻었다(히 5:7). 그렇다, 기도는 예수님에게도 무력함과 믿음의 표현이었다.

우리의 지혜로운 믿음의 선조들은, 우리의 가장 큰 궁핍이 우리가 궁핍하다는 것을 느끼지 못하는 것, 즉 "…나를 떠나서는 너희가 아무것도 할 수 없음이라"(요 15:5)라고 하신 예수님의 말씀이 참이라는 것을 깨닫지 못하는 것, 나아가 기도하지 않는 것이라고 말하곤 했다. 특히 기도하지 않는 것이 그렇다.

우리는 지금 그 교훈을 배워야만 한다. 우리가 자신이 어둠과 위기에 처했다는 것을 발견하는 때는 보통 그 교훈을 배우기 시작하기에 너무 늦은 때이기 때문이다.

그런데 기도는 우리의 필요를 표현하는 것 이상의 것이다.

생명의 길

우리는 규칙적으로 기도한다. 또한, 규칙적으로 기도해야 한다. 그러나 이 특정한 기도 시간은 늘 기도하는 삶에서 나오며, 우리가 끊임없이 하늘 아버지의 임재 가운데 그분 앞에서 산다는 의식이 자라나는 데서 나와야 한다.

19세기 찬송가 작사가인 제임스 몽고메리가 정말 그런 경우다. 그는 이렇게 말했다.

> 기도는 그리스도인의 생명의 호흡,
> 그리스도인의 본향의 공기.

나는 열일곱 살 때 『사막에 샘이 넘쳐 흐르리라』(*Streams in the Desert*)를 읽기 시작했다. 같은 해에 내가 갖고 있던 더 유명한 책, 일명 부활의 로렌스(Lawrence of the Resurrection, 1614-1691)가 쓴 『하나님의 임재 연습』(*The Practice of the Presence of God*)을 읽기 시작했다.

로렌스는 본명이 니콜라 에르망(Nicolas Herman)으로 17세기 파리 카르멜회 수도원의 평수사였다. 그의 책은 결코 완벽하지 않다. 그러나 책의 제목 및 그것이 나타내는 개념, 하나님의 임재 가운데 우리의 모든 삶을 산다는 개념은 나를 매혹하고 사로잡았다. 그리고 오래지 않아 나는 존 칼빈(John Calvin, 1509-1564)이 그보다 앞서 똑같은 규율에 대해 했던 표현인 **코람 데오**(*coram Deo*)의 삶, 즉 하나님의 임재 및 그분의 앞에서 사는 삶이라는 표현에 익숙해졌다.

그리스도인인 우리는 도덕적, 영적 대기가 오염된 세상에 살고 있다. 그러나 하나님의 은혜로 우리는 하나님과 기도로 교통하는 대기 가운데 살면서, 끊임없이 다른 세상의 깨끗한 산소를 마실 수 있다. 따라서 우리는 하나님과 모든 경험을 공유할 수 있다.

하나님과 우리 사이의 '전화선'은 늘 열려 있다. 사도 요한은 이것이 사실이라는 것을 알았다. 요한은 성령님을 통해 우리가 아버지와 그의 아들 예수 그리스도와 더불어 사귐을 누린다는 데 경이감을 나타냈다(요일 1:3). 이처럼 우리는 바울이 권면하듯이 쉬지 말고 기도하는 법을 배운다(살전 5:17). 또한 우리의 선조들이 즐겨 했던 말처럼 하나님과 짧은 이야기를 나누는 법을 배운다.

우리는 하나님이 우리를 아신다는 것을 안다. 우리는 하나님께 아무것도 숨기지 않는다. 우리는 하나님과 모든 것을 공유한다.

이런 식으로 진리의 깊은 정맥은 특별히 베네딕투스(Benedictus)가 세운 수도사들의 규칙에 담겼던 '일이 기도다.'(*laborare est orare*)라는 원리를 통해 흐르고 있다. 그러나 우리는 이 모토를 '일이 기도의 대신이다.'라는 의미로 왜곡해서는 안 된다.

일이 기도가 되기 위해서는 우리가 일하면서 기도해야 하고, 모든 것을 주님께 바쳐야 하며, 하나님 앞에서 살고 있다는 의식이 자라야 한다. 또한, 범사에 하나님을 영화롭게 하고, 우리가 하는 모든 일에서 하나님을 즐거워해야 한다.

한마디로, 하나님의 임재를 연습해야 한다.

이것은 세 번째 강조점으로 이어진다.

훈련

'기도는 그리스도인의 생명의 호흡, 그리스도인의 본향의 공기'라는 말이 참이기는 하지만, 우리는 기도가 언제나 쉬운 것이라고 생각하지 말아야 한다.

성경의 은유를 사용하자면, 그리스도인은 새 심장을 받았다. 그러나 죄가 계속 그것을 훼손하며, 대기의 산소 수준은 낮고, 우리가 호흡하는 공기는 오염됐으며, 세상이 우리에게 주는 음식은 우리의 영적인 동맥을 막히게 한다. 그러므로 당연히 영적으로 우리의 건강을 돌볼 필요가 있다. 그리고 그 일은 특정한 훈련을 포함한다.

오 할레스비의 기도에 대한 고전적인 연구에서 가장 긴 장 가운데 하나는 '기도는 일이다.'라는 제목을 갖고 있다.[8] '일이 기도다.'(*laborare est orare*)라는 모토도 충분히 참일 수 있지만, 그 반대인 '기도는 일이다.'(*orare est laborare*) 역시 타당하다. 기도는 훈련과 노력, 헌신을 수반한다.

내 경우 "나는 기도할 뿐이라."라는 말씀을 읽고 있던 주에 다른 중요한 일이 일어났다. 그 몇 년 전에 나는 그리스도인이 됐다. 나는 그리스도를 따르며 성경을 공부하고 기도에서 성장하고자 결단했다. 하지만 나는 내면적으로 아주 부끄러움이 많은 열일곱 살로, 이제 막 대학에 입학했고 집에서 멀리 떠나 있었다(적어도 그렇게 보였다). 나는 아홉 살 때부터 성서유니온선교회 회원이었으며, 따라서 재킷에 작은 배지를

---

[8] O. Hallesby, *Prayer*, pp. 51-72.

달고 있었다.[9] 어느 날 저녁에 기숙사 계단을 올라가고 있는데, 한 학생이 나를 지나쳐 갔다. 그런데 그가 내 배지를 발견하고는 손가락으로 가리키며 "ㅇㅇ호실에서 이런 배지를 하나 더 찾을 수 있을 거야." 하고는 계단을 내려갔다! 정말 첩보 작전 같았다!

그날 밤늦게 그 방의 문을 두드린 나는 내가 신비한 방문을 하게 된 이유를 설명했고, 그리스도 안의 어린 형제로서 환영받았다. 나는 곧 기숙사의 다른 그리스도인들을 소개받았고, 이후에 그들은 나를 도와주고 격려해 주었다.

내가 이런 일을 다 언급하는 이유는 이때 내가 생전 처음으로 나만의 침실을 갖게 됐기 때문이다. 나는 늘 동생과 같이 방을 썼다. 따라서 새로이 누리게 된 이 호사는 내가 책을 읽고 기도하는 온전한 사생활을 즐기기가 더 쉬워졌다는 것을 의미하는 것일 수 있었다.

어쨌든, 몇 주 뒤에 내 새로운 친구가 "영적으로는 어떻게 지내니?" 하고 물었을 때, 나는 순진하게 기도가 쉬워졌다거나 더 즐거워졌다고 느낀 적은 전혀 없었다고 말했다. 그의 반응은 어땠을까? "그냥 그걸 즐겨. 기도가 항상 쉽거나 즐거운 건 아닐 수 있어."

당시에는 그 말이 나를 의기소침하게 했다. 하지만 나는 그 친구의 말을 결코 잊은 적이 없다. 아마 그 말이 사실이라는 것이 드러났기 때문일 것이다. 여러 면에서 주님은 나를 양 무리의 양으로 대하고 계셨다.

---

[9] 성서유니온선교회(Scripture Union)는 어린이 선교에 헌신한 단체인 어린이 특별집회 선교회(Children's Special Service Mission)에서 1879년에 파생되어 시작됐다. 성서유니온선교회의 목적은 규칙적인 성경 읽기를 장려하고 가르치는 것이다. 오랜 세월 동안, 연간 매일 성경 읽기 목록을 제시하는 간단한 카드를 시작으로, 그리스도인의 삶을 사는 모든 연령 및 모든 단계의 사람들이 스스로 혹은 가정에서 매일 성경을 읽고 공부하도록 도와주는 자료들로 이루어진 프로그램을 개발해 왔다.

"그는 목자같이 양 떼를 먹이시며 어린 양을 그 팔로 모아 품에 안으시며 젖 먹이는 암컷들을 온순히 인도하시리로다"(사 40:11).

히브리어에는 양을 가리키는 단어가 여럿 있다. 여기 사용된 단어가 특히 흥미로운 이유는 이 단어가 갓 태어난 어린 양을 가리키기 때문이다. 예수님이 "**달리다굼**"(talitha cumi)이라는 말로 야이로의 딸을 살리실 때, 그 다정하게 사용하신 용어가 이 단어에서 파생된 것이다(막 5:41). 이 말의 남성 명사는 '작은 소년'을 뜻하는 **탈리아**(talya)다. 그런데 내가 그런 작은 소년이고, 예수님은 나를 팔에 안아 데려가고 계셨다. 그것은 분명히 어떻게 해서 기도가 쉽게 여겨졌는지를 일부 설명해 주는 것이었다. 나는 예수님이 내 무게를 감당하신다는 것을 깨닫지도 못한 채, 예수님께 안겨서 가고 있었다!

그러나 선한 목자가 어린 양을 땅에 내려놓으시는 때가 오는데, 이는 그들이 걷는 법을 배워야 하기 때문이다. 어린 양이 처음에 걷기 위해 노력하는 것을 보면 균형을 유지하려고 약간 비틀거리는데, 바로 우리가 그리스도인으로서 자라날 때 종종 그러곤 한다. 그러므로 기도는 그리 쉬운 것이 아닐 수 있다. 기도는 시간을 내고, 우리의 마음을 집중하며, 의식적으로 하나님의 얼굴을 구해야 하는 싸움이 된다. 그렇다, 훈련이 필요하다. 기도는 종종 힘든 일이기 때문이다.

지혜로운 영적 안내자인 『기도』(Prayer)의 저자 오 할레스비는, 우리가 기도를 일로 보지 않는다면, 우리의 일정에서 기도를 삶의 기본적인 훈련으로 절대 포함할 수 없을 것이라고 언급했다. 그러면 기도는 추가적인 선택 사항으로 취급될 것이다. 재정적으로 어려워지면, 사소한 여분의 것들은 가장 먼저 포기해야 할 것들이다. 안타깝게도, 시간이 지나치게 모자라고 우리가 너무 많은 책임에 쫓길 때면, 기도에 대해서도 똑같은 일이 일어날 수 있다.

우리는 비교적 알려지지 않은 신약 인물인 에바브라에게서, 기도가 일이라는 이 원리의 훌륭한 모범을 발견한다.

에바브라는 골로새 교회의 교인(아마도 목회자)이었다. 바울은 에바브라를 이렇게 묘사한다.

> "그리스도 예수의 종인 너희에게서 온 에바브라가 너희에게 문안하느니라 그가 항상 너희를 위하여 애써 기도하여 너희로 하나님의 모든 뜻 가운데서 완전하고 확신 있게 서기를 구하나니"(골 4:12).

바울은 여기서 **아고니조마이**(*agōnizomai*)라는 동사를 사용하고 있다. 이 말의 의미를 추측하기 위해 헬라어를 알아야 할 필요는 없다. 그 말은 우리가 사용하는 '괴로워하다.'라는 뜻의 영어 단어(agonize)의 어원이다. 골로새인들의 필요를 분명히 알고 있었던 에바브라는 그가 사랑하는 이 사람들을 위해 기도하는 일이 참으로 힘든 일이라는 것을 깨달았다. 그것은 훈련과 심지어 고통까지도 수반했다.

나이 많은 내 북아일랜드 출신 친구는 정말 에바브라를 **빼닮은** 삶을 살았다. 그는 은행원이었으며, 켈트인들이 '우스꽝스럽다.'라고 할 유머 감각을 지녔고 평생 독신으로 지냈다. 왜 결혼을 안 했느냐고 물을 때마다 그가 하는 대답은 늘 똑같았다. "음, 맘에 드는 사람은 전혀 불가능했고, 가능한 사람은 전혀 맘에 들지 않았거든요!"

고등학생 소년들에게 성경을 가르쳤던 그는, 그 일을 하기 위해 더 나은 직장도 일체 사양했다. 그가 가르친 많은 소년들은 여러 직업에서 두각을 나타냈고, 상당히 많은 사람이 목회자가 됐다. 그는 그들을 지켜보며 사역에 관심을 가지고 지속적으로 격려했다. 그리고 그들을 위해 기도했다.

그가 죽었을 때 그의 집에 들어가기 위해 경찰을 불러야만 했는데, 사람들은 그가 무릎을 꿇고 있는 것을 발견했다. 그의 곁에는 그가 가르친 소년들의 기도 목록이 있었다.

에바브라 같은 남녀들의 회중, 그런 교회는 소속할 만한 가치가 있는 교회일 것이다. 그렇지 않겠는가?

그리고 그렇다면 그것은 우리도 다른 사람들을 위한 힘겨운 노력, 기도하기를 배우는 일과 관련된 노력에 기꺼이 참여해야 한다는 것을 함축하지 않는가?

우리는 에바브라처럼 영적인 성숙이 두드러진 사람들에 대해 읽는다. 하지만 우리 대부분은 우리가 얕은 물에 살고 있다고 느낀다. 우리에게 필요한 것은 더 나은 훈련이 아니라 시작하게 하거나 지속하도록 도움을 받는 일이다. 우리 같은 보통 교인들에게 도움이 될 수 있는 것이 있을까?

주님은 우리에게 두 가지 기본적인 도움을 주신다. 첫째는, 우리가 시작하도록 도와주는 기도요, 그다음은 우리가 지속하도록 도와주는 교제다.

시작하도록 도와주는 기도

바로 여기서 우리 주님의 유명한 가르침이 우리를 돕는 일에 진가를 발휘한다. 이전 시대에는 모든 그리스도인이 십계명 및 사도신경과 함께 주기도문을 외우고 사용하는 것이 당연한 일이었다. 오늘날에도 주기도문은 사람들이 외우고 있어야 할 신약의 한 부분이다. 우리 대부분은 마태가 산상수훈에 기록해 놓은 주기도문의 어법에 친숙하다.

"그러므로 너희는 이렇게 기도하라

하늘에 계신 우리 아버지여

이름이 거룩히 여김을 받으시오며

나라가 임하시오며

뜻이 하늘에서 이루어진 것같이 땅에서도 이루어지이다

오늘 우리에게 일용할 양식을 주시옵고

우리가 우리에게 죄지은 자를 사하여 준 것같이

우리 죄를 사하여 주시옵고

우리를 시험에 들게 하지 마시옵고

다만 악에서 구하시옵소서…"(마 6:9-13).

누가는 예수님이 기도하시는 것을 듣고 한 제자가 "…주여 요한이 자기 제자들에게 기도를 가르친 것과 같이 우리에게도 가르쳐 주옵소서"(눅 11:1)라고 요청했을 때, 예수님이 똑같은 기도를 또 가르치셨다고 말한다.

우리 주님은 대부분의 사람이 기도하는 법을 배울 때 (중요하기는 하지만) 일련의 원리를 배우거나 조직 신학 교과서의 기도에 대한 장을 읽어서 배우는 것이 아니라 모범과 실례를 통해 배운다는 것을 알고 계셨다. 이 특정한 제자는 예수님이 어떻게 기도하시는지 들음으로써 이미 그의 마음에 갈망이 불타올랐다. 아마도 "나도 저렇게 기도할 수 있었으면 좋겠다."라고 혼잣말을 하지 않았을까?

이제 예수님은 그에게 기도의 말도 알려 주셨다. 그러나 이 말들은 말에 그치는 것이 아니었다. 아마도 구주는 단지 그가 이 말을 암기해서 그대로 말하게 하실 작정은 아니셨을 것이다(이 기도문은 아주 천천히 반복해도 1분이 채 안 걸린다).

아니, 예수님은 그에게 도움이 될 출발점, 개요, 간단한 예를 주고 계시는 것으로 보인다. 주님의 기도는 요약된 기도다. 예수님은 마치 이렇게 말씀하고 계시는 것처럼 보인다. "여기, 이 말들을 외워라. 그러면 그것이 반드시 네가 기도를 시작하도록 도와줄 것이다."

우리 할머니 시대에는 박하사탕이 인기가 있었다. 어렸을 때 내게 인상적이었던 것은 정말 연로하신 분들이 박하사탕 하나를 아주 오래 빨아 드실 수 있다는 것이었다. 그들은 오래…오래…정말 오래 빨아 드셨다! 반면에 나는 박하사탕을 깨물어 먹었다. 사탕 하나가 결코 오래가지 못했다.

때때로 사람들은 주님의 기도를 깨물어 먹는다. '내 기도를 암송하는 것'은 기도문을 서둘러 반복하는 것을 의미한다. 30초 만에 기도를 끝내고 다음날을 기약하며 털고 일어나는 것이다. 그러나 그것은 주기도문을 오용하는 것이다.

우리는 주기도문의 각 문구를 오래 음미하며, 그것을 우리 자신의 말을 위한 촉매제로 사용해야 한다. 그렇게 하면, 기도로 하나님의 얼굴을 구할 때 우리가 표현해야 할 모든 것의 출발점을 이 몇 마디의 말씀이 정말 놀라운 방식으로 우리에게 제공해 준다는 것을 발견하게 될 것이다.

- **하늘에 계신 우리 아버지여** 우리는 하나님의 임재에 나아갈 수 있는 특권을 갖고 있습니다.
- **하늘에 계신 우리 아버지여** 우리는 우리가 하나님의 가족에 속해 있다는 것을 의식합니다.
- **이름이 거룩히 여김을 받으시오며** 우리는 하나님이 공경과 예배를 받으시는 것을 보기 원합니다.
- **나라가 임하시오며** 우리는 우리의 삶과 세상 가운데서 하나님의 통치를 보기 원합니다.
- **뜻이 하늘에서 이루어진 것같이 땅에서도** 우리는 하나님이 하늘에서 온전히 예배를 받으신다는 것을 알며, 우리도 그렇게 예배하기를 원합니다.
- **뜻이 이루어지이다** 우리는 하나님이 주님이심을 인정하며 그분의 뜻과 말씀과 섭리에 복종하기를 원합니다.
- **오늘 우리에게 일용할 양식을 주시옵고** 우리는 하나님께 모든 것을 의존하며, 매일 우리의 필요를 채워 주시기를 구합니다.
- **우리가 우리에게 죄지은 자를 사하여 준 것같이** 우리는 죄인이 용서받은 표시는 다른 죄인들을 용서하는 것임을 압니다.

- **우리 죄를 사하여 주시옵고** 우리는 우리가 죄를 지었음을 고백하고 용서를 구합니다.
- **우리를 시험에 들게 하지 마시옵고** 우리는 우리가 참으로 연약하며 참으로 쉽게 유혹에 빠진다는 것을 인정합니다.
- **다만 악에서 구하시옵소서** 우리는 영적인 원수들과 위험에서 우리를 보호하고 벗어나게 해주시는 하나님의 은혜를 구합니다.

이 각각의 간구는 자연스레 우리 자신이 드리는 경배와 고백과 감사의 기도, 간구와 도고의 자극제와 발사대가 된다. 우리의 영적인 경험이 자라감에 따라 우리는 이 주님의 기도를 사용하는 방식에서도 우리 자신이 성장하는 것을 발견해야 한다. 물론, 기도는 여전히 종종 싸움이 될 것이다. 즉 시간을 확보하기 위한 싸움, 방황하는 생각과의 싸움, 또는 우리를 짓누르는 부담들로 인한 싸움이 될 것이다. 그러나 우리는 기도하는 법을 배우게 될 것이다. 또한 우리가 주님의 기도를 활용하는 일의 끝을 결코 보지 못했다는 것을 깨닫게 될 것이다.

그런데 중요한 도움이 또 하나 있다.

지속하도록 도와주는 교제

우리는 '내 아버지'가 아니라 '우리 아버지'라고 기도한다. 우리가 고립된 개인이 아니라 하나님의 가족의 일원으로 그리스도 안에서 하나님께 나아가기 때문이다.

신약에서 일인칭 단수 대명사를 사용해 하나님을 실제로 자기 아버지라고 부르는 사람은 주 예수님뿐이다.[10] 주님의 기도는 우리가 하나님께 말할 때 일인칭 복수(우리 아버지)를 사용하라고 가르친다. 이는 우리가 고립된 개인이 아니라 하나님의 가족의 일원으로 하나님께 나아간다는 심오한 직감을 불러일으킨다.

뒤에서 복음 전도와 관련해서도 보겠지만, 그리스도인들은 기도를 지나치게 개인적인 영역으로 생각하도록 권장을 받아 왔을 수 있다. 따라서 우리는 기도의 공동의 차원을 놓치는 경향이 있다.

이와 대조적으로, 예루살렘 초대 교회에 대한 누가의 묘사는 기도가 공동의 행위였다는 것을 강조한다. 의심할 여지 없이 초대 교회 신자들은 개인적으로 기도했다. 그런데도 그들이 기도하기 위해 모였다는 것이 강조된다. 누가는 초대 교회 시절을 녹화한 일종의 비디오를 우리에게 보여주면서, 이 점을 강조하기 위해 자주 일시 정지 버튼을 누른다.

"여자들과 예수의 어머니 마리아와 예수의 아우들과 더불어 마음을 같이하여 오로지 기도에 힘쓰더라"(행 1:14).

"그들이 사도의 가르침을 받아 서로 교제하고 떡을 떼며 오로지 기도하기를 힘쓰니라"(행 2:42).

---

[10] 예수님은 자주 하나님을 '내 아버지'라고 부르신다. 십자가에서 버림받음에 대해 부르짖으실 때, 한 번만 '나의 하나님'이라고 부르신다. 바울도 성도들의 필요를 채워주시는 하나님을 언급할 때 '나의 하나님'이라는 표현을 사용한다(빌 4:19). 이 두 용법은 서로 관계가 있다. 우리가 가장 절실한 필요에 처할 때 하나님은 자기 아들(우리를 위해 십자가에서 죽어 가면서 가장 절실한 필요를 느끼는 때를 맞으셨던)에게서 얼굴을 돌리심으로 우리의 필요를 채우신다.

"제 구 시 기도 시간에 베드로와 요한이 성전에 올라갈새"(행 3:1).

"그들이 듣고 한마음으로 하나님께 소리를 높여 이르되 대주재여 천지와 바다와 그 가운데 만물을 지은 이시요 또 주의 종 우리 조상 다윗의 입을 통하여 성령으로 말씀하시기를 어찌하여 열방이 분노하며 족속들이 허사를 경영하였는고 세상의 군왕들이 나서며 관리들이 함께 모여 주와 그의 그리스도를 대적하도다 하신 이로소이다 과연 헤롯과 본디오 빌라도는 이방인과 이스라엘 백성과 합세하여 하나님께서 기름 부으신 거룩한 종 예수를 거슬러 하나님의 권능과 뜻대로 이루려고 예정하신 그것을 행하려고 이 성에 모였나이다 주여 이제도 그들의 위협함을 굽어보시옵고 또 종들로 하여금 담대히 하나님의 말씀을 전하게 하여 주시오며 손을 내밀어 병을 낫게 하시옵고 표적과 기사가 거룩한 종 예수의 이름으로 이루어지게 하옵소서 하더라 빌기를 다하매 모인 곳이 진동하더니 무리가 다 성령이 충만하여 담대히 하나님의 말씀을 전하니라"(행 4:24-31).

"우리는 오로지 기도하는 일과 말씀 사역에 힘쓰리라 하니"(행 6:4).

"이에 베드로는 옥에 갇혔고 교회는 그를 위하여 간절히 하나님께 기도하더라"(행 12:5).

초대 그리스도인들이 기도를 촉진하는 커다란 격려를 발견한 것은 이런 상황에서였다. 오늘날 우리에게도 그런 격려가 필요하다.

어떤 면에서 우리에게는 기도를 촉진하는 훨씬 더 많은 격려가 필요할 수 있다. 우리가 정직하다면, 아마 우리는 교회에서 우선순위를 정할 때 기도라는 주제가 종종 '언급하기 꺼리는 문제'라는 것을 인정할 것이다. 이것은 단지 개인적인 차원에서만 그런 것이 아니다. ("요즘 어떻게 기도하시나요?"라는 질문은, 만일 교회 리더들이 우리에게 한 사람씩 질문한다면 도에 지나친 것처럼 여겨질 수 있거나, 적어도 그 대답들은 정신이 아주 번쩍 들게 하는 것일 수 있다.) 이것은 교회가 공동 기도회로 모일 때도 특히 그렇다. 어쩌면 많은 교회에서(아마 대부분의 교회에서) 공동 기도회는 참석률이 가장 저조한 모임 가운데 하나일 것이다.

어느 교회에 초청받은 설교자가 때때로 제일 먼저 받는 것 가운데 하나는 이런저런 종류의 주보다. 이런 주보 가운데는 또한 그 주간의 교회 행사에 대한 광고가 들어 있다. 내가 언제나 제일 먼저 살펴보는 것은 불러야 할 찬송이 아니라 이 회중이 언제 기도하기 위해 모이는가 하는 것이다. 수년 동안 많은 교회를 살펴보면서, 나는 회중이 함께 기도하기 위해 모이는 때가 교회의 일정에 없다는 것을 알아차렸다. 혹은 기도 모임에 관해 물어보면, 참석이 저조하다거나 정말로 참석을 가장 안 하는 모임이라는 말들을 할 것이다.

하지만 어느 교회에서나 "우리는 기도를 믿는다."라고 말한다.

그런데 어쩌면 이 말이 근본적인 문제를 보여주는 증상일 수 있다. 우리가 하나님이 기도를 들으시고 응답하신다는 것을 믿을 수는 있지만, 만일 우리가 '기도를 믿는다면' 우리의 믿음은 잘못된 것이다. 그러면 우리는 여전히 '우리가 할 수 있는 것'을 믿는 것이다. 우리는 하나님의 필요성을 깊이 깨닫거나 느끼고, 기도가 우리의 강함이 아니라 약함을 표현하는 것이라는 사실을 깨달은 결과, 우리 자신에게 종말을 고하는 데까지 아직 이르지 못한 것이다. 그러므로 교회가 함께 하나님의 도우심을 구하며 하나님께 부르짖기 위해 모이지 않는 것은 그리 놀랄 일이 아니다. 우리의 필요를 깨닫고, 알고, 느끼는 일은 우리의 우선순위가 바뀌게 할 것이다.

사려 깊은 그리스도인들은 우리의 교회들에서 공동 기도를 명백히 소홀히 하는 오늘날의 이런 현상 때문에 매우 혼란스러워한다. 때때로 우리가 짓는 거대한 건물들과 주일 오전에 모이는 많은 회중에 대해 그들이 의문을 품는 것도 무리가 아니다. 만일, 예배 중에 드리는 기도 말고, 그런 계획 전체가 기도 없이 이루어졌다면 거기에 무슨 실질적인 의미가 있을까? 왜 이런 걱정을 하는가? 기도하지 않는 것은 실질적인 무신론이기 때문이다.

지혜로운 교회 리더들은 21세기에 사는 우리의 삶의 구조가 100년 전과 아주 다르고 훨씬 더 복잡하다는 것을 깨닫는다. 그들은 신약성경에 "너희는 수요일 밤에 주중 기도회를 할지어다."라고 말하는 명령도 없고 모범도 없다는 것을 안다. 동시에 함께 기도하는 일이 신약의 교회에 얼마나 중요했는지도 안다.

어떤 이유로든, 중심이 되는 큰 모임을 갖는 것이 비실제적일 수도 있다. 그렇다면 한 주의 중간이든지 예배 후나 이른 아침이든지, 교회 성경 공부나 다른 소그룹 모임 때든지, 공동으로 기도할 기회를 주간에 여기저기 마련할 방도를 찾아야 한다.

기도하기 위해 함께 모이지 않는 교회는 틀림없이 무언가를 잃어버린다. 다른 고려 사항들은 제쳐 놓더라도, 당신이 교회를 알고 동료 신자들의 마음을 알 수 있는 이보다 더 좋은 방법은 없다. 우리 교회가 아무리 기도에 초점을 맞춘다고 해도, 우리는 이 패턴을 따라야 한다. 즉 우리는 '함께' 기도해야 한다.

은퇴할 때까지 은행원으로 종사한 한 장로님의 말에 깊은 감명을 받았던 일이 생각난다. 그는 교회가 공동 기도회를 여는 수요일 저녁에 몇 번은 "기도회에 억지로 참석해야 했다."라고 내게 말했다. 나는 그가 정말 존경스러웠다. 그는 기도가 일이라는 것을 이해했다. 그리고 그 모임들이 (특히 그가 참석했기 때문에) 정말 생기 있고 영적으로 도움이 되는 시간이 됐기에, 나는 그에게 이렇게 말할 수 있었다. "예, 그런데 끝나고 집에 가실 때는 보통 억지로 가지 않으셨지요? 그것이 우리가 경험한 축복이에요!"

내 친구 장로님처럼, 나도 종종 기도회에 참석하는 것이 힘든 규율이며 (미루면 기도하기가 더 쉽지 않다는 것을 당신이 잘 알고 있다는 사실을 제외하면) 다음 주까지 쉽게 미룰 수 있는 과제라는 것을 발견한다.

효과적인 업무 실행에 대해 가르쳐 주는 매뉴얼마다 당신에게 무엇을 말하는지 기억하는가? '어려운 일을 먼저 하라. 그런 일들에 우선순위를 두라.'

도움이 될지 모르겠지만, 내 경험상 공동 기도 시간에 규율에 따라 충실하게 참석하면 그 시간이 당신이 참석하는 최고의 모임이자 가장 중요한 모임으로 서서히 바뀔 수 있다. 다른 고려 사항들은 제쳐 놓더라도, 그리스도인 친구의 마음에 있는 짐에 대해 듣는 특권은 함께 커피를 마시는 것보다 그들을 알기 위한 더 좋은 방법이다! 삶의 다른 상황에서는 신자가 자기들의 필요와 갈망을 하나님과 나눌 때 나타나는 그런 종류의 말을 들을 수 없을 것이다. 교회의 심장부에 들어가는 가장 빠른 길은 교회가 기도할 때 그들과 함께하는 것이다.

때때로 사역자들과 설교자들은 다른 누군가처럼, 어쩌면 과거의 위대한 설교자처럼 설교할 수 있기를 바라는 몽상에 빠진다. 침례회 사역자는 찰스 해든 스펄전(Charles Haddon Spurgeon, 1834-1892)처럼 설교할 수 있기를 꿈꿀지 모른다. 그러나 실제로 스펄전처럼 설교하기 위해서는 스펄전의 비결을 발견해야 할 것이다.

한번은 스펄전이 사역했던 런던의 메트로폴리탄 태버너클 교회를 방문한 사람이 스펄전에게 그 비결을 물어보았다. 그들이 교회 건물에 있는 한 문에 이르렀을 때, 스펄전이 "그 비결은 이 안에 있습니다."라고 말했다. 그런 다음 스펄전은 그 문을 열었다. 그것은 기도실로 들어가는 문이었는데, 거기에는 1,200명 정도의 사람들이 그의 설교 사역을 기도하기 위해 모여 있었다.

이는 그 교회가 기도하는 일과 말씀 사역에 전념한(행 6:4) 참으로 사도적인 교회라는 것을 보여주었다. 정말 감격스러웠을 것이다! 그렇지만 거기에 참석한 이들 가운데 많은 사람은 일을 마치고 피곤한 가운데 억지로 그 자리에 갔음이 틀림없다. 그러나 집에 돌아갈 때는, 일 때문에 피곤한 상태로 집에 간 사람이 거의 없었을 것이다!

> 기도는 영혼의 진실한 갈망,
> 말로 표현되거나 표현되지 않는,
> 감추어진 불의 움직임,
> 가슴 속에서 진동하고 있는.

기도는 탄식의 무거운 짐,
눈물의 낙수.
아무도 없이 하나님만 곁에 계실 때,
위를 바라보는 시선.

기도는 가장 단순한 언어,
유아의 입술에서 나올 수 있는.
기도는 가장 숭고한 선율,
높이 계신 존엄하신 왕께 이르는.

기도는 그리스도인의 생명의 호흡,
그리스도인의 본향의 공기.
사망의 문에서 외치는 암호,
그는 기도로 천국에 들어간다네.

기도는 통회하는 죄인의 음성,
자기의 길에서 돌이키는.
천사들이 찬양하고 즐거워하며
"보라, 그가 기도한다!" 외치는구나!

성도들은 기도로 하나가 되네,
말과 행위, 그리고 마음이.
그들이 성부 성자와 더불어

즐거운 교제를 나눈다네.

사람은 혼자서 기도할 수 없고
성령님이 간구하시네.
예수님도 영원한 보좌 위에서
죄인들을 위해 중보하시네.

오 주님, 우리가 하나님께 나아갑니다.
생명과 진리, 길이신 주님 힘입어.
주님이 기도의 길을 가셨사오니
주님, 우리에게 기도를 가르치소서.

제임스 몽고메리(James Montgomery, 1771-1854)

Devoted to God's Church
Core Values for Christian Fellowship

09

섬김

그리스도의 본을 따라
섬기라

우리는 때로 사랑은 맹목적이라고 말한다. 그렇지만 성경의 지혜가 우리의 생각에 스며들면, 우리는 정상 시력에 더 가까운 것을 발전시킨다. 그뿐 아니라 육신의 가족 안에서와 마찬가지로, 교회의 가족이 나누는 사랑의 교제 가운데서 다른 사람의 필요를 감지하고 그 필요를 채워 줄 방법을 찾는 법을 천천히 흡수하듯이 배운다. 그러므로 그리스도인이 되는 것, 그리고 교회에 소속하는 것은 기꺼이 섬기기를 원하고 간절히 바라는 것을 의미하며, 나아가 실제로 섬기는 것을 의미한다.

어떤 일들은 작은 사건이지만 우리의 기억에 남아서 평생의 교훈을 우리에게 가르치는 식으로 점점 커지는 것 같다.

몇 년 전, 나는 한 결혼식에 참석했다가 이어진 저녁 식사 자리에 앉아 있었다. 식사가 잘 진행되고, 하객들은 서로 대화를 나누고, 모든 일이 순조로워 보였다. 그런데 갑자기 연회실이 일시에 놀람과 침묵에 빠졌는데, 늘 그렇듯이 접시 깨지는 소리 때문이었다. 우리 식탁 바로 곁에서, 시중드는 사람 하나가 미끄러진 것이었다. 접시들이 사방에 널려 있었다. 나머지 직원들은 아무 일도 없었던 것처럼 일을 계속했다(아마 그렇게 하도록 교육을 받았을 것이다. 그렇지 않으면 피로연 전체가 중단될 수도 있었다).

나는 옆에 앉은 오랜 친구(공교롭게도 장로교 목사)를 바라보며, 아무 생각 없이 "누군가 저 불쌍한 여종업원을 도와줘야 할 텐데!"라고 말했다.

그가 나를 바라보았다(그의 입술에 단어가 생성되기 시작하면서 살짝 미소가 흐르는 것을 감지했었던가?). 그리고는 조용히 말했다. "그래? 누군가? 나는 아니고 다른 누군가라는 말이지?"

제대로 야단을 맞은 나는 자리에서 일어나 도움이 될 만한 일을 하려고 애썼다. 나 자신을 변호하기 위해 자발적으로, 좋은 마음으로 이 일을 했다고 말할 수도 있을 것이다. 그러나 안타깝게도 내 친구의 부드러운 지적이 없었다면, 나는 아무 일도 하지 않았을 것이다. 어쨌든 '누군가'는 일반적으로 '누군가 다른 사람'을 의미한다.

만일 내가 "그런데 내가 바로 그 결혼식의 신랑이었어요."라는 말로 절정을 장식했다면, 당연히 이 예화는 훨씬 더 극적이었을 것이다. 이 경우는 그렇지 않았다.

그런데 흥미롭게도 요한은 축하 식사 자리에서 일어날 수 있는 사고를 수반한 두 사건을 기술하고 있다. 하나는 예수님의 공생애 시작에, 다른 하나는 끝에 일어난 일이었다.

첫 번째 사건은 요한복음 2장 1–11절에 나오는데, 그때 예수님은 결혼식 잔치에 가셔서 도움을 주셨다. 두 번째 사건은 유월절을 기념하는 식사를 드시기 위해 예수님이 사도들과 함께 모여 있던 다락방에서 일어났는데, 이 사건은 요한복음 13장 1–17절에 기술되어 있다.

이 두 번째의 경우에, 예수님은 훨씬 주목할 만한 많은 방식으로 무언가를 하셨다. 요한복음 2장에서는 예수님이 신랑을 도와주셨다. 그러나 요한복음 13장에 기술된 사건에서는 예수님이 바로 신랑이셨다 (마 9:15; 요 3:29).

"유월절 전에 예수께서 자기가 세상을 떠나 아버지께로 돌아가실 때가 이른 줄 아시고 세상에 있는 자기 사람들을 사랑하시되 끝까지 사랑하시니라 마귀가 벌써 시몬의 아들 가룟 유다의 마음에 예수를 팔려는 생각을 넣었더라 저녁 먹는 중 예수는 아버지께서 모든 것을 자기 손에 맡기신 것과 또 자기가 하나님께로부터 오셨다가 하나님께로 돌아가실 것을 아시고 저녁 잡수시던 자리에서 일어나 겉옷을 벗고 수건을 가져다가 허리에 두르시고 이에 대야에 물을 떠서 제자들의 발을 씻으시고 그 두르신 수건으로 닦기를 시작하여…그들의 발을 씻으신 후에 옷을 입으시고 다시 앉아 그들에게 이르시되 내가 너희에게 행한 것을 너희가 아느냐 너희가 나를 선생이라 또는 주라 하니 너희 말이 옳도다 내가 그러하다 내가 주와 또는 선생이 되어 너희 발을 씻었으니 너희도 서로 발을 씻어 주는 것이 옳으니라 내가 너희에게 행한 것같이 너희도 행하게 하려 하여 본을 보였노라 내가 진실로 진실로 너희에게 이르노니 종이 주인보다 크지 못하고 보냄을 받은 자가 보낸 자보다 크지 못하나니 너희가 이것을 알고 행하면 복이 있으리라"(요 13:1-5, 12-17).

이 순간들은 틀림없이 사도들을 놀라게 했을 것이다. 그러나 요한은 예수님의 행동과 말을 떠올리면서, 자기가 두 가지 차원에서 사건을 목격했다는 것을 깨달았다. 한 차원은 그날 밤에 이해했지만, 또 다른 차원은 깨닫는 데 시간이 걸렸을 것이다. 요한은 복음서를 기록하게 되었을 때, 그 사건을 서술하면서 이 두 차원을 함께 엮어 냈다.

요한이 나중에야 깨달을 수 있었던 심오한 차원에서, 제자들의 발을 씻기신 예수님의 행위는 복음을 보여주는 일종의 극적인 비유였다. 요한은 예수님의 마음속에서 어떤 일이 일어나고 있었는지 우리에게 말해 준다. 그것은 바로 바울이 빌립보서 2장 5-11절에서 말했던 것이었다. 실제로 예수님의 행위에 대한 요한의 서술과 바울의 진술 사이에는 깨달음을 주는 유사점이 있다. 이것은 둘 다 바울이 예수 그리스도의 '마음'이라고 부르는 것을 보여주는데(빌 2:5), 이는 그리스도인들에게서도 나타나야 할 점들이다.

요한	바울
예수는 아버지께서 모든 것을 자기 손에 맡기신 것과 또 자기가 하나님께로부터 오셨다는 것을 아시고	그는 근본 하나님의 본체시나
저녁 잡수시던 자리에서 일어나	하나님과 동등됨을 취할 것으로 여기지 아니하시고
겉옷을 벗고	자기를 비워
수건을 가져다가 허리에 두르시고	종의 형체를 가지사
이에 대야에 물을 떠서 제자들의 발을 씻으시고 그 두르신 수건으로 닦기를 시작하여	사람의 모양으로 나타나사 자기를 낮추시고 죽기까지 복종하셨으니 곧 십자가에 죽으심이라
그들의 발을 씻으신 후에 옷을 입으시고 다시 앉아	이러므로 하나님이 그를 지극히 높여 모든 이름 위에 뛰어난 이름을 주사

그런데 또 다른 차원, 어떤 의미에서는 더 평범한 차원에서, 예수님은 제자들에게 하나님의 가족 안에서의 서로의 관계에 대한 기본적인 교훈을 가르치고 계셨다.

"내가 주와 또는 선생이 되어 너희 발을 씻었으니 너희도 서로 발을 씻어 주는 것이 옳으니라"(요 13:14).

그리스도의 마음

성경에서 '마음'(mind)이라는 용어는 영어에서 그 말이 지닌 의미보다 훨씬 다양한 뉘앙스를 표현할 수 있다.

때로 우리는 지성의 개념을 나타내는 데 그 말을 사용한다("그는 뛰어난 마음을 소유했다"). 다른 때에는 태도를 나타내는 데 그 말을 사용한다("만일 제가 이 일을 하면 마음이 언짢으실까요?" 이때 '마음'은 실제로 지성이 아니라 태도를 의미한다). 또 그 말은 감정이나 욕구, 성향을 나타내기도 한다("오늘 골프 칠 마음 있어?"). 심지어 우리는 어떤 사람에 대한 돌봄이나 보살핌을 표현하는 데 '마음'이라는 말을 사용하기도 한다("내가 심부름하는 동안 우리 아이에게 마음 좀 써 줄래?").

'마음'의 정확한 의미는, 다른 모든 말처럼 구체적인 상황에서 그 말을 어떻게 사용하느냐에 달려 있다.

그리스도의 마음에 대해 말할 때, 바울이 염두에 두고 있는 것은 우리 주님의 지성이 아니라 예수님이 자신에 대해 어떻게 생각하셨는가 하는 것이다. 즉 그분 자신의 삶에 대한 예수님의 태도다. 요한은 예수님이 십자가에 달리시던 날 제자들의 발을 어떻게 씻기셨는가를 묘사하면서, 제자들은 물론 그분 자신에 대한 예수님의 마음, 즉 예수님의 태도를 묘사한다.

예수님은 자신이 하나님의 아들이시라는 것, 그리고 하나님의 영광을 버리고 세상에 오셔야 했다는 것을 인식하고 계셨다. 예수님은 아버지가 만물을 자신의 권위 아래 두셨다는 것, 그리고 자신이 하나님에게서 왔으며 하나님에게로 돌아간다는 것을 알고 계셨다. 조금 뒤에 예수님이 드리신 기도(요 17장)는 이런 사실을 아주 분명하게 보여준다.

예수님은 자신의 영광스러운 신분을 충분히 인식하신 채 식탁에서 일어나서, 대야에 물을 부으시고, 제자들에게 다가가 한 사람씩 발을 씻기셨다.

우리는 단순히 어떤 일이 일어나고 있었는지 이 사건의 정황을 통해 추측할 수 있을 것이다. 하지만 추측하지 않아도 된다. 누가는 다락방에서 제자들이 자리를 놓고 다툼을 벌였다고 우리에게 말해 준다(눅 22:24-27). 더구나 이번이 처음도 아니었다(눅 9:46).

여전히 그런 태도가 남아 있는 분위기에서 예수님이 제자들과 함께 방해받지 않고 마지막 식사를 하실 수 있도록 미리 준비되어 있었던 다락방에 도착하자, 일반적으로 집의 하인이 할 법한 일을 기꺼이 하려는 사람이 제자들 가운데 아무도 없었다. 그들은 동료 제자들 앞에 무릎을 꿇고 발을 씻어 주는 약간의 겸손함을 보이기보다 발을 씻지 않은 채 제각각 식탁에 앉았다.

예수님이 낮은 식탁에서 일어나시고 무슨 일을 하시려는 것인지 분명해졌을 때는 정말 놀라운 순간이었을 것이다. 아마 베드로만이 큰 소리로 투덜대며 특유의 혼란스러워하는 방식으로 항의했던 것 같다(요 13:6-9). 하지만 방 안에 있던 모든 사람이 그 일이 부적합하다는 것을 느꼈을 것이다.

그런데 모든 사람이 그랬을까? 아니, 아마도 두 사람은 예외였을 것이다. 예수님은 자신이 하시려는 일을 완전히 이해하고 계셨다. 또 가룟 유다는 이제 마음이 너무 굳어져서 개의치 않았을 것이다.

예수님은 영예로운 자리에서 일어나, 겉옷을 벗으시고, 허리에 수건을 두르신 다음, 열두 제자의 발을 씻기고 물기를 닦아 주셨다.

열둘이라고? 잘못 썼거나 계산을 잘못한 것 아닌가? 열하나가 아닌가? 유다는 **빼는** 것이 맞지 않을까?

아니다. 유다도 포함된다. 요한의 내러티브는 유다가 여전히 그 방에 있었다는 것을 암시한다.[1] 얼마나 놀라운 장면인가! 영광의 주님이 배신자의 발아래 무릎을 꿇고 계시다니! 참으로 예수님은 그들을 끝까지 사랑하셨다. 네덜란드의 뛰어난 신약학자인 헤르만 리델보스(Herman Ridderbos)는 이것을 다음과 같은 말로 아름답게 표현했다. "그것은 마지막 숨을 거둘 때까지 하신 사랑이요, 가장 강렬한 사랑이었다."[2]

여기서 예수님은 종의 마음을 보여주시며, 요한은 '그리스도의 마음'에 들어 있는 것이 무엇인지를 묘사한다. 그리고 여기서 우리는 다른 사람들을 섬기는 삶의 기본 패턴을 배운다.

예수님은 필요한 것이 무엇인지를 보셨다

'누군가'는 제자들의 발을 씻어 주어야 했다. 예수님은 그 필요를 보셨고 필요한 일을 행하셨다.

---

1) 요한복음 13장 21-30절은 이 점을 분명히 한다.
2) H. N. Ridderbos, *The Gospel of John, A Theological Commentary*, trans. John Vriend (Grand Rapids: Eerdmans, 1997), p. 452. Dutch ed. (Kampen: J. H. Kok, 1987, 1992).

그것은 우리가 기계적으로 배울 수 있는 것이 아니다. 그것은 공식이 아니라 마음에서 나온다. 그것은 시스템이 아니라 라이프 스타일이다.

어떤 그리스도인들은 이 방면에 특별히 은사가 있는 것처럼 보인다. 손재주가 좋은 천성적인 능력을 지닌 사람들이 있듯이, 이들은 다른 사람들의 개인적인 필요와 관련된 문제 해결에 비범한 소질을 지니고 있다. 아마 이것이 바울이 말한 '돕는 것'일 것이다(고전 12:28).

만일 그렇다면, 다른 모든 은사처럼 그것은 자발적이고 겸손한 태도와 힘겨운 수고(다른 사람들을 돕기 위해 실제로 은사를 발휘하는 것)라는 특성을 포함한다.

예수님은 취할 권리가 있는 자리를 기꺼이 떠나셨다

이는 다른 사람들을 섬기기 위해서였다. '그리스도의 마음'은 또한 '그리스도의 뜻'을 포함한다. 우리는 그저 보기만 하는 것이 아니라 행함으로써 예수님이 보이신 섬김의 모범을 따른다. 예수님에게는 "누군가가 해야 하지만, 나는 아냐."라는 태도가 없었다.

예수님은 아주 하찮은 일을 하실 준비가 되어 있으셨다

이는 예수님이 훨씬 큰 겸손의 행위에 헌신하고 계셨기 때문이었다. 이것이 겸손의 특징이다. A를 할 준비는 되어 있지만, B를 하기 위해 몸을 더 굽히지 않는다는 것은, 아직도 그리스도의 마음이 아니라 교만이 우리를 지배하고 있다는 것을 의미한다.

여기서 우리 주님의 사고방식을 좌우하는 것이 무엇이었을까? 바로 이것이다. 예수님은 제자들을 위해 죽으려고 세상에 오셨으므로, 제자들의 발을 씻어 주는 것은 사소한 일이었다. 다시 말해, 이 겸손한 행위는 우리 죄를 위해 십자가에서 수치를 당하시려고 하나님을 떠나오신 일과 비교하면 작은 일이었다. 그것이 제자들을 섬기는 일에 대한 예수님의 사랑의 헌신을 보여주는 척도였다. 갈보리에서 기꺼이 옷 벗김과 수치를 당하실 것이기에, 예수님이 다락방에서 옷을 벗고 자기를 낮추신 일은 작은 일이었다.

여러 해 전에 젊은 그리스도인들 사이에 'WWJD'라는 글자가 인쇄되거나 새겨진 손목 밴드를 착용하는 것이 유행이었다. 그 글자는 '예수님이라면 어떻게 하셨을까?'(What Would Jesus Do?)를 의미했다. 유행이 다 나쁜 것만은 아니다. 이 유행에는 확실히 좋은 점이 많았다. 예수님이 우리의 모범이시기 때문이다(요 13:13-15).

그런데 사실은 'WWJD'와 함께 'WWJT', 즉 '예수님이라면 어떻게 생각하셨을까?'(What Would Jesus Think?)라는 글자가 새겨진 두 번째 손목 밴드가 나왔어야 할 것이다. 왜냐하면, 그리스도가 하셨을 일을 하는 것은 그리스도의 마음을 갖는 데 달려 있기 때문이다. 우리는 예수님이 생각하시는 대로 생각해야 하는데, 이는 우리가 성령님을 통해 예수님과 연합되어 있기 때문이다.

우리의 행동 중심에는 우리의 사고방식이 자리하고 있다. 우리가 이미 본 것처럼, "거룩한 삶의 비결은 마음에 있다."[3) 그것은 예수님에게도 마찬가지였다. "인자가 온 것은 섬김을 받으려 함이 아니라 도리

---

3) John R. W. Stott, *Men Made New* (London: IVP, 1966), p. 50. 후에 로마서 주석에서 존 스토트(John R. W. Stott)는 이런 확신을 사소하게 약간 수정하여 되풀이한다. "거룩한 삶의 '중요한' 비결은 마음에 있다." John R. W. Stott, *Romans* (Downers Grove: IVP, 1994), p. 180.

어 섬기려 하고 자기 목숨을 많은 사람의 대속물로 주려 함이니라"(마 20:28)라고 하신 말씀은 예수님의 마음의 경향을 표현하신 것이었다. 다시 말해, 예수님의 마음의 전체 성향은 기꺼이 다른 사람들의 종이 되는 것이었다.

정말 깊은 감동을 (그리고 자극을) 주는 것은 주님이신 예수님이 발아래에서, 즉 배신자를 포함한 제자들 각자의 발아래에서 시작할 준비가 되어 있으셨다는 것이다.

이것이 주님이 가신 길이라면, 제자들도 주님을 따라가야 하지 않겠는가? 당신은 그리스도의 마음을 갖고 있는가? 기꺼이 발아래에서 시작하고 있는가? 지극히 작은 것에 충성하는 사람에게 큰 것에 충성할 기회가 주어진다는 것을 기억하라(눅 16:10).

섬김의 법칙

제자들은 예수님이 무릎을 펴고 일어나 대야를 제자리에 놓으시고 수건을 조심스레 접어 제자리에 놓으신 다음 겉옷을 입으시는 모습을 숨죽이고 지켜봤을 것이다. 나중에 제자들은 이때가 상처 나지 않은 예수님의 등을 본 마지막 때라는 것을 깨달았을지 모른다. 몇 시간 후에 예수님의 등에는 피가 흐르고, 손과 발에는 못이 박히고, 옆구리는 창에 찔려 벌어질 것이다. 하지만 지금 예수님은 몇 분밖에 안 되는 드라마를 통해 그분의 십자가가 의미하는 바를 제자들 모두에게 가르치고 계신다.

그리스도의 자애, 깊은 이타적인 사랑이 드러나는 만유의 주이신 그리스도의 고결하심이 여기에 있었다. 주님과 함께 식탁에 앉을 자격이 없는 자들 앞에 무릎을 꿇으시고 그들에게 복을 주시기 위한 그리스도의 행위를 보여주시는, 즉 발의 먼지를 씻어 주시는 그리스도의 겸손이 여기에 있었다.

주님은 아무 말씀도 없이 그 순간이 지나가게 하지 않으셨다. 주님은 제자들이 아직 다 받아들일 수 없을 정도로 가르치실 것이 여전히 많았다(요 16:12). 그러나 그들이 예수님의 제자가 되려면 즉시 배워야만 할 한 가지가 있었다. 예수님이 그들의 발을 씻어 주셨으므로 그들도 서로 발을 씻어 주어야 한다는 것이다. 주인이 사는 그대로 종도 살아야만 한다. "내가 너희에게 행한 것같이 너희도 행하게 하려 하여 본을 보였노라…너희가 이것을 알고 행하면 복이 있으리라"(요 13:15, 17).

영어 성경에서 '본'(example)이라고 번역된 말들에 대해 신약성경은 서로 다른 단어를 사용한다. 요한은 **휘포데이그마**(*hupodeigma*)라는 헬라어를 사용하고 있다. 이 말은 '표본', '실례', 우리가 모방해야 할 '모델'을 의미한다. 법칙은 간단하다. 그리스도인으로서 우리는 예수님께 속해 있다. 예수님이 우리의 맏형이시다. 우리는 예수님의 모범을 따라야 한다.

그러면 이것은 우리가 속한 교회 가족 안팎에서 우리가 행하는 섬김에 대해 무엇을 의미하는가? 이것이 보여주는 법칙들은 무엇인가?

부정적으로 그리고 긍정적으로, 양면으로 말할 수 있다.

- **부정 1** 섬김은 다른 사람들이 우리의 은사를 인식하는 일이 아니다.
- **긍정 1** 섬김은 우리가 다른 사람들의 필요를 인식하는 일이다.

- **부정 2** 섬김은 우리의 편의대로 다른 사람의 일을 하는 것이 아니다.
- **긍정 2** 섬김은 다른 사람들이 불편을 겪고 있을 때 도와주는 것이다.
- **부정 3** 섬김은 우리가 특별한 은사를 갖고 있다고 느끼는 것이 아니다.
- **긍정 3** 섬김은 다른 사람들에게 아주 특별한 필요가 있음을 보는 것이다.
- **부정 4** 섬김은 교회 회원의 추가적인 선택 사항이 아니다.
- **긍정 4** 섬김은 교회 회원의 정의에 들어 있다.

만일 주인이 종들의 발을 씻어 준다면, 종들은 반드시 서로의 발을 씻어 주어야 한다. 이것이 바로 사랑의 의미다. 예수님은 "새 계명을 너희에게 주노니 서로 사랑하라 내가 너희를 사랑한 것같이 너희도 서로 사랑하라"(요 13:34)라고 말씀하셨다. 예수님이 생각하시는 사랑은 감정의 강도로 측정되지 않고 우리의 헌신과 자발성, 행동의 정도로 측정된다.

우리는 때로 "사랑은 맹목적이다."라고 말한다. 어떤 면에서는 그 말이 사실일 수도 있다. 그렇지만 성경의 지혜가 우리의 생각에 스며들면, 우리는 정상 시력에 더 가까운 것을 발전시킨다. 그뿐 아니라 육신의 가족 안에서와 마찬가지로, 교회의 가족이 나누는 사랑의 교제 가운데서 다른 사람의 필요를 감지하고 그 필요를 채워 줄 방법을 찾는 법을 천천히 흡수하듯이 배운다.

그러므로 그리스도인이 되는 것, 그리고 교회에 소속하는 것은 기꺼이 섬기기를 원하고 간절히 바라는 것을 의미하며, 나아가 실제로 섬기는 것을 의미한다. 당신이 만일 교회 생활을 하면서 섬기려는 계획이 아니라면, 교회에 속하려고 계획하지 말아야 한다.

사람이 어떤 단체에 속할 때 회원 신분에 대한 규칙이 있다. 이런 규칙은 흔히 회원 핸드북에 설명해 놓거나 웹사이트에 게시해 놓는다. 그 단체가 중요할수록 회원 핸드북이 더 상세할 가능성이 있다.

나는 우리 아이 중 하나가 우리 도시 골프 클럽의 새 회원이 되었던 날 밤에, 아이에게 잘 자라는 인사를 하러 갔던 일을 아직도 기억한다 (그때는 어린이 회원의 연간 가입비가 하루 일당보다도 적었다). 아이는 그때 열두세 살이었을 것이다. 나는 아이가 침대에 앉아 회원 핸드북을 읽고 있는 것을 발견했다. 아이는 흥미와 관심, 심지어 열정을 가지고 모든 조항을 일일이 읽고 있었다. 그는 이제 회원이었다. 모든 내용이 그에게 중요했다.

만일 예수 그리스도의 교회가 핸드북 없이 작동한다고 상상한다면, 모순되는 생각이 아닐까? 세상에서 가장 훌륭한 핸드북인 신약성경을 갖고 있으면서도 우리가 다음과 같은 가장 기본적인 법칙에 무관심하다면, 그것은 비극일 것이다.

"형제를 사랑하여 서로 우애하고 존경하기를 서로 먼저 하며"(롬 12:10).

지금 우리는 이런 법칙들이 무엇인지 곰곰이 생각해 보려고 애쓰고 있다. 그 가운데 하나는 분명 이것이다. 교회에 헌신하는 것을 통해 당신은 다음과 같은 대상에게 헌신하는 것이다.

- 교회의 주님이신 예수 그리스도에게
- 동료 그리스도인인 교회 회원들에게

그리스도에 대해, 우리는 주저 없이 모든 것을 드리도록 요구받는다. 그리스도는 우리를 위해 모든 것을 주셨다. 우리도 하나도 남김없이 우리 자신을 온전히 그리스도에게 드려야 한다.

동료 신자들에 대해, 우리는 사랑할 것을 요구받는다. 여기서 사랑은 함께 교제하는 데 따르는 모든 책임을 이행하려고 노력하는 것을 포함한다. 이는 다음과 같은 것들을 포함한다.

- 하나님의 섭리로 인해 방해받지 않는 한, 교회가 전체로 모이도록 부름을 받은 경우에 예배와 교제를 결코 소홀히 하지 않기 위해 헌신하는 것.
- 개인적으로나 공동체적으로나, 서로를 위한 기도와 하나님 나라의 확장을 위한 기도에 헌신하는 것.
- 하나님이 우리에게 주신 은사를 통해 동료 신자들과 다른 사람들이 복을 누리도록 사용하면서, 동료 신자들을 섬기고 그들과 함께 섬기는 일에 헌신하는 것.

우리는 기꺼이 섬기고자 하는 것과 교회에서 많은 활동이 이루어지는 것을 혼동해서는 안 된다. 오늘날은 한 주 동안의 활동들이 넘쳐 나는 것이 교회 생활의 특징이 됐다. 때로는 공동체의 리더들이 중요한 활동들을 위한 공간을 찾는 것이 불가능할 정도다.

섬김은 '활동적'인 것이 아니다. 많은 활동은 정말로 '활기가 넘치는' 느낌을 우리 교회에 줄 수 있다. 그러나 자칫 혼동할 수 있지만, 그것은 영적 성장의 진정한 기준이 아니다. 섬김은 단순히 분주한 것보다는 돌봄 및 사랑과 더 많은 관계가 있다. 죄악 된 우리의 마음은 너무나 교묘해서, 우리는 끊임없이 분주할 수 있고, 그 과정에서 우리 자신의 이익을 뛰어넘는 일은 거의 하지 않을 수 있다.

시금석은 무엇인가? 진정으로 주님의 일에 바쁜 사람은 자신이 주목을 받느냐의 여부와 교회에서 어떤 지위를 얻느냐의 여부에 전혀 관심이 없다. 왜냐하면 그리스도를 닮은 종들은 언제나 자신의 유익이 아니라 다른 사람의 유익에 관심이 있기 때문이다.[4]

이런 이유로 나이 많은 신자들도, 더 활동적이고 더 활력이 있는 신자들만큼이나 섬김에 참여할 수 있다. 기도하는 삶과 귀를 기울이는 일, 열린 마음, 지혜를 나누는 일, 짧은 격려의 말과 같은 섬김에 참여할 수 있는 것이다. 이런 일들은 항상 주도적이고 바빠 보이는 사람이 되는 것보다 종종 더 많은 열매를 맺는 섬김이다.

존 밀턴(John Milton)의 유명한 소네트 '실명(失明)의 노래'(On His Blindness)는 이렇게 말한다.

그저 서서 기다리는 자들 또한
섬기는 이들이다.

---

[4] 바울은 빌립보 교회에게 이 법칙을 권고하는데, 그 과정에서 그것이 의미하는 바를 보여주는 모범들을 아주 아름답게 제시한다. 우선, 주 예수님을 통해(빌 2:5-11), 그 다음으로 디모데와 에바브로디도를 통해(빌 2:19-29) 제시한다.

이 모든 것은 중요하고도 자주 묻게 되는 질문이다. "내가 섬길 자리를 어떻게 찾을 수 있을까?"

섬길 자리를 찾는 법

작은 교회에 소속함이 주는 잠재적인 축복 가운데 하나는 (교회가 작은 이유가 건강하지 않아서가 아닌 한) 유아실 봉사부터 청소, 주일학교 교사, 전도팀 참여에 이르기까지 모든 신자의 모든 은사가 사용될 여지가 있다는 것이다. 문제는 섬길 자리를 찾는 것이 아니라 과중한 섬김을 피하는 일이다. 지나치게 작은 교회의 난제는 교회가 제대로 기능하는 데 필요한 은사와 시간이 충분하지 않을 수 있다는 것이다.

큰 교회의 난제는 아주 다르다. 가령 신자가 2,500명이라면, 이미 교회에 은사들이 충분히 충족된 것처럼 보이는 경우, 어떻게 모든 신자가 섬길 자리를 찾을 수 있을까?

물론 교회가 클수록 당신이 섬겨야 할 필요가 더 크다는 대답이 나올 수도 있다. 그러나 교회가 크든 작든, 중간 크기든 간에, 우리 각자는 여전히 "내가 여기에서 섬길 자리를 어떻게 찾을 수 있을까?" 하는 질문에 직면해 있다.

아마 이 시점에서 주의할 점을 말하는 것이 적절할 것 같다. 큰 교회에서는 사람들이 "이 교회는 너무 커서 내가 섬길 자리를 찾을 수 없어."라고 말하는 것을 듣는 일이 드물지 않다.

사실 이것은 전혀 맞는 말이 아니다. 그리고 안타까운 일은, 때로 그런 말은 사실 자기들이 당연히 받아야 할 인정을 받지 못한다고 느끼기 때문에 하는 말로 해석된다는 것이다. 이런 불평은 공동체의 교제에 아주 파괴적인 심장 잡음이 될 수 있다. 하지만 우리는 큰 교회 신자가 되어야 한다고 강요받는 일이 거의 없다. 그리고 큰 교회들 주변에는 일반적으로 섬길 사람들을 절실히 필요로 하는 작은 교회들이 존재한다.

이는 안타깝게도, 그런 불평을 하는 큰 교회 신자들 가운데 어떤 이들이 큰 교회의 잔디가 더 푸르다고 믿기 때문에 일어나는 일이다. 그러나 출애굽한 이스라엘처럼, 지금 그들은 이집트에 있을 때 자기들이 오이를 먹었다고 불평하고 있는 것이다. 교회 크기에 대해 불평하지 말고, 눈을 열어 다른 사람들의 필요를 보고, 그 필요들을 채워 줄 수 있는 방법이 무엇인지 찾아야 한다.

그러면 우리는 섬김의 영역을 어떻게 찾을 수 있을까? 우리가 가진 은사가 무엇이든지, 우리 교회가 어떤 교회이든지, 적용할 수 있는 몇 가지 간단한 법칙이 있다. 이것은 성경적인 법칙이며, 언제나 유효하게 작동한다. 그러나 또한 쉽지 않다.

법칙 1. 해야 할 필요가 있는 일은 어떤 일이든 기꺼이 하라

그냥 하라! "할 만한 가치가 있는 일이라면, 잘할 만한 가치가 있다."라는 속담이 있다. 그러나 또한 할 만한 가치가 있는 일이라면, 그 일은 그냥 할 만한 가치가 있다는 것도 사실이다. "네 손이 일을 얻는 대로 힘을 다하여 할지어다…"(전 9:10). 작은 일에 충성하는 사람에게는 큰 일이 맡겨질 것이다.

우리는 어디든지 필요를 발견하는 곳에서 성도를 섬김으로 성도의 교제 안에서 자라 가기를 배워야 한다. 그리고 때가 되면 주님이 우리에게 주신 특정한 은사들이 제 자리를 찾고 점점 더 크게 인정받으며 활용될 것이다.

이 접근법은 겸손과 동료 신자들에 대한 사랑, 하나님의 섭리에 순종하는 마음을 요구한다. 하나님은 우리에게 할 일을 많이 주실 것이다!

그러나 때때로 그리스도인들은 교회 리더들에게 이런 식으로 다가온다. "내가 만일 이 교회 신자가 된다면, 나는 ○○을 할 수 있을 것입니다." 그리고 그 빈칸은 종종 '가르치는 일'이다.

이런 말을 하는 사람들은 그것이 일반적으로 어떤 지혜로운 리더라도 긴장하게 만드는 질문이라는 것을 알지 못한다. 거기에는 무언가 교회 중심적이라기보다 자기중심적인 것이 있다. 그렇지 않은가? 역량이 어떻든 기꺼이 섬기려 하기보다, 차지할 만한 영향력 있는 자리가 있다거나, 그래서 자신의 은사를 발휘할 수 있다는 것을 조건으로 공동체의 일원이 되겠다는 생각이다. 이러한 생각은 그가 공동체보다 자기 자신에게 더 관심이 있는 사람이라는 것을 경고하는 신호다. 그런 사람들은 그리스도가 영광을 받으시고 다른 사람들이 도움을 받는 것보다 자기 은사의 활용을 더 추구한다.

요한복음 13장은 우리에게 교회 가족 안에서 '예수님의 태도'를 지니라고 권면한다. 우리에게 무릎을 꿇고 동료 신자와 다른 사람들의 발을 씻기라고 권면한다. 해야 할 필요가 있는 일은 어떤 일이든 기꺼이 하려고 하는 그리스도인은 천금의 가치가 있는 사람이다. 그런 이유로, 바울은 디모데에 대해 이렇게 말한다. "이는 뜻을 같이하여 너희 사정을 진실히 생각할 자가 이밖에 내게 없음이라…디모데의 연단을 너희가 아나니…나와 함께 복음을 위하여 '섬겼느니라'(served, 한글 개역개정 성경에는 '수고하였느니라.'로 되어 있다 – 편집자 주)"(빌 2:20, 22).

법칙 2. 다른 사람들을 위해 당신의 은사를 발휘하는 데 필수적인 미덕을 개발하려고 노력하라

만일 어떤 사람이 "우리 교회가 ○○(설교, 청년 사역, 여성 사역, 어린이 사역 등등)을 하기 위해서는 A와 B라는 사람이 정말 필요합니다."라고 말한다면, 현명한 리더가 물어야 할 두 가지 진단 질문이 있다. 이 질문들은 경우에 따라서는 드러나지 않게 사용할 수도 있다.

첫 번째 질문은 "이 사람은 이 사역에 정말로 은사가 있는가?"이다. 처음부터 곧바로 이 질문을 한다면, 우리는 잠재적인 실패와 개인적인 어려움을 모두 피할 수 있다.

예를 들어, 바울이 기술하는 장로의 성품의 특징들을 생각해 보라. 이 사람은 가르칠 능력이 있는가? 이 질문에 답하는 검증된 유일한 방법은 '그와 함께 있거나 그의 말을 듣고 있는 사람들이 자신이 하나님의 말씀을 배우고 있다고 인식하는가?' 하는 것이다. 물론 은사의 수준이 다를 수는 있다. 하지만 은사 자체가 있다는 것은 의심의 여지가 없어야 한다.

두 번째 질문은 "이 사람은 우리를 겸손한 마음으로 대하는가? 그는 기꺼이 섬기려 하는가?"이다. 때때로 교회에서, 섬기는 종의 마음을 갖기보다 논쟁적인 태도를 지닌 사람이 자신의 은사가 인정받지 못한다고 불평하는 말을 듣는 것은 참으로 슬픈 일이다.

이 두 가지 특성, 즉 은사를 가진 것과 겸손은 같은 것이 아니다. 겸손함 없이 은사만 있으면 대단히 파괴적일 수 있다.

그러한 사람은 그리스도와 타인 중심적인 활동보다는 자기중심적인 활동으로 기우는 경향이 있다. 또한 다른 사람들을 세워 주기보다 비하할 수 있다. 은사의 사용은 은사를 사용하는 데 꼭 필요한 미덕에 근거해야 한다. 왜냐하면 은사를 사용할 때 우리는, 우리가 기꺼이 더 작아져서 다른 사람들이 더 크고 강하게 자랄 수 있게 해야 하기 때문이다. 성경적인 원리를 밝히자면 이렇다. 성령님의 모든 은사는 성령님의 모든 열매 가운데 자랄 것을 요구한다. 그렇지 않으면 우리는 성령님을 슬프게 하는 것이다.

이러한 면에서 주 예수님은 우리에게 최고의 모범이시다. 바울은 복음 전파의 은사에 있어 예수님 닮기를 힘썼다. "우리는 우리를 전파하는 것이 아니라 오직 그리스도 예수의 주 되신 것과 또 예수를 위하여 우리가 너희의 종 된 것을 전파함이라"(고후 4:5).

우리의 은사가 어떤 것이든지, 오직 '우리를 전파하는 것이 아니다.', '그리스도 예수의 주 되신 것', '예수를 위하여 우리가 너희의 종 된 것'이라는 말들을 우리 마음에 새긴다면 좋을 것이다.

법칙 3. 하나님이 교회 가족을 위해 우리에게 주신 은사를 발휘할 자리는 섬김을 통해, 그리고 필요한 일을 하는 것을 통해 만들어진다

우리가 하나님의 백성 공동체를 섬길 경우, 하나님의 백성은 그 은사들로 인해 복을 누리며, 그 은사들이 최대한 발휘되는 것을 보기를 본능적으로 원하게 된다.

그리스도가 우리에게 은사를 주시는 것은 우리 자신을 위해서가 아니라 다른 사람들을 위해서다. 물론 그리스도는 우리가 눈멀고 귀먹고 절뚝거리며 몸이 마비되어 섬길 수 없는 그리스도인이 되지 않도록 우리에게 은사를 주신다. 그러나 우리가 가진 모든 영적인 은사는 우리가 동료 그리스도인들에게 이렇게 말할 수 있게 작용한다. "주 예수님이 내게 이 은사를 주신 것은 당신을 위해서입니다."

우리는 '예수님의 태도'를 가지라는 명령을 결코 피할 수 없다. 우리가 빈손과 빈 마음으로 예수님 앞에 무릎을 꿇으면, 주님이 우리의 손과 마음을 은혜와 은사로 가득 채우신다. 그러면 우리는 다른 사람들 앞에 무릎을 꿇고 그들을 섬긴다.

그러므로 우리는 다음과 같이 하여 주님이 주신 은사를 발견할 수 있다.

- 다른 사람들을 섬기는 일에 대한 관심과, 특정한 방식으로 그 일을 행하고 싶은 갈망을 감지함으로. 여기에는 내적인 충동이 있다.
- 섬김으로.
- 우리의 섬김에 반응하는 다른 사람들의 격려를 경험함으로. 그리고 이런저런 방식으로 우리가 계속 섬길 수 있도록 길이 열리는 것을 통해.

바울은 디모데의 섬김과 관련해 다음과 같은 세 가지 주요 요소를 언급한다.

"그러므로 내가 나의 안수함으로 네 속에 있는 하나님의 은사를 다시 불 일 듯하게 하기 위하여 너로 생각하게 하노니"(딤후 1:6).

- 하나님은 디모데에게 은사를 주셨다.
- 디모데는 그 은사에 불을 붙임으로써 자신이 은사를 감지했다는 것과 그것을 다른 사람을 섬기는 일에 사용하고자 한다는 갈망을 보여주어야 한다.
- 교회 공동체는 디모데가 바울(그리고 다른 사람들, 딤전 4:14)의 안수를 통해 은사를 받았다는 것을 인식했다. 이 일이 디모데의 경우에는 더 공식적이었는데, 우리의 경우는 아주 비공식적일 수도 있다. 그러나 어떤 경우든지, 우리가 공동체에서 받는 인정과 격려, 즉 교회의 환영은 은사의 존재를 보여주는 특징 가운데 하나다.

그런데 우리는 어쩌면 '나의 은사' 또는 현대의 동의어로 '나의 재능'에 대해 자주 말하기보다 약간 싫어해야만 한다. 신약성경의 어디에서도 소유격 인칭 대명사인 '나의'를 '은사'라는 단어에 결합하지 않는다. 오히려 '나의'를 '사역'이나 '섬김'이라는 말과 결합하고 있다. 별로 차이가 없는 것처럼 보일지 모르지만, 의미심장한 것일 수 있다.

그러므로 우리는 다락방의 제자들처럼 되지 말아야 한다. 그들은 자기들이 리더라고 생각했다(어쨌든 그들은 자기들 가운데 누가 가장 큰가를 놓고 논쟁을 벌였다). 그들은 서로의 발을 씻어 주기보다 그 위에 있었다. 역설적인 점은 그들이 참으로 리더가 될 사람들이었다는 것이다. 그러나 그들은 다른 모습으로 빚어질 리더, 즉 '섬기는 리더'(servant-leader)로 빚어질 사람들이었다. 그러므로 그들이 무엇보다 먼저 배워야 했던 것은, 예수님의 친구들의 유일한 리더 자리는 무릎을 꿇은 자리라는 것이었다.

우리도 마찬가지다. 따라서 우리는 이렇게 기도하기를 배워야 한다.

내 구주 그리스도의 마음이
날마다 내 안에 살아 있게 하소서,
주님의 사랑과 능력이
나의 모든 말과 행동을 다스림으로.

하나님의 말씀이 풍성히 거하게 하소서,
매 순간 내 마음속에.
그리하여 모든 사람이 보게 하소서,
내가 하나님의 능력으로만 승리함을.

내 아버지 하나님이 평강이
범사에 내 삶을 다스리게 하소서.
그리하여 내가 평안을 누리고
아픈 자, 슬퍼하는 자를 위로하게 하소서.

예수님의 사랑으로 나를 채워 주소서,
물이 바다를 덮음같이.
주님이 높아지시고 나는 낮아지게 하소서,
이것이 승리이오니.

내 앞에 놓인 경주를 하게 하소서,
강하고 담대하게 원수와 맞서며.
오직 예수님만 바라보게 하소서,
내가 앞으로 나아가면서.

주님의 아름다움이 내게 머물게 하소서,
잃은 자를 얻기 위해 내가 찾을 때.
그들이 통로인 나를 잊게 하소서,
오직 주님만 바라보면서.

케이티 바클레이 윌킨슨(Katie Barclay Wilkinson, 1859-1928)

Devoted to God's Church
Core Values for Christian Fellowship

10

주님의 만찬

주님의 식탁에
합당하게 나아가라

주님의 만찬에 초대받는 것은 예수님과 함께 있고 예수님과 교제를 나누라는 초대다. 주님의 만찬에서 우리는 '예수 그리스도, 십자가에 죽으신 주님'에 대한 물리적인 상징을 손으로 받는다. 우리는 그것을 받으며, 참으로 우리 안에 받아들이고, 주 예수님이 표현하시는 사랑을 믿음으로 받는다. 비록 예수님은 우리 눈에 보이지 않으시지만, 주님은 자신이 누구시며 어떤 일을 하셨는지를 우리에게 상기시키는 이 가시적인 선물을 우리에게 주심으로 그의 사랑을 표현하신다.

돌이켜 보면, 나는 나의 어머니가 아주 인내심을 갖고 나를 대하셨다는 점에 종종 놀라곤 한다. 나는 틀림없이 어머니에게 화가 나 있었다.

매번 하루가 끝날 무렵이 되면, 나는 어머니에게 똑같은 질문을 던지곤 했다. "만찬(supper, 스코틀랜드인에게 이는 자기 직전에 먹는 야식을 의미한다)에 무언가 특별한 것이 있나요?".

내가 사용한 '특별한'이라는 말은, 열심히 일하시면서 아들 둘에게 완전히 헌신적이셨던 어머니의 인내심을 한계에 이르게 했을 것이다. 그 말은 '우리가 늘 먹는 것보다 더 나은 것'이나 '내가 특별히 좋아하는 것'을 의미했다.

결국 나는 그 질문을 던지는 것을 그만두게 됐다. 하지만 우리가 주님의 만찬 예식에 어떻게 임하는가를 생각할 때마다 그 질문을 던졌던 기억이 종종 다시 떠오른다. 나는 다시 "만찬에 무언가 특별한 것이 있는가?"라고 묻는 자신을 발견한다.

이 상황에서 그 질문은 할 만한 가치가 있다.

교회들은 예수님이 잡히시기 직전에 제자들과 나눴던 식사 일부를 재현하는 예식을 묘사하기 위해 '주님의 만찬'(Lord's Supper), '교제 의식'(Communion Service), '성찬식'(Eucharist) 등 여러 가지 용어를 사용한다.

또 교회마다 이 예식을 시행하는 빈도도 다 다르다. 어떤 교회는 매주, 어떤 교회는 한 달에 한 번, 어떤 교회는 1년에 단 두 번만 하기도 한다.

예식을 시행하는 방식도 다르다. 어떤 교회에서는 예식에 참여하는 이들이 커다란 테이블 하나에 둘러앉고, 어떤 교회에서는 전면에 있는 테이블에 교회 전체가 함께 둘러앉았다고 생각하면서 그 식탁에서 분배를 받는다. 또 어떤 교회에서는 사람들이 무리를 지어 앞으로 나가 선 채로 떡과 포도주를 받는다.

물론 우리가 이런 시행 방식들 가운데 어떤 것이 가장 합당한지, 또는 어떤 것이 성경에 가장 충실한지를 놓고 논쟁할 수 있다. 그리스도인들은 여러 세기 동안 이 문제에 대해 논쟁을 벌여 왔다.

그러나 이 장에서 우리가 답하기 원하는 한 가지 질문 역시 중요하다. 즉 "만찬에 무언가 특별한 것이 있는가?"라는 것이다. 떡과 포도주를 받을 때 우리는 무엇을 하는 것인가? 그 모든 것은 무엇을 의미하는가? 떡과 포도주를 먹고 마실 때 우리는 어떤 생각을 하는가, 또는 해야 하는가?

이런 상황에서, 아마 우리는 누구나 '베드로 신드롬'이라고 부를 수 있는 것을 경험할 것이다. 예수님이 시몬 베드로에게 그가 언젠가 복음을 위해 죽을 것이라고 말씀하셨을 때를 생각해 보라. 베드로는 사도 요한을 바라보며 "그러면 ㅇㅇ는 어떻게 되나요?"라고 말했다. 예수님의 대답은 요컨대 이런 것이었다. "베드로야, 다른 사람 일에 신경 쓰지 말고, 지금은 그냥 너에게만 집중해!"

무슨 일이 일어나는가?

어느 주일 아침에 주님의 만찬이 끝난 후 교회를 떠나는데, 방송 카메라가 당신에게 초점을 맞추고 기자가 당신 앞에 마이크를 갖다 대면서 이렇게 묻는다고 가정해 보자. "예식에 대해 어떻게 생각하셨는지 여쭤봐도 될까요? 주님의 만찬을 받으셨다고 생각되는데요. 무슨 일이 일어났는지 말씀해 주실 수 있나요? 예식이 진행되는 동안 무슨 생각을 하셨나요?"

어떻게 대답하겠는가? 우리는 다 똑같은 대답을 할까? 아니, 적어도 거의 같은 대답을 할까? 주님의 만찬도 교회 안의 다른 많은 일과 마찬가지일까? 우리는 구원 또는 칭의의 메시지를 발견하기 위해서는 성경을 의지하지만, 나머지 일들에 대해서는 교회에서 무슨 일이 일어나는지 가려내는 것이 근본적으로 자기에게 맡겨진 일이라고 생각하는 경향이 있다.

예배에서 성경 말씀이 강해될 때 무슨 일이 일어났느냐는 질문을 받는다면, 우리 대부분은 분명하게 답할 수 있을 것이다. 즉 본문을 읽었고, 그 의미를 설명했으며, 본문의 메시지에 대한 예를 들고, 우리의 삶에 적용했으며, 듣는 동안 하나님이 그분의 말씀을 통해 우리에게 말하고 계신다고 느꼈다고 답할 것이다.

그러면 주님의 만찬은 어떤가?

그때는 무슨 일이 일어나는가?

주님의 만찬

주님의 만찬에 대한 가장 완전한 설명은 바울이 고린도인들에게 보낸 첫 번째 편지에 나온다.

초기의 모든 교회가 그런 것은 아니겠지만 대부분의 교회가 그랬듯이, 고린도인들은 개인의 집에서(아마도 그들의 집 가운데 몇몇 곳에서) 모였다. 그들은 한 주의 첫날에 함께 예배를 드렸다(고전 16:2).

고린도인들은 함께 모였을 때 함께 음식을 먹었다. 바울은 이 식사 때에 고린도인들 가운데 어떤 사람들이 수치스럽고 그리스도인답지 않은 방식으로 행동한다는 이야기를 들었다(고전 11:18-22). 바울은 그들이 자신들의 특권을 오용하고 복음을 부끄럽게 하는 그 방식에 대해 강하게 비판한다.

하지만 바울은 부정적으로만 접근하지 않는다. 바울은 주님의 만찬이 실제로 의미하는 바를, 따라서 주님의 만찬에 대한 태도와 서로에 대한 태도가 어떻게 달라져야 하는지를 그들에게 가르칠 기회를 포착한다.

"우리가 축복하는 바 축복의 잔은 그리스도의 피에 참여함이 아니며 우리가 떼는 떡은 그리스도의 몸에 참여함이 아니냐 떡이 하나요 많은 우리가 한 몸이니 이는 우리가 다 한 떡에 참여함이라 육신을 따라 난 이스라엘을 보라 제물을 먹는 자들이 제단에 참여하는 자들이 아니냐 그런즉 내가 무엇을 말하느냐 우상의 제물은 무엇이며 우상은 무엇이냐 무릇 이방인이 제사하는 것은 귀신에게 하는 것이요 하나님께 제사하는 것이 아니니 나는 너희가 귀신과 교제하는 자가 되기를 원하지 아니하노라 너희가 주의 잔과 귀신의 잔을 겸하여 마시지 못하고 주의 식탁과 귀신의 식탁에 겸하여 참여하지 못하리라 그러면 우리가 주를 노여워하시게 하겠느냐 우리가 주보다 강한 자냐"(고전 10:16-22).

"내가 너희에게 전한 것은 주께 받은 것이니 곧 주 예수께서 잡히시던 밤에 떡을 가지사 축사하시고 떼어 이르시되 이것은 너희를 위하는 내 몸이니 이것을 행하여 나를 기념하라 하시고 식후에 또한 그와 같이 잔을 가지시고 이르시되 이 잔은 내 피로 세운 새 언약이니 이것을 행하여 마실 때마다 나를 기념하라 하셨으니 너희가 이 떡을 먹으며 이 잔을 마실 때마다 주의 죽으심을 그가 오실 때까지 전하는 것이니라 그러므로 누구든지 주의 떡이나 잔을 합당하지 않게 먹고 마시는 자는 주의 몸과 피에 대하여 죄를 짓는 것이니라 사람이 자기를 살피고 그 후에야 이 떡을 먹고 이 잔을 마실지니 주의 몸을 분별하지 못하고 먹고 마시는 자는 자기의 죄를 먹고 마시는 것이니라 그러므로 너희 중에 약한 자와 병든 자가 많고 잠자는 자도 적지 아니하니 우리가 우리를 살폈으면 판단을 받지 아니하려니와 우리가 판단을 받는 것은 주께 징계를 받는 것이니 이는 우리로 세상과 함께 정죄함을 받지 않게 하려 하심이라 그런즉 내 형제들아 먹으러 모일 때에 서로 기다리라 만일 누구든지 시장하거든 집에서 먹을지니 이는 너희의 모임이 판단 받는 모임이 되지 않게 하려 함이라 그 밖의 일들은 내가 언제든지 갈 때에 바로잡으리라"(고전 11:23-34).

그러면 우리가 주님의 식탁에 나아갈 때 무슨 일이 일어나는가? 우리는 바울의 가르침을 몇 단어로 요약할 수 있다.

교제

주님의 만찬에 대해 알아야 할 가장 중요한 사실은 우리가 주님의 식탁에서 떡과 포도주를 받는 때에 예수 그리스도가 친히 우리와 함께 계신다는 것이다.

바울은 우리가 떡과 잔을 먹고 마실 때 그리스도의 몸과 피에 '참여'한다고 말한다(고전 10:16-17). 바울이 사용하는 이 단어는 대부분의 그리스도인이 이런저런 때에 들어 온 헬라어 단어들 가운데 하나인 **코이노니아**(*koinōnia*), 즉 '교제'라는 말이다.

그러면 그리스도의 몸과 피 안에서 교제한다는 말은 무엇을 의미하는가? 이것은 그리스도인들 사이에서 문제가 되는 주요 분야 가운데 하나이자 의견이 불일치하는 지점이 아닌가? 해결책이 제시되기를 어떻게 기대할 수 있겠는가? 하지만 어쩌면 이 문제는 그렇게 복잡하지 않을 수 있다. 요한이 받아 적어서 라오디게아 교회에 보냈던 예수님의 유명한 말씀을 생각해 보라.

> "볼지어다 내가 문 밖에 서서 두드리노니 누구든지 내 음성을 듣고 문을 열면 내가 그에게로 들어가 그와 더불어 먹고 그는 나와 더불어 먹으리라"(계 3:20).

예수님이 라오디게아의 그리스도인들과 함께 저녁을 드신 적이 있었는가? 이 말씀이 주님의 만찬에 대한 완벽한 묘사라고 생각하지 않는가? 물론 이 말씀은 종종 비그리스도인들에게 호소하는 전도 메시지로 사용되어 왔다.

하지만 첫 번째로 이것은 신앙을 고백하는 그리스도인들의 교회에게 하신 말씀이었다. 그들은 자신들의 죄와 실패, 미지근한 마음을 깨닫고 회개해야 했다. 그들은 원점에서 다시 그리스도에게 나아가야 했다. 그런데 우리는 바로 그 일을 하도록 주님의 만찬에 초대받는다. 예수님은 우리가 떡과 잔을 받으면서 믿음으로 그분에게 나아갈 때 경험하게 될 일을 설명하고 계시는 것이다. 우리는 주님과 함께 '먹고', 주님은 우리와 함께 '먹으실' 것이다.

그러므로 이 말씀은 주님의 만찬 때 일어나는 일에 대한 아름다운 묘사다. 우리는 '예수 그리스도, 십자가에 죽으신 주님'에 대한 물리적인 상징을 손으로 받는다. 우리는 그것을 받으며, 참으로 우리 안에 받아들이고, 주 예수님이 표현하시는 사랑을 믿음으로 받는다.

비록 예수님은 우리 눈에 보이지 않으시지만, 주님은 자신이 누구시며 어떤 일을 하셨는지를 우리에게 상기시키는 이 가시적인 선물을 우리에게 주심으로 그의 사랑을 표현하신다. 주님의 만찬은 이런 메시지를 전달한다. "너를 위해 기꺼이 죽을 정도로 나는 너를 아주 사랑한단다. 내가 지금 부활한 구주와 친구로 너와 함께 있단다. 내가 주는 이 사랑의 선물을 받거라."

우리는 악수나 입맞춤을 통해 우리의 헌신과 사랑을 상징적으로 나타내 보일 뿐만 아니라 실제로 표현한다. 즉 악수나 입맞춤은 정신적인 실상을 전달하는 물리적인 상징이다. 주님의 만찬도 마찬가지다. 주님의 만찬에서 주 예수님은 성령님을 통해 우리에게 오신다. 주님은, 설교 때 구어적이고 청각적인 상징들을 통해 그렇게 하시듯이, 자신의 사랑과 임재에 대한 이 시각적이고 촉각적인 상징을 우리에게 주신다. 그러면 우리는 동일한 성령님을 통해 주님에게 나아가 주님과 함께 만찬을 나눈다.

그러므로 주님의 만찬에 초대받는 것은 예수님과 함께 있고 예수님과 교제를 나누라는 초대다.

화해

주님의 만찬에는 특별한 초점이 있다. 그리스도는 식탁에서 떡을 떼어 먹으며 부은 포도주를 마시는 특별한 방식으로 자신을 우리에게 알리신다. 여기 이 식탁에서는 우리의 초점이 예수님의 탄생과 그분이 행하신 놀라운 기적들, 심지어 예수님의 가르침에 있지 않다(물론 이 모든 것이 암시되어 있기는 하다). 초점은 우리를 위해 십자가에 달리신 주님, 우리 죄를 위해 하나님의 심판을 받으시고 죽으신 주님, 지금은 부활하여 영화롭게 되신 주님, 하지만 우리를 자신의 임재 가운데로, 자기에게로 가까이 오게 하셔서 성령님을 통해 자기와 교제하게 하시는 예수님께 있다.

그러므로 여기서 우리의 초점은 복음의 핵심에 놓여 있는 위대한 교환에 있다. 즉 그리스도에게 속한 것(주님이 하늘 아버지와 나누시는 교제)을 우리가 믿음으로 받을 수 있도록, 그리스도가 우리에게 속한 것(죄와 죄책, 수치, 죽음)을 담당하셨다는 사실에 초점이 있는 것이다. 그리스도는 우리를 함께 일으키사 그리스도 예수 안에서 함께 하늘에 앉히셨다(엡 2:6). 이것이 바로 주님의 만찬에서 일어나는 일이다. 주님은 십자가에서 "내가 목마르다!"라고 외치실 정도로 우리의 죄와 심판을 실제로 완전히 담당하셨다. 우리는 주님과 함께 앉아 주님의 음성을 들으라는 초대를 받는다. "더 이상 배고프거나 목마르지 말아라. 이 떡을 먹고, 이 잔을 마셔라."

우리가 그리스도 안에서 누리는 이 완전한 화해는 우리의 상호 관계에 커다란 영향을 미친다. 비교적 작은 규모로 모였던 초기 그리스도인들은 주님의 만찬 때 한 덩어리의 빵과 하나의 공용 잔을 사용했음이 거의 틀림없다. 바울은 이 점이 갖는 상징적인 의미를 지적했다. 즉 한 덩어리의 떡을 먹고 하나의 잔을 마시는 것은 우리가 그리스도 안에서 한 몸이며 한 가족의 일원이기 때문이다. 우리는 그리스도 안에서, 그리고 그리스도 때문에 하나로 연합됐다.

그러므로 주님의 만찬이 예수 그리스도를 통해 우리가 하나님과 화해했음을 나타내듯이, 그것은 또한 우리가 그리스도 안에서 한 몸으로 서로 화해했음을 나타낸다. 고대 그리스도인들이 "주 예수 그리스도의 평강이 너희에게 있을지어다."라고 서로 '평화'를 빌며 인사했던 한 가지 이유가 바로 이것이다.

주님의 식탁에서 그리스도가 우리에게 제공하시는 모든 것을 우리가 경험했음을 보여주는 실질적인 징표 중 하나는, 식탁에서 일어날 때 우리가 주위에 있는 동료 그리스도인들을 사랑하고 싶어 하고, 소원해졌던 사람 누구와도 화해하고 싶어 한다는 것이다. 이렇게 주님의 만찬은 굳어진 마음을 녹이고, 우리에게 다른 사람들을 용서하라고 권면하며, 새롭고 놀라운 교제의 마음을 만들어 낸다.

선포

예수님은 (예수님에 이어 전체 교회를 가르쳤던) 사도들에게 자신을 기념하여 "이것을 행하라.", 다시 말해 "이것을 계속 행하라."라고 가르치셨다. 그러면 그리스도를 기념할 때, 우리는 무슨 일을 하는 것인가? 바울은 이렇게 설명한다. "너희가 이 떡을 먹으며 이 잔을 마실 때마다 주의 죽으심을 그가 오실 때까지 전하는 것이니라"(고전 11:26).

때때로 이 말씀은 바울이 "설교 없이는 주님의 만찬을 절대로 먹지 말라."라고 말한 것처럼 이해되었다. 당연히 하나님 말씀의 선포를 통해, 특히 그리스도에게 초점을 맞춘 설교를 통해 깨달은 마음과 뜨거워진 가슴으로 주님의 식탁에 나아가는 것이 우리에게 언제나 유익하다.

그러나 바울은 우리가 주님의 식탁에 나아가기 '전에' 설교가 전해져야 할 필요성에 대해 말하고 있는 것이 아니다. 오히려 바울은 '주님의 식탁에서' 일어나는 일이 설교라고 말하고 있다. 그것은 우리 죄를 위해 십자가에 죽으신 예수님, 우리의 주님과 구주, 만찬의 주인이자 친구로 다시 사신 예수님에 대한 선포다.

이런 이유로 어떤 그리스도인들은 주님의 만찬을 '보이는 말씀'이라고 말한다. 들을 수 있는 말로 그리스도가 선포되는 설교와 마찬가지로, 주님의 만찬에서는 주님이 우리를 위해 행하신 일이 떼어진 떡과 부어진 포도주라는 상징을 통해 선포된다. 여기서는 복음이 극적인 형식으로 선포된다. 우리 선조들이 하곤 했던 말대로, 우리의 귀뿐만이 아니라 눈에도 선포되는 것이다.

사실 우리가 주님의 만찬을 시행할 때, 복음 메시지만 재현되는 것이 아니라 복음에 대한 참된 응답의 본질도 재현된다.

예를 들어, 내 생각에 이 경우에 있어 성경을 가장 훌륭하게 반영한다고 믿는, 내가 속한 교회 전통에서는 적어도 우리를 섬기는 사람이 반드시 목사나 장로 또는 리더인 것은 아니다. 설령 장로나 리더가 식탁에서 떡과 포도주를 우리에게 가져다준다고 해도, '우리는 모두가 서로를 섬긴다.' 우리는 서로에게 복음을 선포한다. 우리의 입술이 말을 하지 않더라도, 우리의 손은 이렇게 말한다. "받아 먹어라! 받아 마셔라! 그리스도가 우리를 위해 죽으시고 다시 살아나셨다. 주님이 내 손을 통해 이 선물들을 당신에게 주시므로, 그분과의 교제를 즐겨라. 그리고 이웃에게 주님을 선포해라." 주님의 식탁에서 우리는 모두 복음을 선포한다.

축복

'축복'(benediction)은 예배의 마지막 순서 아닌가? 그렇지만 우리는 예배 내내 축복, 또는 복이 임한다고 믿는다! 그러면 당신은 어째서 축복이 특별히 주님의 만찬의 일부인지 아는가?

바울은 잔을 가리켜 '우리가 축복하는 바 축복의 잔'이라고 부른다(고전 10:16). 무슨 의미인가? 잔이 복의 상징이자 표현이며, 또한 잔 자체가 축복인 이유는 무엇인가?

'축복하다.'(bless)라는 단어는 시간이 흐르면서 그 의미를 많이 상실했다. 오늘날 우리가 그 말을 듣는 거의 유일한 상황은 누군가가 재채기를 하면 사람들이 그에 대한 반응으로 "몸조심하세요!"(Bless you!)라고 말하는 때다. 이는 단어 그대로 말하자면, "복을 주시기를!"이다.

영어권 일부에서는 누군가에 대한 묘사가 끝날 때 "가엾어라."(bless him)라는 말을 사용하는데, 이 말은 일반적으로 '최선을 다하지만 별 성과가 없고 실제로 더 잘하는 법을 알지도 못하는 불쌍한 친구'라는 의미로 쓰인다. 이런 용법은 성경에서 '축복하다.'라는 말이 뜻하는 의미와 거의 반대되는 것이다. 그러나 누군가가 재채기할 때 우리가 "복을 주시기를!"이라고 말한다는 사실은 놀랍게도 '축복하다.'라는 말의 원래 의미를 우리에게 보여주는 것일지 모른다.

누군가가 재채기를 할 때 우리가 "복을 주시기를!"이라고 말하는 이유를 아는가?

그것은 아마 흑사병이 유럽을 황폐하게 했던 중세 시대로 거슬러 올라가는 전통일 수 있다. 흑사병의 감염 증상 가운데 하나가 재채기였다. 유아용 게임의 동요, "장미꽃 주위를 돌아라, 꽃이 한 주머니 가득, 에취! 에취! 우리는 모두 쓰러진다네."(A ring, a ring of roses, a pocket full of posies, atishoo! atishoo! we all fall down)라는 가사도 이런 배경을 반영한다. 아이들과 이 게임을 할 때 일반적으로 교사나 부모들이 전혀 의식하지 못하는 사실이지만, 이것은 '죽음의 게임'이다. 첫째는 흑사병의 증상인 재채기, 그다음은 '우리는 모두 쓰러진다네.' 즉 '쓰러져 죽는다네.'라는 말이 그것을 나타낸다. 어린이들이 하기에는 상당히 소름 끼치는 게임이다!

그러면 "복을 주시기를!"이라고 말하는 이유는 무엇인가? 중세 시대에는 흑사병을 하나님의 저주의 표시로 보았기 때문이다. 성경에서 '축복하다.'라는 말은 '저주하다.'와 반대되는 말이다. 전자는 하나님의 은혜와 언약적 구원이 작동하는 상황을 묘사하는 반면, 후자는 심판이 임한 상황을 묘사한다. "복을 주시기를!"이라는 말은 "주님이 당신에게 복을 주시기를 빕니다!"라는 기도의 짧은 형태였다. 다시 말해 "하나님의 저주가 당신에게서 떠나고, 그 대신 당신이 하나님의 복과 구원을 경험하시기를 빕니다."라는 말이다.

이런 의미에서 성만찬의 잔은 '축복의 잔'이다. 예수님은 다락방에서 제자들에게 그 잔을 주셨다. 그러나 그런 다음 겟세마네 동산에 가셔서 아버지의 손에서 하나님의 저주의 잔을 받으셨다. 예수님은 베드로에게 "아버지께서 주신 잔을 내가 마시지 아니하겠느냐."라고 말씀하셨다 (요 18:11).

이 잔에는 무엇이 담겨 있었는가? 예수님은 그 잔의 내용물과 그것을 마신 결과에 관해 기술한 성경 말씀들을 알고 계셨다.

"여호와의 손에 잔이 있어 술거품이 일어나는도다 속에 섞은 것이 가득한 그 잔을 하나님이 쏟아 내시나니 실로 그 찌꺼기까지도 땅의 모든 악인이 기울여 마시리로다"(시 75:8).

"여호와의 손에서 그의 분노의 잔을 마신 예루살렘이여 깰지어다 깰지어다 일어설지어다 네가 이미 비틀걸음치게 하는 큰 잔을 마셔 다 비웠도다"(사 51:17).

"이스라엘의 하나님 여호와께서 이같이 내게 이르시되 너는 내 손에서 이 진노의 술잔을 받아가지고 내가 너를 보내는 바 그 모든 나라로 하여금 마시게 하라 그들이 마시고 비틀거리며 미친 듯이 행동하리니 이는 내가 그들 중에 칼을 보냈기 때문이니라 하시기로 내가 여호와의 손에서 그 잔을 받아서 여호와께서 나를 보내신 바 그 모든 나라로 마시게 하되 예루살렘과 유다 성읍들과 그 왕들과 그 고관들로 마시게 하였더니 그들이 멸망과 놀램과 비웃음과 저주를 당함이 오늘과 같으니라"(렘 25:15-18).

그리스도는 이 잔의 내용물, 즉 세상의 죄에 대한 하나님의 진노를 마셨다. 그리스도는 우리를 위해 그렇게 하셨다. 이 때문에 그리스도는 제자들에게, 그리고 오늘 우리에게도 축복의 잔을 주실 수 있다.

그러므로 주님의 식탁에 나아갈 때, 우리는 우리 죄에 대한 하나님의 저주의 쓴 잔이 마지막 한 방울까지 남김없이 비워졌음을 안다. 그 잔은 비어 있다.

그 대신 이제 우리는 축복의 잔을 은혜롭게 제공받는다.

따라서 주님의 만찬 때 시편 저자가 한 말이 자주 사용되는 것은 전혀 놀라운 일이 아니다.

"내게 주신 모든 은혜를 내가 여호와께 무엇으로 보답할까 내가 구원의 잔을 들고 여호와의 이름을 부르며"(시 116:12-13).

성별(聖別)

고린도전서 10장 16-22절에서 바울은 이 점을 염두에 두고 있다.

고린도는 우상이 가득한 도시였다. 오늘날 사람들이 신랑 신부가 행복하기를 바라면서 축배를 들듯이, 우리가 축배주라고 부를 수 있는 제주(祭酒)가 우상들이 대표하는 '신들'에게 바쳐졌다. 이것은 고린도의 시민 생활에서 아주 본질적인 부분이었다. 만일 당신이 형통한 삶을 누리기를 바라는 것이 확실하다면, 거기에 참여하는 것이 당연했다. 그러므로 이런 종교적 축제들에 참여하지 않는 것은 우연히 일어난 일이 아니었다. 그것은 그 축제들을 비난하는 것과 같다고 여겨졌다. 따라서 그리스도인들은, 그냥 따라가서 함께 축배를 들라는 극심한 타협의 압박을 받았다.

그러나 바울은 고린도인들에게 양다리를 걸치고 살 수 없다고 말한다. 너희가 그리스도의 축복의 잔을 마신 다음, 가서 우상에게 봉헌된 잔을 마실 수 없다고 말한다. 너희가 만일 그 세계에 속해 있다면 너희는 그리스도에게 속할 수 없으며, 반대의 경우도 마찬가지라고 말한다.

그것은 간단한 선택이었다.

그것은 또한 값비싼 선택이었다.

우리도 주님의 만찬 자리에 앉아서 떡과 포도주를 받을 때마다 매번

이 선택을 하라는 요구를 받는다. 당신은 당신을 위해 죽으신 분, 오로지 그분만을 위해 살 것인가, 아니면 그분을 거부한 세상의 영향 아래 살 것인가?

우리가 그리스도의 임재 가운데 먹고 마신다면, 우리는 주님에게(그리고 서로에게) 우리가 결심했다고 말하는 것이다. 남은 일은 우리가 주님의 식탁을 떠나는 때에 결심한 것을 지키는 것뿐이다. 우리가 주님의 식탁에서 보는 것, 즉 떼어진 떡과 부어진 포도주가 우리를 격려한다. 주님이 나를 위해 죽으셨다. 그러므로 내 생명을 주님에게 바치리라!

우리는 그리스도의 임재의 복이 주님의 식탁에 우리와 함께 있다는 것을 알고 그 선택을 한다.

그러므로 시편 23편은 우리가 주님의 만찬을 먹기 위해 한자리에 앉는 때에 묵상하기에 아주 적합하다.

"주께서 내 원수의 목전에서 내게 상을 차려주시고 기름을 내 머리에 부으셨으니 내 잔이 넘치나이다 내 평생에 선하심과 인자하심이 반드시 나를 따르리니 내가 여호와의 집에 영원히 살리로다"(시 23:5-6).

고대(苦待)

주님의 만찬 때 우리는 주님의 죽으심을 그분이 오실 때까지 전한다(고전 11:26). 당연히, 주님의 식탁에 나아갈 때 우리는 그리스도의 임재가 지금 우리와 함께하시기를 구한다. 또한 우리를 위한 그리스도의 죽음을 되돌아보며, 그리스도가 승천하신 하늘을 올려다본다. 그러나 여기에 덧붙여 우리는 주님의 재림을 내다본다.

우리는 주님의 만찬을 영원히 지키지는 않을 것이다. 언젠가 주님의 만찬은 요한계시록 21-22장이 생생하게 묘사하는 어린양의 혼인 만찬에 자리를 내줄 것이다. 주님의 만찬은 오늘 우리가 그날을 고대하며 살아야 한다는 것을 상기시킨다.

이런 의미에서, 주님의 만찬은 또한 그리스도인의 삶 전체를 보여주는 축소판 드라마다.

신약성경은 우리가 커다란 두 사건 사이에 살고 있다고 말한다. 즉 우리는 죄를 해결하기 위해 겸손하게 오신 그리스도의 초림과, 영원한 영광 가운데 다스리기 위해 위엄 있게 오시는 그리스도의 재림 사이에 살고 있다(히 9:28).

우리는 그리스도의 죽음과 부활로 말미암아 죄와 사탄의 지배와 죄책에서 '이미'(already) 자유롭게 되었다. 하지만 우리는 죄의 존재와 영향에서 '아직'(not yet) 자유롭지 못하다. 그러므로 우리는 영적인 전신갑주를 입고 그리스도인의 싸움을 계속 싸우면서 우리의 순례길을 꾸준히 걸어가야 한다(엡 6:10-20).

그러면 주님의 만찬은 우리를 어떻게 도와주는가? 주님의 만찬은 앞으로 도래할 것의 맛보기다. 우리와 함께하시는 그리스도의 비가시적인 임재는 그분의 가시적인 임재가 가져다줄 영광을 우리에게 확신시킨다. 베드로는 우리가 주님을 보지 못하나 그분을 사랑한다고 말한다(벧전 1:8). 그러나 언젠가 우리는 얼굴과 얼굴을 마주하고 주님을 볼 것이며, 그러면 우리의 사랑과 기쁨은 한량없을 것이다.

영국에서는 종종 결혼식 전날 밤에 신랑과 신부가 서로 떨어져 마지막으로 자신의 핵가족과 함께 있는 시간을 갖는다. 결혼식에 이어지는 피로연은 전통적으로 신부 아버지가 비용을 책임진다. 그런데 미국에서는 다른 전통, 즉 결혼식 리허설 만찬이라는 전통이 생겨났다. 마지막 예행연습이 끝나면 양가 가족과 친구들이 함께 식사하는데, 신랑 아버지가 비용을 대는 것이 전통이다!

주님의 만찬을, 신랑 아버지가 비용을 대는 결혼식 리허설 만찬이라고 생각해 보라. 다음 일정은 구주의 재림과 어린양의 혼인 만찬이다. 그러나 그때까지 우리는 리허설 만찬의 손님이다. 신랑이 계시고, 교회가 신부다. 신랑의 아버지는 다가올 결혼식 날을 고대하는 우리에게 기쁨을 줄 모든 것을 공급하는 일을 맡고 계신다.

지금 주님의 만찬에서는 모든 것이 축소판이다. 그러나 언젠가는 모든 것이 드러날 것이다. 이런 이유로, 우리는 그리스도의 날이 동터서 모든 어둠이 물러가고, 우리가 주님을 대면하여 볼 때까지 신실하게 살기를 갈망하는 새로운 마음으로 주님의 식탁에서 일어난다. 그날에는 우리를 위한 주님의 기도가 응답될 것이다. "아버지여 내게 주신 자도 나 있는 곳에 나와 함께 있어 아버지께서 창세 전부터 나를 사랑하시므로 내게 주신 나의 영광을 그들로 보게 하시기를 원하옵나이다"(요 17:24).

정말 굉장한 날이 될 것이다! 하지만 그사이의 시간에 대해 베드로는 우리에게 이렇게 말한다.

"예수를 너희가 보지 못하였으나 사랑하는도다 이제도 보지 못하나 믿고 말할 수 없는 영광스러운 즐거움으로 기뻐하니"(벧전 1:8).

그리스도와 갖는 교제의 기쁨에 대해 이보다 더 나은 묘사는 없을 것이다.

교제, 화해, 축복, 선포, 성별, 고대라는 말은 성만찬의 의미를 우리에게 요약해 준다. 그 가운데 어느 한 가지를 따로, 또는 다른 것과 묶어서 생각해 보라. 그러면 그 의미가 훨씬 분명해질 것이다. 그리고 어떻게 그리스도가 이런 방법을 통해 자신을 당신에게 알리셨는지에 초점을 맞출 경우, 주님의 식탁에 나아가는 일이 당신에게 점점 더 의미 있게 될 것이다.

그런데 주목해야 할 단어가 하나 더 남아 있다.

자기 점검

일부 고린도인들이 무질서한 삶을 살았기 때문에, 바울은 그들에게 주님의 식탁에 나아가기 전에 자신을 점검하라고 말했다.

아무도 주님의 식탁에 '합당하지 않게' 나아가지 말아야 했다. 바울의 말은 누구든지 그리스도에게 나아가기에 도덕적으로 합당해야 한다는 것이 아니다. 바울의 말은 우리가 주님의 만찬에 나아가는 방식이 그 만찬의 의미와 일치해야 한다는 것이다. 만일 우리가 복음과 모순되는 방식으로 행동하면서 나아간다면, 우리는 주의 몸과 피에 대하여 죄를 짓는 것이다(고전 11:27). 그것은 주님의 식탁에서의 행위로는 그리스도가 우리에게 모든 것이라고 말하면서 삶의 방식으로는 그리스도가 우리에게 아무것도 아니라고 말하는 셈이기 때문이다.

그러므로 주님의 식탁에 나아가는 각 사람은 반드시 자기를 살피고(고전 11:28) 주의 몸을 분별해야 한다(고전 11:29). 여기서 바울이 말하는 것은, 우리가 떡과 잔의 의미를 이해하고, 그것이 우리를 위해 죽으신 구주의 임재와 사랑의 표현으로 주어진다는 것을 인식해야 한다는 것일 수 있다. 또는 예수 그리스도의 한 몸으로서 우리가 주님의 만찬 자리에 모였다는 것, 그러므로 서로 소원해지는 것은 그리스도에게서 소원해지는 것임을 깨달아야 한다는 의미일 수 있다.

어떤 의미에서 이 둘은 서로 통하는 것이다. 어느 경우든지 위험한 점은, 우리의 삶이 주님의 식탁에서 선포되는 것과 모순된다는 것이다.

그런데 바울은 정신이 번쩍 들게 하는 몇 마디 말을 덧붙인다. 만일 우리가 주님의 식탁에서 믿음으로 그리스도에게 나아가지 않는다면, 우리는 그것에서 아무런 영향을 받지 않은 상태로 있는 것이 아니다. 그런 일은 절대로 없다.

우리는 우리에 대한 심판을 마시게 된다(고전 11:29). 왜냐하면 떡과 잔이 나타내는 분, 그것을 통해 우리에게 주어지는 분을 우리가 무시하거나 거절했기 때문이다. 그것은 우리를 위해 하나님의 저주를 당하신 분이 주시는 복을 멸시한 것이다. 그러므로 우리 자신 말고는 우리에 대한 저주를 감당할 사람이 아무도 없다. 우리 스스로 그 저주를 감당해야 한다. 아마 히브리서 저자도 주님의 만찬에 대한 이런 반응을 염두에 두었던 것 같다.

"우리가 진리를 아는 지식을 받은 후 짐짓 죄를 범한즉 다시 속죄하는 제사가 없고 오직 무서운 마음으로 심판을 기다리는 것과 대적하는 자를 태울 맹렬한 불만 있으리라 모세의 법을 폐한 자도 두세 증인으로 말미암아 불쌍히 여김을 받지 못하고 죽었거든 하물며 하나님의 아들을 짓밟고 자기를 거룩하게 한 언약의 피를 부정한 것으로 여기고 은혜의 성령을 욕되게 하는 자가 당연히 받을 형벌은 얼마나 더 무겁겠느냐 너희는 생각하라"(히 10:26-29).

그러나 우리가 믿음으로 나아가면, 우리는 히브리서 저자가 이보다 앞서 말한 기쁨을 누리게 된다.

"그러므로 형제들아 우리가 예수의 피를 힘입어 성소에 들어갈 담력을 얻었나니 그 길은 우리를 위하여 휘장 가운데로 열어 놓으신 새로운 살 길이요 휘장은 곧 그의 육체니라 또 하나님의 집 다스리는 큰 제사장이 계시매 우리가 마음에 뿌림을 받아 악한 양심으로부터 벗어나고 몸은 맑은 물로 씻음을 받았으니 참 마음과 온전한 믿음으로 하나님께 나아가자 또 약속하신 이는 미쁘시니 우리가 믿는 도리의 소망을 움직이지 말며 굳게 잡고 서로 돌아보아 사랑과 선행을 격려하며 모이기를 폐하는 어떤 사람들의 습관과 같이 하지 말고 오직 권하여 그날이 가까움을 볼수록 더욱 그리하자"(히 10:19-25).

Devoted to God's Church
Core Values for Christian Fellowship

Devoted to God's Church
Core Values for Christian Fellowship

11

그리스도인의 증언과 세계 선교

땅 끝까지
복음을 전하라

우리는 복음에 대한 성경의 가르침을 공부하고, 깊이 묵상하며, 복음에 대한 기본적인 질문들에 대답할 능력을 길러야만 한다. 또한 기독교 신앙이 초자연적인 사건들을 이야기하지만 비이성적이지 않다는 것을 확신하면서, 신앙을 변호하는 능력을 기르는 데 힘써야 한다. 그렇게 할 때, 우리는 사람들에게 복음의 요점을 분명하게 밝히며, 인간의 상태와 그리스도의 신분 및 행하신 일에 대해, 그리고 우리가 그리스도를 필요로 하는 이유와 그분을 믿는 법과 그분을 따르는 일이 수반하는 것에 대해, 성경이 말하는 바를 설명할 수 있게 될 것이다.

그리스도 안의 새로운 삶은 모든 것을 변화시키는 것으로 보인다. 이는 적어도 그것이 우리에게 삶의 새로운 목적을 주기 때문이다. 즉 『웨스트민스터 소요리문답』(*Westminster Shorter Catechism*)이 잘 표현하고 있듯이 '하나님을 영화롭게 하고 그분을 영원히 즐거워하는 것'이라는 삶의 목적을 주는 것이다.

이제는 삶의 모든 것의 방향이 바뀐다. 나아가 그리스도는 세부 사항까지도 바꾸어 놓으신다. 그리고 그리스도는 우리에게 그분에 대한 '증인'이 되라고 명하신다.

성령님이 예수님의 증인 역할을 하기 위해 오실 것이라고 약속하셨을 때(요 15:26), 예수님은 이 일이 또한 제자들의 과업이라고 말씀하셨다.

"너희도 처음부터 나와 함께 있었으므로 증언하느니라"(요 15:27).

나중에 지상명령(마 28:18-20)을 통한 고별사에서는, 제자들이 세상 곳곳에서 증인이 되어야 한다고 말씀하시고, 제자들이 그렇게 할 때 주님이 그들과 함께하시겠다고 약속하셨다.

이제는 제자들이 교회에 예수님이 명령하신 모든 일을 가르쳐야 했다. 그것은 예수님의 증인이 되는 일을 포함했다. 그러므로 순종하는 그리스도인들, 즉 신실한 교회는 당연히 증인들이다.

그리스도인들이 이 증인이라는 말을 사용하는 데 너무 친숙하기에, 우리는 이 말이 기독교 특유의 용어가 아니라는 것을 잊어버릴 수 있다. 이 용어는 법적인 배경을 갖고 있었다. 지금도 그렇듯이, 이것은 법정에서 사용되던 말이었다.

이런 점은 특히 요한복음에서 두드러진다. 요한복음에서 예수님은 세상 앞에서 재판을 받고 계시는 것으로 묘사되는데, 말하자면 요한은 예수님의 신분에 대해 증언할 일련의 증인들을 부른다. 주시하는 세상 앞에서, 예수님은 지금도 재판을 받고 계신다. 그리고 배심원들이 증인들의 증언에 근거해 평결을 내리듯이, 우리도 예수님이 하나님의 아들이자 구주이시며, 주님이시라는 증거를 제출한다.

시몬 베드로의 첫 번째 편지는 원래 오늘날의 터키 지역에 있는 그리스도인들에게 쓴 것인데, 어떤 면에서는 고난의 때에 그리스도인이 제자와 증인으로 사는 법에 대한 기본 매뉴얼이다. 베드로는 우리가 증인이 되어야 할 상황들, 즉 개인 생활, 시민 생활, 결혼 생활, 직장 생활, 심지어 (특히) 박해받는 삶에 관해 서술한다. 베드로는 이 모든 삶에서 항상 다음과 같이 해야 한다고 말한다.

> "…너희 속에 있는 소망에 관한 이유를 묻는 자에게는 대답할 것(이유, 대답, 설명)을 항상 준비하되…"(벧전 3:15).

그런데 베드로의 그리스도 증언 매뉴얼과 오늘날의 매뉴얼 사이에는 흥미로운 차이점이 있다. 오늘날의 매뉴얼은 일반적으로 우리가 비그리스도인들과 복음 대화를 시작하는 법을 배워야 한다고 가정한다. 때때로 기독교 단체들은 그리스도에 대한 궁금증을 일으키며 대화를 유도하기 위해 사람들에게 설문지에 응답해 달라고 요청하곤 했다.

그러나 베드로는 그런 접근법을 취하지 않는다. 사실 베드로는 그런 접근법과 같은 가정을 하지도 않는다. 베드로는 비그리스도인들이 그리스도인들에게 질문을 던질 것이라고 가정한다. 정말로 베드로는 반드시 그럴 것으로 확신하는 것처럼 보인다. 여기에 차이점이 있다. 어째서 그럴까? 이것이 중요할까? 거의 확실히 그렇다.

내가 처음으로 전도 매뉴얼을 갖게 된 것은 열여섯 살 때였다. 그 매뉴얼이 어떻게 시작되었는지 아직도 기억난다. 누구에게나 증언할 수 있다고 안심시켜 주는 내용이었다.

그 매뉴얼의 첫 페이지에서는, 개와 함께 일상의 산책을 하는 사람과도 대화를 시작할 수 있다고 말하고 있었다. 어떻게 그렇게 하는가? 그 사람에게 다가가서 이렇게 말하는 것이다. "실례지만 선생님, 좋은 개를 갖고 계시네요. 그런데 '하나님'(God)을 거꾸로 쓰면 '개'(dog)가 된다는 걸 아셨나요?"

물론, 흔히 말하듯이 '자기 하고 싶은 대로' 하는 사람들이 있다. 그렇다고 해서 그들의 관행이 보편적인 원리가 되는 것은 아니다. 내가 그리스도의 증인이 되려고 애썼던 도시에서는, 아마도 어떤 사람에게 '개'의 영어 철자가 '하나님'을 거꾸로 한 것이라고 말하는 것은 고무적인 반응을 이끌어내기 어려웠을 것이다.

그러나 다른 고려 사항은 예외로 두더라도, 이런 방법은 인위적이고 자연스럽지 못하다.

초대 교회에서는 그리스도인들이 비그리스도인들로부터 질문을 받았다.[1] 그리스도인들의 삶은 설명을 필요로 했다. 저들은 왜 그렇게 다를까? 예수님의 제자가 된다는 것은 무엇을 의미할까?

1세기 교회와 21세기 교회 사이에는 왜 이런 차이점이 있는가?

비그리스도인이 질문하게 만드는 것은 무엇인가?

베드로는 비그리스도인들이 '너희 속에 있는 소망'에 대해 물을 것이라고 말한다. 그것은 이 초기 그리스도인들의 삶에서 눈으로 볼 수 있던 현실이었다.

"우리 주 예수 그리스도의 아버지 하나님을 찬송하리로다 그의 많으신 긍휼대로 예수 그리스도를 죽은 자 가운데서 부활하게 하심으로 말미암아 우리를 거듭나게 하사 산 소망이 있게 하시며 썩지 않고 더럽지 않고 쇠하지 아니하는 유업을 잇게 하시나니 곧 너희를 위하여 하늘에 간직하신 것이라 너희는 말세에 나타내기로 예비하신 구원을 얻기 위하여 믿음으로 말미암아 하나님의 능력으로 보호하심을 받았느니라 그러므로 너희가 이제 여러 가지 시험으로 말미암아 잠깐 근

---

[1] 다음과 같은 구절들에서 그런 반응을 볼 수 있다. 사도행전 2장 37절, 8장 30-31절, 16장 30절.

심하게 되지 않을 수 없으나 오히려 크게 기뻐하는도다 너희 믿음의 확실함은 불로 연단하여도 없어질 금보다 더 귀하여 예수 그리스도께서 나타나실 때에 칭찬과 영광과 존귀를 얻게 할 것이니라 예수를 너희가 보지 못하였으나 사랑하는도다 이제도 보지 못하나 믿고 말할 수 없는 영광스러운 즐거움으로 기뻐하니 믿음의 결국 곧 영혼의 구원을 받음이라"(벧전 1:3-9).

그러면 비그리스도인들의 눈에 띈 것은 무엇일까? 그것은 그리스도인들의 '소망'이었다. 즉 그리스도 안에서 얻은 구원에 대한 그리스도인들의 확신과 그 구원이 낳은 기쁨이었다. 그리스도인들은 하나님과의 관계에 대해 확신이 있는 삶, 즉 자신들의 죄가 용서받았다는 것을 확신하는 삶으로 완전히 거듭난 사람들처럼 보였다. 그들은 하나님을 알았다. 의심할 여지 없이, 이런 점은 어떤 사람들에게서는 조용히, 어떤 사람들에게서는 훨씬 활기차게 나타났다. 하지만 그들의 새로운 목적의식과 놀랄 만한 평안은 감출 수가 없었다.

베드로가 말한 '소망'은 그저 '희망 사항'에 불과한 것이 아니라 하나님의 은혜에 대한 강한 확신이었다. 이것은 결코 감춰질 수 없다. 심지어 그리스도인들이 자신들이 그 소망을 드러내고 있다는 것을 의식하지 못할 때도 그렇다. 비그리스도인들로서는 자기들이 보고 있는 것을 설명할 길이 없다.

또한 그리스도인들의 삶에는 새로운 '능력'이 있었다. 그들은 하나님의 능력으로 보호하심을 받았다. 이것은 압박과 시험의 때에 그들에게 있었던 평안과 안정, 불경건한 세상에서 그들이 보여준 경건한 성품을 설명하는 것이었다. 그들이 시험을 견딘 것은 순전히 주 예수님을 섬기며 그분과 같이 되기를 바랐기 때문이었다. 친구들은 그들의 생활 방식이 바뀐 이유를 이해할 수 없었다. 친구들은 그것을 이상히 여겼다(벧전 4:4).

또한 그리스도인이 아닌 사람들은, 우리가 예수님을 전혀 본 적이 없음에도(벧전 1:8), 기독교 신앙의 특징인 '예수님을 사랑하는 모습'을 보고 종종 어리둥절해한다. 그들에게 '그리스도'는 경배의 대상이 아니라 그저 감탄사로만 들리는 말일 뿐이다. 그들은 그리스도를 모르기 때문에, 그리스도를 사랑할 수 없다. 그러나 그들은 우리가 그분을 알고 사랑하는 것을 본다. 우리가 가장 사랑하는 분이 그리스도라는 사실은 그들을 놀라게 한다. 우리의 친구 관계, 결혼, 집과 가족이 그들에게는 수수께끼다. 거기에는 그들이 도저히 이해할 수 없는 무언가가 있다.

그리스도인인 우리의 삶을 형성하는 숨은 동기는 예수 그리스도에 대한 사랑과 경의, 그분을 기뻐함과 섬김이다. 그러나 비그리스도인들은 거기에 대해 아무것도 모른다. 하지만 그런 차이는 반드시 드러나게 되어 있다. 왜냐하면, 베드로가 '말할 수 없는 영광스러운 즐거움으로 기뻐함'이라고 부르는 것은 숨길 수 없기 때문이다(벧전 1:8). 그것은 우리 개인의 인격과 삶에서 여러 형태와 모습을 띠지만, 모든 신자에게 존재한다. 신자에게는 우리 마음과 생각을 지켜 주는 모든 지각에 뛰어난 평강이 있다(빌 4:7). 우리는 주 예수님이 심지어 시험의 때에도 우리와 우리의 모든 상황을 다스리신다는 것을 안다(벧전 1:6-7; 약 1:2).

이는 비그리스도인들이 '즐거운 시간을 보내는 것'을 말할 때 의미하는 바와 필연적으로 대조를 이룬다. 그것은 비그리스도인들의 경험을 완전히 벗어나는 것이다. 그렇기에 그들에게는 그것이 이상하고 심지어 수수께끼 같다. 따라서 존 뉴턴(John Newton)은 교회에게 "주의 자녀 받을 복은 영원무궁하도다!"라고 찬양하도록 가르쳤다.[2)]

그런 삶은 필연적으로, 말로 하든지 안 하든지 질문을 유발한다. 그런 삶은 비그리스도인들에게 이상하게 보인다. 그들은 그런 삶을 전혀 본 적이 없으며, 그것을 이해할 수 없다. 그것은 그들을 당황하게 한다.

이런 현실은 베드로가 그리스도인들을 묘사하기 위해 사용하는 흥미로운 은유에 잘 표현되어 있다. 우리는 '나그네'다(벧전 2:11). 이 세상은 우리의 고국이 아니다. 바울은 이를 더 발전시켜, 빌립보의 그리스도인들에게 그들의 영원한 시민권이 하늘에 있다고 말한다(빌 3:20, 빌립보는 로마 식민지였기에, 빌립보 시민들은 로마 시민권을 갖고 있었다).

내 모국은 스코틀랜드다. 그런데 나는 여러 해 동안 미국에서 살며 일을 했다. 그래서 나를 모르는 사람들은 내게 종종 "억양이 특이하시네요."라고 말한다. 때로 나는 "아뇨, 억양이 특이한 것은 당신이에요!"라고 하지만, "내가 아니라 당신이 특이하지요!"라는 대답을 들을 뿐이다. 때때로 사람들은 내가 어느 나라 출신인지 분간하지 못한다. 독일인인지, 아일랜드인인지, 영국인인지 궁금해한다. 하지만 어디 억양인지를 알아내지는 못하더라도, 사람들은 내가 여기 사람이 아니라는 것을 안다. 이처럼 억양에는 "이 사람은 어디 출신일까?" 하고 그것을 식별하려 할 만큼 충분히 사람들을 당황하게 하고 호기심을 자극하는 무언가가 있다. 그런데 그리스도인들도 특유의 억양이 있다.

---

2) 존 뉴턴(John Newton, 1725-1807)이 쓴 찬송가 '시온성과 같은 교회'(Glorious Things of Thee Are Spoken, 찬송가 210장) 중에서.

스코틀랜드인과 미국인은 같은 언어를 사용하지만, 말투에 차이점이 있다. 잘 알려진 차이점 하나는 때때로 다른 음절에 강세가 있다는 것이다. 때로는 철자도 약간 다른데, 영국 출신의 오만한 사람들이 미국인은 어떤 영어 단어의 철자를 제대로 쓰지 않는다고 불평할 만하다. 같은 단어인데 강세나 철자가 다르면, 그 차이는 두드러져 보이는 경향이 있다. 알아채지 못할 수가 없다.

신약성경에서 그리스도인들과 그들의 증언에 대해 말하고 있는 것이 바로 이것이다. 우리는 억양이 다르다. 같은 세상에 살고 있지만, 우리는 우리 삶의 이야기를 다르게 설명한다. 그것이 비그리스도인들에게 궁금함을 일으킨다. "저 사람은 어디 출신일까?" "저 사람을 움직이는 원동력은 무엇일까?"

이처럼 어디에서나 비그리스도인들은 질문하도록 자극을 받는다.

물론, 우리가 자신의 믿음을 표명하고 전달할 방법을 찾아야만 한다는 것도 여전히 사실이다. 하지만 가장 좋은 방법은 변화된 삶과 예수 그리스도에 대한 헌신, 깊은 확신과 진정한 기쁨이 우리의 삶의 특징이 되어서 다른 사람들이 우리에게 먼저 질문하게 되는 것이다.

그러나 우리의 삶으로 질문을 유발하는 것이 전부가 아니다. 질문이 제기될 때, 우리는 어떻게 대답해야 하는가?

우리는 어떻게 대답해야 하는가?

세상을 향한 우리의 증언은 말과 행위로 나타난다.

우리의 말로

베드로는 그리스도인 형제자매들에게 "너희 속에 있는 소망에 관한 이유를 묻는 자에게는 대답할 것을 항상 준비하라."라고 촉구했다(벧전 3:15). 베드로전서 3장 15절에서 '대답'이라고 번역된 단어는 **아폴로기아**(apologia)다. 우리가 일반적으로 어떤 잘못된 행위에 대해 '사과한다.'라는 의미로 사용하는 영어 단어(apology)가 여기서 나온 말이다.

그러나 이 단어의 더 기본적인 의미는 무언가에 대해 합리적인 설명을 하는 것이다. 예를 들어 19세기 성공회 목사로서 로마 가톨릭으로 개종하고 마침내 추기경이 되었던 존 헨리 뉴먼(John Henry Newman)은 자서전에 『**아폴로기아 프로 비타 수아**』(Apologia Pro Vita Sua, 나의 생애에 대한 변론)라는 제목을 붙였는데, 이는 자신의 삶에 대해 사과한 것이 아니라 설명한 것이었다.

베드로전서 3장 15절에 근거해서 '기독교 변증학'(Christian apologetics)이라고 부르는 일에 관여할 때 의미하는 바가 바로 이것이다. 이것은 **아폴로기아**의 고전적인 용법, 즉 법정에서의 변론으로 거슬러 올라간다. 바울은 복음을 변명함과 확정함에 대해 말할 때 이런 의미로 그 말을 사용한다(빌 1:7, 16).[3] 그러므로 우리의 신앙에 대해 조리에 맞는 설명을 할 때마다, 우리는 변론을 하는 것이다. 우리는 그리스도와 기독교 신앙에 대해 '진실을, 완전한 진실을, 오직 진실만을 말해야 한다.' 베드로는 우리가 이 일을 할 준비를 늘 하고 있어야 한다고 말한다.

---

3) 사도행전에서 이 말의 동사는 19장 33절, 24장 10절, 26장 24절에 사용되는 반면, 명사는 22장 1절과 25장 16절에 나타난다. 바울은 디모데후서 4장 16절에서 로마에서 재판을 받는 동안 처음 변명(변론)한 일을 말할 때 **아폴로기아**를 사용한다.

이것은 우리가 일련의 공식을 외우려고 노력해야만 한다는 의미가 아니다. 원고를 외운다고 해서 증인의 역할을 잘 해내는 것은 아니다. 하지만 우리는 복음에 대한 성경의 가르침을 공부하고, 깊이 묵상하며, 복음에 대한 기본적인 질문들에 대답할 능력을 길러야만 한다.

그렇게 할 때, 우리는 다른 사람들이 우리에게 하는 말에 귀를 기울이고 그들에게 대답할 준비를 하게 될 것이다. 즉 그들에게 복음의 요점을 분명하게 밝히며, 인간의 상태와 그리스도의 신분 및 행하신 일에 대해, 그리고 우리가 그리스도를 필요로 하는 이유와 그분을 믿는 법과 그분을 따르는 일이 수반하는 것에 대해, 성경이 말하는 바를 설명할 수 있게 될 것이다.

또한 우리는, 기독교 신앙이 초자연적인 사건들을 이야기하지만 비이성적이지 않다는 것을 확신하면서, 신앙을 변호하는 능력을 기르는 데 힘써야 한다.

그런데 두 번째 요소가 있다.

우리의 행위로

그리스도인의 증언은 또한 생활 방식으로 표현되어야 한다. 베드로는 우리에게 '온유와 두려움으로' 복음을 설명하며 변호하라고 촉구한다. 이 '두려움'(*phobos*, 경외)은 하나님을 향한 것일까, 사람을 향한 것일까? 아마 둘 다일 것이다.

하나님의 말씀과 방법 앞에 온유하게 엎드리는 사람들은 하나님이 눈살을 찌푸리실 일에 민감할 것이다. 그들의 (약함이 아닌) 온유함은 또한 다른 사람들에게도 깊은 인상을 남길 것이다. 그 온유함은 그리스도인들에게 (그리스도인이 아니라고 할지라도) 다른 사람을 존중하는 마음을 갖게 하는데, 이는 그 사람들이 하나님의 형상으로 창조되었기 때문이다(창 1:26-28).

그런 온유함과 세심함이 고대에는 오늘날처럼 가치 있는 덕목이 아니었다. 바로 그런 이유로 이 덕목들은 반문화적인 것으로 두드러져 보인다. 하지만 그 이상으로 이 성품들은 복음의 변화시키는 능력이 낳은 직접적인 열매들이다. 왜냐하면 이 성품들은 주 예수님의 성품을 반영하는 것들이기 때문이다. 이 성품들은 예수님을 나타내 보여주는 역할을 한다.

따라서 성령님은 우리의 말과 함께, 그리스도를 반영하는 우리의 행위와 성향을 사용하셔서 다른 사람들에게 그리스도를 나타내 보이게 하신다. 복음의 진리는 우리의 말을 통해 설명되고, 우리의 행위를 통해 실증된다. 이렇게 해서, 우리는 우리 구주 하나님의 교훈을 빛나게 한다(딛 2:10).

이것은 아무리 강조해도 지나침이 없다. 삶이 그들의 신앙 고백과 모순된 사람들은 정말 많은 피해를 입혔다. 반면 복음의 아름다움으로 빛나는 삶을 산 그리스도인들은 정말 많은 복을 가져다주었다. 나는 이와 관련하여, 1843년에 스물아홉 살의 한 스코틀랜드 목사가 받은 설교에 대한 감사 편지를 종종 떠올리곤 한다. 이 편지는 오래된 것이지만 감동적인 표현을 담고 있다.

> 지난 주일 저녁에 목사님의 설교를 들었습니다. 하나님은 그 설교를 통해 내 영혼에 복을 주시기를 기뻐하셨습니다. 내 마음에 와닿았던

것은 목사님의 말씀이라기보다 말씀하시는 태도였습니다. 나는 이전에 결코 보지 못했던 거룩함의 아름다움을 목사님에게서 보았습니다.[4]

그 젊은 스코틀랜드 목사는 로버트 머리 맥체인(Robert Murray M'Cheyne)이었다. 배달된 편지는 맥체인이 죽는 날까지도 개봉되지 않은 채 그의 책상 위에 놓여 있었다. 우리는 이것이 성령님이 우리의 삶을 통해 말씀하시는 방법이라는 것을 거듭해서 배운다.

때때로 사람들은 내게 이런 말을 한다. "목사님 책은 몇 권 읽었는데, 설교는 이번에 처음 듣네요. 그런데 이제는 책을 읽을 때 목사님의 억양을 들을 수 있겠어요." 어떤 의미에서, 우리의 말과 행위가 결합되어 그리스도를 증언할 때 이런 일이 일어난다.

그리스도가 우리의 삶에서 행하신 일을 본 사람들은 성경이 묘사하는 분, 성경을 통해 말씀하시는 분이 바로 그리스도라는 것을 이해하기 시작한다. 그리고 일단 이런 연관성을 깨닫게 되면, 그들 스스로 그리스도를 찾기 시작할 수 있다.

이것이 중요한 이유는 많이 있다. 그러나 가장 소홀히 되는 이유 하나는 이것이다. 어떤 교회가 오랫동안 회심한 사람을 보지 못하는 경우, 하나님이 사람들을 그분의 나라로 부르신다는 확신이 경험된 현실이라기보다 지적인 동의에 가까워지는 경향이 있다. 사람들이 우리 교회 식구와 접촉할 때 신앙을 갖게 되기를 바라는 기대와 기도가 약화된

---

[4] Alexander Smellie, *Robert Murray M'Cheyne* (London: National Council of Evangelical Free Churches, 1913), p. 204.

다. 그러나 누군가가 회심하면, 기도와 기대가 살아 약동한다. 우리 자신이 성령님의 지속적인 역사에 사로잡혀 있음을 느끼기 시작한다. 봄날이 와서 새 생명이 움트고 있음을 온 교회가 느끼기 시작한다. 하나님 나라에 신생아가 태어나고 있기 때문이다. 교회 가족의 교제는 원래 의도된 그대로 가슴 떨리는 현실이 된다.

이것이 바로 우리가 자신이 속한 교회에서 보기 원하는 것이다!

이 점은 우리가 이미 고찰한 신약 교회의 특징, 즉 우리의 전도를 개인적이고 사적인 것이 되게 하는 경향, 그래서 종종 '개인 전도'라고 부르는 특징을 강조해 준다. 신약성경에서 2인칭 대명사(you)는 단수가 아니라 복수라는 특징이 있다는 것은 자주 강조되는 사실이다. 그러나 성경에 기록된 것은 복수인 '너희'인데, 우리가 일반적으로 듣는 것은 단수인 '너'다. 따라서 공동체에 주는 권면이 마치 개인에게 주어진 권면인 양 축소된다.

교회는 이 권면들을 공동체인 우리 각자 모두에게 하는 것으로 들어야 한다. 우리는 교회 가족으로서 그리스도의 증인이 되라는 부름을 받는다. 우리는 언덕 위에 세워진 도시다. 우리는 소금 알갱이가 아니라 함께 소금이 되어야 한다. 그러므로 전도는 전체 교회 가족의 구성원이 각자 맡은 역할이 있는 공동의 활동으로 보아야 한다.

어떤 전도 프로그램은 이 점을 무시한다. 또 어떤 프로그램은 이 점을 고려하긴 하지만, 그 프로그램이 처음부터 이 점을 특별히 염두에 두고 구상된 것은 아닐 때도 있다. 잘 조직된 교회 가족들은 언제나 이 공동 활동에 중요한 위치를 부여할 것이다.

한 가지 예를 들면, 교인들이 식전 음식이나 음료를 제공하면서 '기독교 탐사'(Christianity Explored)의 몇 주 코스나 프로그램을 활용하는 것이다. 이 프로그램은 복음에 관해 자연스럽고 진실하며 격식 없는 대화를 할 수 있게 해주고, 그리스도인들을 공동체와 가족으로 만날 수 있게 해준다. 이렇게 해서 비그리스도인들은 복음이 낳은 새 생활 및 복음이 실현하는 새로운 공동체를 스스로 경험해 볼 수 있게 된다. 이것은 연합된 강력한 증언이 된다.

추가적인 유익은, 자신은 그리스도를 증언할 준비가 잘 되어 있지 않다고 느끼는 그리스도인들이 또 다른 섬김의 방법을 찾을 수 있다는 것이다. 그렇게 해서 더 성숙한 그리스도인들이 복음을 설명하고 변호하는 것을 듣고 보게 되면, 종종 그들도 말과 행위로 그리스도를 증언하는 일에 참여하게 된다.

주후 1세기에는 교회 전체가 복음 전도의 도구였다. 교회에서 경험하는 교제와 서로 간의 사랑과 돌봄은 기독교 이전 시대에는 극히 드문 것이었다. 그런데 기독교 이후 시대에도 마찬가지다. 오늘날 개인의 영적인 경험은 일반적으로 사람들이 성경의 메시지를 더 잘 이해했던 과거와 비교해서 똑같은 영향을 미치지 못할 수 있다. 누군가가 '거듭났다.'라는 글을 신문의 종교 칼럼에서만 아니라 스포츠면에서도 볼 가능성이 있는 세상에서는 더 이상 그런 일을 기대할 수 없다. 오늘날 사람들은 다양한 배경에서 '회심'하지만, 그 회심에서 신앙은 지극히 자기중심적이고 주관적이다. 상대적으로 세상은 개인의 회심에 영향을 받지 않은 채로 있을 수 있다. 세상은 이렇게 말한다. "다른 사람에게 효력이 있다면 그러라고 해. 하지만 나한테는 아니야."

그러나 그리스도가 만드신 새로운 은혜의 공동체, 반문화적인 모임인 교회 가족은 필적하는 것이 없고 모방할 수 없다. 여기서 사람들은 함께하는 삶을 어떻게 살아야 하는지, 진정한 가족생활이 무엇인지를 볼 수 있으며, 자신들이 보고 느끼는 것에 대한 설명을 듣고 싶은 마음이 생길 수 있다. 그뿐 아니라 교회 가족이 함께 일을 하면, 자신감이 없는 사람들도 자기 역할을 찾을 수 있다.

"커피 좀 더 드실래요?"라는 말은 누구나 할 수 있다. 그리고 시간이 지나면, 우리는 낯선 이들에게 음식과 음료에 대해서도 주저하며 말하는 첫 단계에서, 우리 구주에 대해 말하는 단계로 발전해 가는 자신을 발견하게 될 것이다. 무엇보다, 예수님의 복음 전도 대화 중 가장 주목할 만한 대화는 물을 달라는 예수님의 요청으로 시작했다.[5]

그러면 여기서 배울 점이 무엇인가? 이런 공동체의 전도에 참여할 기회가 있다면, 설령 겁이 나더라도 동료 신자들과 팔짱을 끼고 믿음으로 나아가야 한다는 것이다. 그러면 우리는 섬김의 기쁨을 발견할 것이며, 말과 행위로 증인이 되는 우리의 능력이 자라나게 될 것이다. 우리는 베드로의 교훈을 숙고하면서, 그가 하는 말 가운데 두 가지 사항을 반드시 유념해야 한다. 첫째는 그리스도인의 증언은 그리스도를 주로 삼아 거룩하게 대하는 마음에서 나온다는 것이며, 또한 그 증언의 특징은 온유와 두려움이라는 것이다(벧전 3:15).

그러나 우리의 소명은 이것보다 훨씬 크다. 우리는 우리가 살며, 일하고, 활동하는 곳에서 증인이 되라는 부름을 받은 것만이 아니다. 우리는 세계적인 그리스도인이 되도록 부름을 받았다.

---

[5] 요한복음 4장 7절.

선교

1910년에 열린 에든버러 세계선교대회는 역사상 가장 유명한 선교대회 가운데 하나였다. 2010년에 100주년을 기념하는 대회를 열 정도로 유명했다. 1910년 대회의 표어는 '우리 시대의 세계 복음화'였다. 그러나 우리 시대의 대표적인 세계 선교 역사가 가운데 한 사람인 앤드루 월스(Andrew Walls) 교수는 나중에 이렇게 말했다.

> 그것은 기독교 전설의 일부가 됐다. 그것은 선교 역사의 기념비적인 사건으로 현대 선교 신학의 출발점이며, 서구 선교 운동의 정점이었다. 그리고 서구의 선교는 그때부터 쇠퇴했다.[6]

무슨 일이 일어난 것일까? 세상이 지구촌이 되어서 우리 자신의 지역을 벗어난 선교가 불필요한 것이 된 것일까? 복음을 전혀 들어 보지 못한 사람들이나 복음에 믿음으로 응답하지 않은 사람들의 상태에 대해 우리가 더 많이 알고 있을까?

우리가 열정을 잃어버렸나? 아니면 다른 어떤 이름으로도 장미는 여전히 장미인가?

'세계 선교'가 교회의 존재 이유에서 여전히 중요한 측면이지만, 이제는 다른 모습으로 나타나고 있는가? 즉 이제는 그리스도인들이 교회 선교부와 선교 위원회 또는 선교회와 선교 단체 안에서가 아니라 해외

---

[6] Andrew F. Walls, *The Cross-Cultural Process in Christian History* (Maryknoll, NY: Orbis Books), p. 53.

에서 기술자와 교사, 의사, 법률가, 재정 전문가 등 다른 수많은 직업을 가지고 일하라는 소명을 느끼고 있는 것일까?

출발점에서 시작하는 것이 언제나 좋은 아이디어다. 그러면 세계 선교의 출발점은 어디인가? 어떤 면에서, 그 대답은 사실상 '창조 때'다! 왜냐하면 하나님의 백성이 그때 세계적인 사명을 받았기 때문이다. 어떤 면에서 보면, 처음에 하나님은 아담에게 지역적인 사명, 즉 하나님이 아담을 거하게 하신 동산을 돌보는 사명을 주셨다(창 2:8, 15). 그러나 하나님은 또한 아담에게 더 광범위한 임무를 주셨다.

아직 '동산이 아닌' 곳이 많았기 때문에, 아담과 하와는 만물을 창조하시고 돌보시는 하나님을 보여주라는 명령을 받았으며, 따라서 "생육하고 번성하여 땅에 충만하라. 땅을 정복하라."라는 말씀을 들었다(창 1:28). 그들의 삶에서, 그들의 삶을 통해 지역적으로 이루어진 하나님의 통치는 물이 바다를 덮음같이 여호와의 영광을 인정하는 것이 세상에 가득할 때까지 확대되어야 했다(합 2:14). 그들의 사명은 온 땅을 동산이 되게 하는 것, 즉 그들이 하나님과 만났던 작은 성전을 확장시켜 만물이 들어갈 수 있게 하는 것이었다.

그것은 진정한 사명이었으며, 변화시키는 사명이었다. 하지만 구속적인 사명은 아니었다. 그 두 번째 사명인 구속적인 사명은 사람의 불순종과 타락 이후에, 둘째 사람이자 마지막 아담인 하나님의 아들 예수 그리스도의 삶과 죽음을 통해 올 것이었다.

이 새로운 사명의 범위가 전세계적이라는 것도 점차 밝혀졌다. 구속은 아담과 하와의 후손을 통해 임할 것이었다(창 3:15). 그런데, 더 분명하게 아브라함의 씨를 통해 땅의 모든 족속이 복을 받을 것이 밝혀졌다.

"내가 너로 큰 민족을 이루고 네게 복을 주어 네 이름을 창대하게 하리니 너는 복이 될지라 너를 축복하는 자에게는 내가 복을 내리고…땅의 모든 족속이 너로 말미암아 복을 얻을 것이라 하신지라"(창 12:2-3).

이 문맥에서 '족속'(family)은 '핵가족'을 의미하지 않는다. 물론 핵가족을 포함한다는 것은 의심할 여지가 없다. 그러나 그 말은 부족, 씨족, 심지어 전체 민족 그룹에까지 개념이 확대된다. 약속된 '복', 즉 하나님의 심판과 저주가 제거됨과 새 생명의 선물은 하나님의 '사도' 또는 '선교사'이신 그리스도의 오심에서 궁극적으로 성취될 것이다.[7] 바울은 이렇게 말한다.

"그리스도께서 우리를 위하여 저주를 받은 바 되사 율법의 저주에서 우리를 속량하셨으니…이는 그리스도 예수 안에서 아브라함의 복이 이방인에게 미치게 하고 또 우리로 하여금 믿음으로 말미암아 성령의 약속을 받게 하려 함이라"(갈 3:13-14).

이 말씀은 하나님의 선교 이야기의 위대한 전환점을 우리에게 보여 준다. 예수님의 오심과 성육신이 그 이야기의 중요한 부분을 이루었지만, 전환점은 예수 그리스도의 오심으로 시작되지 않았다. 예수님의 죽

---

[7] 히브리서 3장 1절에서 그리스도는 하나님의 '사도'(*apostolos*)로 묘사된다. 영단어 '어파슬'(apostle)은 라틴어 파생어인 영단어 '미셔너리'(missionary)의 헬라어 파생형이다. '어파슬'은 '내가 보낸다.'라는 헬라어 동사 **아포스텔로**(*apostellō*)에서 나왔고, '미셔너리'는 '내가 보낸다.'라는 라틴어 동사 **미토**(*mitto*)에서 나왔다.

음과 부활, 승천, 그리고 이어지는 성령 주심은 이전까지 한 민족이 간직했던 구원의 메시지를 세계화했다.

예루살렘 성전과 매일, 매년의 제사 제도는 더 이상 필요하지 않다. 구약에 묘사된 의식과 인물과 제사 등 모든 것이 예수님 안에서 성취됐기 때문이다.

예수님은 하나님의 마지막 희생 제물이시듯이, 하나님의 마지막 성전이시다. 예수님을 통해 사죄가 임한다. 우리는 성령님의 사역을 통해 예수님 안에서 모든 영적인 복을 받는다. 더 이상 예루살렘에서 이루어지는 일을 통해서 받지 않는다. 오순절 및 '모든 육체'(모든 민족 그룹)에 성령님을 부어주심은, 온 세상을 향한 세계 선교의 새 시대가 시작됐음을 나타낸다. 따라서 예수님은 그분의 충성된 사도들에게 이렇게 명령하셨다.

> "예수께서 나아와 말씀하여 이르시되 하늘과 땅의 모든 권세를 내게 주셨으니 그러므로 너희는 가서 모든 민족을 제자로 삼아 아버지와 아들과 성령의 이름으로 세례를 베풀고 내가 너희에게 분부한 모든 것을 가르쳐 지키게 하라 볼지어다 내가 세상 끝 날까지 너희와 항상 함께 있으리라 하시니라"(마 28:18-20).

이것은 참으로 놀랄 만한 진술이다. 예수님은 일찍이 사도들의 리더인 베드로를 통해 그분의 교회를 세울 것이라고 말씀하셨다. 그런데 마치 그 말씀이 충분히 놀랍지 않다는 듯이, 예수님은 훨씬 더 놀라운 말씀을 하신다. 이제는 원래의 열두 사도 가운데 열한 명만 남았다. 사도들은 자기 가족들 외에 수백 명을 더 모을 수도 있었을 것이다(행 1:15; 고전 15:6). 그렇지만 예수님은 그들에게 "가서 모든 민족을 제자로 삼아라!"라고 말씀하신다.

보리떡 다섯 덩이와 물고기 두 마리가 5천 명을 먹이기에는 너무 적은 음식처럼 보였다면, 열한 사도라는 수는 이 땅의 수많은 사람 가운데 좋은 소식을 전파하기에는 너무 적은 것이 분명하다. 말할 것도 없이, 그들은 예루살렘에서 땅 끝까지 광대한 거리를 여행해야 했다. 그뿐 아니라 이 말씀 바로 앞에서 마태는 "의심하는 사람들이 있더라."(some doubted)라고 지적한다(마 28:17).

거기에 있었던 사람은 열한 명이었다(마 28:16). 그리고 '사람들'은 적어도 세 사람을 의미한다(우리는 '두 사람'을 의미하는 말로 'some'을 쓰지는 않는다). 그러므로 겨우 열한 사람 남았고, 적어도 그 가운데 세 사람이 의혹을 품고 있었는데도, 예수님은 그들에게 땅 끝까지 복음을 전하라고 말씀하고 계신다. 사도들은 예수님에 대한 복음 메시지를 널리 전파하고 설명하기 위해 넓은 지역을 여행하고 편지를 써야 할 것이다.[8]

그런데 이것만큼 놀라운 점은 사도들이 예수님의 명령에 얼마나 겸손하게 순종했는가 하는 것이다. 복음이 당신에게까지 이르렀다는 사실이 바로 그 증거다.

그러면 예수님이 이 열한 사람에게 하신 말씀이 오늘날 교회의 삶과 어떤 관계가 있는가? 우리가 무조건 성경에 기록된 모든 것이 하나님이 직접 우리에게 하시는 말씀이라고 간주하는 것은 아니지 않은가?

---

[8] 요한복음 13-17장의 고별 강화에는 제자들이 이 일을 하도록 예수님이 준비시키고 계심이 전체에 걸쳐 분명하게 나타난다. 참조. 요한복음 14장 26절, 15장 26절.

어쨌든 예수님은 우리가 아니라 사도들에게 말씀하셨다. 우리는 갈릴리에 있는 그 산에 있지 않았다. 사실 그때 우리는 태어나지도 않았다. 그러므로 이 명령이 사도들에게 하신 것과 똑같은 방식으로 우리에게 하시는 말씀이라고 단순하게 생각할 수가 없다.

결과적으로, 우리 대부분은 '가지' 않고 '머물고' 있다. 우리는 예수님이 사람들에게 하신 모든 말씀이 직접 우리에게 적용된다고 생각하지 않는다. 마태복음 19장 21절에 나오는 예수님의 말씀이 실례가 된다. "가서 네 소유를 팔아 가난한 자들에게 주라."라는 말씀이 젊은 부자 관원에게 적용됐던 것과 똑같이 자신에게도 적용된다고 생각하는 그리스도인은 거의 없다.

우리가 예수님의 말씀을 원래의 문맥에서 읽으면 도움이 된다. 예수님은 일련의 보편적인 진술을 하신다.

- 예수님은 지금 하늘과 땅의 모든 권세를 갖고 계신다.
- 사도들은 가서 모든 민족을 제자로 삼아야 한다.
- 사도들은 믿음으로 나아오는 자들에게 '내가 너희에게 분부한 모든 것'을 가르쳐야 한다.
- 사도들은 세상 끝 날까지 그들과 항상 함께 계시겠다는 예수님의 확약을 받는다.

이 사중 진술은 모든 민족에게 복음을 전하라는 명령이 교회가 지속적으로 감당할 의무인 이유를 설명해 준다. '세계적인 그리스도인'이 되는 것은 부수적인 선택 사항이 아니다.

첫째로, 예수님은 하늘과 땅의 모든 권세를 갖고 계신다고 주장하신다. 우리는 이 예수님의 말씀을 성경 전체 문맥에서 이해해야 한다. 창조 때에 하나님은 아담과 하와에게 땅 위에 하나님 나라를 세울 모든 권세를 주셨다. 그러나 그들은 범죄로 인해 사탄에게 그 권세를 빼앗겼다. 예수님이 사탄을 '이 세상의 임금'이라고 부르시는 것은 이런 이유 때문이다(요 12:31, 14:30, 16:11). 또한 이런 이유로 예수님의 광야 시험 때, 사탄은 예수님이 그에게 절하고 경배하기만 하면 '천하만국과 그 영광'을 주겠다는 제안을 '진짜로'(*bona fide*) 할 수 있었다(마 4:8-9).

이것이 실제의 유혹이었던 이유는 예수님이 이 세상에 오셔서 되찾으려 하신 것이 바로 이 세상의 나라들이었기 때문이다. 그러나 예수님은 그분의 죽음과 부활을 통해서 그 일을 하기 위해 오셨다. 즉 죄를 지음으로가 아니라 우리 죄를 위해 죽으심으로, 사탄에게 절함으로가 아니라 사탄을 정복함으로 그렇게 하기 위해 오셨다. 이러한 배경에서, 예수님은 십자가에서 통치자들과 권세들을 무력화하여 드러내어 구경거리로 삼으시고 그들을 이기셨다(골 2:15). 이제 하늘의 모든 권세가 영원하신 하나님의 아들이신 그분의 것일 뿐만 아니라 또한 인자로서 땅에 대한 권세도 되찾으셨다.

> "그에게 권세와 영광과 나라를 주고 모든 백성과 나라들과 다른 언어를 말하는 모든 자들이 그를 섬기게 하였으니 그의 권세는 소멸되지 아니하는 영원한 권세요 그의 나라는 멸망하지 아니할 것이니라"(단 7:14).

오늘날 때때로 제기되는 주장은, 18-19세기의 위대한 선교 운동이 복음이 전달된 민족의 토착 문화를 파괴했다는 것이다. 식민 시대의 선교사들은 자국의 번영을 위해 다른 민족을 약탈했다는 비난을 종종 받는다.

진실은 이와 정반대다. 선교사들이 결점이 있는 사람들이라는 것은 당연하다. 그러나 그들이 제국의 확장과 개인적인 이득이 목표였던 사람들에게 늘 환영받았던 것은 아니라는 것이 사실이다. 선교사들은 예수 그리스도의 이름으로 갔기 때문에, 자기들의 목표 중 일부가 모든 문화가 하나님의 나라로 변화되는 것을 보는 것임을 알고 있었다.

이와 관련하여, 이전에 뉴헤브리디스 제도로 불리던 바누아투에서 사역한 두 선교사와의 흥미로운 인터뷰가 생각난다. 그들은 젊은 기자에게 초기 선교사들이 토착 문화를 훼손했다고 비난했다. 그러나 그들이 생각했던 것보다 바누아투 역사에 대해 더 많이 알고 있었던 기자는 이런 추가 질문으로 답했다. "그러나 선교사들이 오기 전에는 이곳 원주민들이 식인종이었고 실제로 사람들을 죽여서 먹었다는 것이 제 생각인데, 맞지 않나요? 그것이 그들의 문화 아니었나요?"

아무런 대답이 없었다. 아무 대답이 있을 수 없었던 이유는 젊은 기자의 말이 절대적으로 옳았기 때문이었다. 왕이신 예수님에 대한 진리는 이 사람들을 이방 종교 및 자멸에서 구원했다. 진리가 그들에게 전해졌을 때, 그들은 사람이 통제할 수 없었던 가다라의 귀신 들린 자와 같았었다. 그러나 복음은 그들을 놀랍게 구원하고 변화시켰다.[9]

---

9) 흥미로운 설명은 다음을 보라. John G. Paton, *Missionary to the New Hebrides*, ed. James Paton (1898, repr., London: Banner of Truth Trust, 1965).

초대 교회 때부터 선교의 동기는 그대로 변함이 없다. 땅의 모든 권세가 예수님께 속해 있다. 그러나 땅의 모든 사람이 예수님께 절하는 것은 아니다. 그것이 사실인 한, 교회가 모든 민족에게 복음을 전해야 할 의무를 지고 있다는 것 또한 사실이다.

그러나 우리는 이 일을 행하라는 명령을 받은 사람은 우리가 아니라 명확하게 '사도들'이었다고 할지 모른다. 맞는 말이다. 그러나 예수님이 사도들에게 하라고 하셨던 것을 떠올려보라. "내가 너희에게 분부한 모든 것을 가르쳐 지키게 하라…"(마 28:20). 즉 사도들이 다른 사람들에게 가르쳐야 했던 예수님의 분부 가운데는 "가서 모든 민족을 제자로 삼으라."라는 명령도 들어 있었다(마 28:19).

예수님이 사도들에게 주신 책임은 이어지는 모든 세대의 그리스도인들에게 전달되어야 했다. 그러므로 그 명령은 예수님이 아버지 우편에 앉으시기 위해 승천하신 날 못지않게 오늘날도 실제적이고 긴급한 명령이다.

1786년에 있었던 한 유명한 모임에서 윌리엄 캐리(William Carey)는 땅 끝까지 복음을 전해야 할 중요성과 긴급성에 대해 이야기했다. 그러자 연장자인 존 라일랜드(John Ryland) 목사가 캐리에게 이렇게 말했다. "젊은이, 앉게! 하나님이 이교도들을 회심시키기 원하신다면, 나나 자네의 도움이 없이도 그 일을 하실 걸세."

감사하게도, 캐리는 이런 관점이 하나님의 능력과 하나님의 목적을 혼동하는 것임을 알았다.

물론 하나님은 선교사들을 사용하시지 않고도 사람들을 회심시키실 수 있다. 그러나 하나님은 그렇게 하시지 않는 것을 택하셨다! 그 대신 하나님은 우리 같은 사람들을 사용하셔서, 잃어버리고 죽어 가는 세상에 좋은 소식을 전할 특권을 우리에게 주시기로 계획하셨다.

우리가 그렇게 할 때, 주님이 우리와 함께 계시겠다고 약속하셨다. 우리가 사람들에게 그리스도에 대해 말하기 위해 세상에 들어갈 때, 주님이 우리와 함께 계신다.

열방에 복음을 전하라고 교회에 하신 명령은 우리가 그 일을 할 때 예수님이 우리와 함께 계시겠다는 약속("볼지어다 내가 세상 끝 날까지 너희와 항상 함께 있으리라")과 같은 넓이를 갖고 있다. 데이비드 리빙스턴(David Livingstone)이 믿었던 대로, 이것은 신사의 약속이며 그분은 결코 약속을 지키지 못하시는 일이 없다.

"…볼지어다 내가 세상 끝 날까지 너희와 항상 함께 있으리라 하시니라"(마 28:18-20).

얼마 전까지만 해도, 교회에서 아이들에게 선교사들을 위대한 믿음의 영웅으로 생각하도록 장려하던 때가 있었다. 자기 자녀 가운데 하나가 복음을 전혀 들어 본 적이 없거나 거의 알지 못하는 곳에서 주님을 섬기도록 부름을 받는 것이 많은 부모의 간절한 바람이었다. 아이들은 하나님이 우리 가운데 누구든 주님을 섬기도록 부르실 수 있으며, 일반적인 그리스도인의 제자도, 즉 일반적인 교회 회원 됨은 주님이 우리에게 명하시는 대로 기꺼이 어디든지 가고 어떤 일이든지 하는 것이라고 배웠다. 순종은 예수 그리스도를 위해 당신의 삶을 극대화하는 유일한 방법이다.

오늘날은 그런 이야기를 잘 듣지 못한다. 그리스도가 원하시는 것은 어떤 일이든 하기 위해 어디든지 가기로 헌신한 그리스도인은 소수에 불과한가? 그러나 사실 이것은 모든 신자의 소명이다. 우리는 이런저런 형태로 지상명령을 성취하도록 부르심을 받았다.

그러면 평생 고향 교회에 머물러 있는 우리 같은 사람들에게 지상명령에 대한 순종은 무엇을 의미하는가? 비록 우리가 물리적으로 고국을 떠나지 않더라도, 그 명령은 여전히 우리가 순종할 명령이다.

우리는 가는 사람들을 위해 밧줄을 붙잡고 있다. 우리는 교회 가족으로서 그들을 사랑하며, 그들을 위해 기도하고, 물질로 그들을 후원한다. 우리는 우리의 소식을 전하고 그들의 소식을 묻기 위해 편지를 쓴다. 그들이 한동안 집에 돌아올 기회를 얻을 때마다, 우리는 그들을 환영하고 돌보며 지원한다. 우리는 그들을 알아 가며, 우리가 그들과 같은 생명 싸개 안에 있고 동일한 하나님의 사명을 공유한다는 것을 점점 더 느끼게 된다.

나는 열여섯 살 때 사역자가 될 생각을 하는 소년들을 위한 대회에 참석했다. 강사 가운데 한 분은 인도 남부 세오니에서 오신 선교사였다. 처음 나눈 대화의 자세한 내용은 지금 기억나지 않지만, 어쨌든 나는 그분의 주소를 받아 편지를 썼고 답장을 받았다. 그리고 여러 해 동안, 그 선교사 부부가 귀국할 때까지, 나는 내가 그분의 신발 끈을 맬 자격도 없다고 느꼈던 분과 편지를 주고받는 특권을 누렸다. 나중에 그분은 일상적으로 내 설교를 들으러 오곤 하셨다.

나는 그분에게서 선교사가 무엇인지를 가슴 깊이 배웠다. 선교사는 왕이신 예수 그리스도의 겸손한 종으로서, 그리스도가 우리에게 명하시는 곳이면 어디든지, 온 세상에 하나님의 나라를 세우라는 지속적인 과업에 순종하는 사람이다.

결국, 교회에 속한다는 것은 다음과 같은 것을 의미한다.

- 지역에서 예배하고 섬기는 공동체에 속하지만, 그 시야가 땅의 끝과 역사의 끝까지 미치는 것.
- 형제자매가 믿음과 소망과 사랑으로 연합한 그리스도의 가족에 속하는 것.

그리스도를 믿고 그분의 백성에 속하는 것이야말로 세상에서 가장 큰 특권이다.

그것이 바로 '하나님의 교회에 헌신하는 것'의 본질이다.

Devoted to God's Church
Core Values for Christian Fellowship

사명선언문

너희가 흠이 없고 순전하여……세상에서 그들 가운데 빛들로
나타내며 생명의 말씀을 밝혀 _ 빌 2:15-16

1. 생명을 담겠습니다
만드는 책에 주님 주신 생명을 담겠습니다.
그 책으로 복음을 선포하겠습니다.

2. 말씀을 밝히겠습니다
생명의 근본은 말씀입니다.
말씀을 밝혀 성도와 교회의 성장을 돕겠습니다.

3. 빛이 되겠습니다
시대와 영혼의 어두움을 밝혀 주님 앞으로 이끄는
빛이 되는 책을 만들겠습니다.

4. 순전히 행하겠습니다
책을 만들고 전하는 일과 경영하는 일에 부끄러움이 없는
정직함으로 행하겠습니다.

5. 끝까지 전파하겠습니다
모든 사람에게, 땅 끝까지, 주님 오시는 그날까지
복음을 전하는 사명을 다하겠습니다.

서점 안내

광화문점 서울시 종로구 새문안로 69 구세군회관 1층
02)737-2288 / 02)737-4623(F)

강남점 서울시 서초구 신반포로 177 반포쇼핑타운 3동 2층
02)595-1211 / 02)595-3549(F)

구로점 서울시 동작구 시흥대로 602, 3층 302호
02)858-8744 / 02)838-0653(F)

노원점 서울시 노원구 동일로 1366 삼봉빌딩 지하 1층
02)938-7979 / 02)3391-6169(F)

분당점 경기도 성남시 분당구 황새울로 315 대현빌딩 3층
031)707-5566 / 031)707-4999(F)

일산점 경기도 고양시 일산서구 중앙로 1391 레이크타운 지하 1층
031)916-8787 / 031)916-8788(F)

의정부점 경기도 의정부시 청사로47번길 12 성산타워 3층
031)845-0600 / 031)852-6930(F)

인터넷서점 www.lifebook.co.kr